Peer Schmidt-Walther

FLUSS SCHIFF REISEN

Peer Schmidt-Walther

FLUSS
SCHIFF
REISEN

Koehlers Verlagsgesellschaft · Hamburg

Bildnachweis:
Coverabbildung, Viking River Cruises
S. 92, Imperial Shipping
S. 115 (alle), Scylla Tours
S. 140–143 (alle), Winfried Goetzinger
S. 207, Lernidee Reisen
S. 230 (Abbildungen MS Century Paragon), Nicko Tours

Alle anderen Fotos: Peer Schmidt-Walther
Karten: iGrafik | Holger Bennewitz | Stefan Wolff | Bonn/Frankfurt

Ein Gesamtverzeichnis der lieferbaren Titel schicken wir Ihnen gerne zu.
Bitte senden Sie eine E-Mail mit Ihrer Adresse an:
vertrieb@koehler-books.de
Sie finden uns auch im Internet unter: www.koehler-books.de

Bibliografische Information der Deutschen Nationalbibliothek
Die Deutsche Nationalbibliothek verzeichnet diese Publikation in
der Deutschen Nationalbibliografie; detaillierte bibliografische
Daten sind im Internet über http://dnb.d-nb.de abrufbar.

ISBN 978-3-7822-1034-8
Koehlers Verlagsgesellschaft, Hamburg

Layout/Produktion: Inge Mellenthin

Druck und Bindung: DZS Grafik, Slowenien

Inhalt

Schiffsreisen –
seegangsfrei genießen

Eins ist schon eine Binsenweisheit: Fluss- oder Binnenkreuzfahrten werden immer beliebter. Sehr komfortabel lassen sich so die attraktivsten Ziele in aller Welt seegangsfrei, einfach und unbeschwert genießen.

Ob Elbe, Havel, Rhein, Lena oder Jangtse: Binnenkreuzfahrten werden für viele als Urlaubsalternative immer attraktiver. Vor allem seit entsprechende Serien über die TV-Schirme flimmern, liebäugeln immer mehr Menschen mit dem Urlaub auf dem Wasser. Aufmerksame Stewards, ein Kapitän zum Anfassen, verlockende Reiseziele, erstklassiger Komfort und natürlich immer schönes Wetter – spätestens bei der Schlussmusik seufzt selbst der skeptische Zuschauer: *Das möchte ich auch!* Das Kreuzfahrtfieber greift um sich. Rund 300.000 Deutsche entscheiden sich alljährlich für eine Flusskreuzfahrt, und die Nachfrage steigt. Passend dazu die ständig wachsende Zahl von Schiffsneubauten. Veranstalter bieten mittlerweile nicht mehr nur die gediegene »Luxusklasse« an, sondern haben Schiffe und Programme für die unterschiedlichsten Ansprüche und in (fast) allen Preislagen im Angebot (s. Reisebüro-Portal www.cruise-portal.de mit rund 5.500 Flussreiseangeboten, die man auch auf 1.200 Katalogseiten der verschiedenen Anbieter nachlesen kann).
Kreuzfahrt heute liest sich so: positives Lebensgefühl, multinationale Begegnungen, Sport, Spiel, Spaß, verbunden mit Entertainment, Fitness und Wellness.

Auch auf Flusskreuzfahrtschiffen findet jeder, was er möchte: Sauna, Thalassobad, Fitness-Trainer, Fahrräder, Mitternachtsbüfett. Sogar Minigolf gibt es.
Die Vorteile überzeugen immer mehr Gäste: Sie sind täglich an einem anderen Ort, ständiges Ein- und Auspacken entfällt, das kurzweilige und informative Bord- und Ausflugsprogramm erlaubt keine Langeweile. Auch Individualisten kommen zum Zuge, indem sie die Tage ganz nach eigenem Geschmack gestalten können.

Wer möchte, kann auf seinem komfortablen Zuhause die ganze Welt der Flüsse, Kanäle und Seen bereisen. Spitzenreiter sind Flüsse wie Donau, Rhein und Wolga. Übrigens: Angst vor Seekrankheit und hohen Wellen braucht der Binnenkreuzfahrer nicht zu haben. Ein Tipp für Einsteiger: Schnuppern Sie vielleicht mal während einer Reise zwischen Berlin und Kap Arkona, Hamburg und Prag oder Passau und Budapest? Im Frühjahr geht die Saison wieder los.
Suchen Sie sich Ihre Ziele aus, freuen Sie sich auf eine »Entschleunigung« an Bord eines Binnenkreuzfahrtschiffes und genießen Sie dabei die Freuden der Langsamkeit – das wünscht Ihnen

Ihr Peer Schmidt-Walther

Berliner Kreuzfahrt-Marathon

Logbuch-Notizen während einer Havelseen-Kreuzfahrt

Berlin, Stadt zwischen Flüssen und Seen, Stadt der Brücken und Kanäle, Stadt der wasserfreudigsten Menschen. Ich befuhr diese Gewässer während des Studiums einst als »Spree-Havel-Traumschiff-Kapitän« und jetzt wieder als Gast.

MS Havelstern an ihrem Liegeplatz in Brandenburg

Schon vor 100 Jahren hieß es in der Wiener »Neuen Freien Presse«: »Der Berliner ist aber ein wahrer Wassermann, und wie versteht es der Berliner, dieses sein ureigenstes Element in allen möglichen Weisen für sich nutzbar zu machen!«

Von den 891 Quadratkilometern Berlins sind 160 oder 18 Prozent Wald, 53 oder sechs Prozent Gewässer. Das macht Berlin so leicht keine vergleichbare Stadt nach.
Eine Dampferfahrt über Flüsse, Kanäle und Seen gehört von jeher zu Berlin wie Molle,

Korn oder Berliner Weiße. An dieser Tradition hat sich bis auf den heutigen Tag nichts geändert. Berlin per Schiff – im Volksmund traditionsgemäß als »Dampfer« bezeichnet – zu durchstreifen ist ein echtes Erlebnis! Nicht nur, weil das Fahrtgebiet 2004 zur »Flusslandschaft des Jahres« gekürt wurde. Langweilig wird die Fahrt nie. Dazu wechselt der Kurs zu oft, folgt den gegliederten Ufern in schilfbewachsene Buchten, wo Haubentaucher ihr Revier haben.
Auf dem Berliner Wasser findet jeder ein erholsames Plätzchen, und wannseekrank

Am Bug knattert der Berliner Bär wie elektrisiert auf der weißen Flagge im Montagswind. Das Typhon dröhnt dreimal kurz hinüber zur roten englischen Telefonzelle aus dem Londoner Stadtteil Greenwich: Achtung, Maschine läuft rückwärts! Neben dem Schiff wirbelt das grüne Seewasser auf. Der Schiffsführer muss drehen. Vor dem Steven dehnt sich der fünf Kilometer lange Tegeler See, nach dem Müggelsee zweitgrößter Berlins.

8.05: An Backbord bleiben die ehemaligen Borsig-Werke achteraus zurück. Hinter Grün versteckt. Geblieben sind von der einst legendären Lokomotivschmiede ein Verwaltungsgebäude und ein Bootshafen. Von der Uferterrasse zielen historische Kanonen auf die vorgelagerte kleine Insel Hasselwerder. Im Kielwasser überspannt die Sechserbrücke den Nordgraben. Dahinter dehnt sich der Tegeler Forst. Im Wald versteckt das weiße Schinkel-Schloss von Alexander und Wilhelm von Humboldt, einst kurfürstlicher Jagdsitz. »Das berühmte Brüderpaar«, schreibt Theodor Fontane in seinen »Wanderungen durch die Mark Brandenburg«, »das diesem Fleckchen märkischen Sand auf Jahrhunderte hin eine Bedeutung leihen und es zur Pilgerstätte für Tausende machen sollte, ruht dort

ist dabei noch keiner geworden, jedenfalls nicht von den Wellen.

Von Tegel über Brandenburg nach Tegel

Tegel, Greenwich-Promenade. Hier soll's losgehen, von der Anlegestelle der »Stern und Kreisschiffahrt«, Berlins größter Fahrgastreederei. Unser 62-Meter-»Dampfer« heißt HAVELSTERN, kurz der STERN genannt, und war mal der größte West-Berlins. Der Vier-Streifen-Mann im Ruderhaus ist als Binnenschiffer »nur« Schiffsführer, aber ein durchaus respektabler Kapitän mit Namen Oleg Heczko. 28 Jahre ist er schon an Bord.

8.00: Abfahrt. Das Ziel heißt nach zwölfeinhalb Stunden wieder Tegel. Dazwischen Inseln, Kanäle, Flüsse, Brücken, Häfen und eine Schleuse.
Das alles gehört zur Bundeswasserstraße HOW, wie die Havel-Oder-Wasserstraße kurz genannt wird.

Villa Borsig, Gästehaus der Bundesregierung

gemeinschaftlich zu Füßen einer granitenen Säule, von deren Höhe die Gestalt der ›Hoffnung‹ auf die beiden herniederblickt.«

Das idyllische Forsthaus nebenan ist sogar in einem Vers von Goethes »Faust« verewigt: »Das Teufelspack, es fragt nach keiner Regel. Wir sind so klug, und dennoch spukt's in Tegel.« Bei Nacht und Käuzchenschreien sicherlich. Ein Leichtes, sich in dem ausgedehnten Waldgebiet zu verlaufen.

Steuerbord querab: Über dem Gästehaus der Bundesregierung, der ehemaligen Villa Borsig, flattert über den Baumwipfeln der Bundesadler.

Voraus eine schmale Durchfahrt. Kurz darauf gleitet die Insel Scharfenberg mit Schulfarm und Internat an Backbord vorüber. Sie liegt »mittenmang im Jrünen« und kann nur per Fähre erreicht werden. Auf der anderen Seite im gelben, kiefernbestandenen Sand das Strandbad Tegel.

Sieben Inseln gliedern den See und geben ihm ein ganz eigenes Gepräge. Passiert werden Lindwerder, Baumwerder und Valentinswerder.

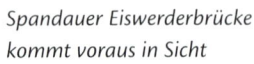
Spandauer Eiswerderbrücke kommt voraus in Sicht

8.20: Bei Tegelort konnten in den Ufergaststätten vor dem Krieg Familien Kaffee kochen. Auch so eine berlinische Eigenheit. Die Südspitze des Vororts formt eine Havelenge.

An Backbord zweigen wenig später der Hohenzollernkanal und kurz danach der alte Berlin-Spandauer Schifffahrtskanal ab, Steuerbord die Oberhavel, über die man bis zur Ostsee gelangen kann.

Wer in den Kanal einbiegt, erreicht über die Schleuse Plötzensee die Innenstadt. Zwei Neubaubrücken überspannen den Spandauer See. Hohe Speichergebäude weisen an Steuerbord auf den früheren Frachthafen hin. Immerhin war der am 12. Oktober 1973 Schauplatz einer ungewöhnlichen Premiere, als das seegehende Motorgüterschiff CARGO LINER I getauft wurde. Dessen Heimathafen war die Binneninsel Berlin, die damit Seehafen wurde. Die Flotte wuchs auf sieben Schwesterschiffe an und verband die Stadt mit den großen und kleinen Häfen der Welt.

8.30: Vor der Eiswerderbrücke wird über den Deckslautsprecher gewarnt: »Bitte unbedingt sitzen bleiben und die Köpfe einziehen!« Nur eine Spanne Luft zwischen Reling und Brückenträgern. Im gleichen Moment zieht ein Jet, gestartet auf dem Flughafen Tegel,

im Steilflug über die Passagiere hinweg. Am Spandauer Ufer trocknen Netze. Ein Fischer, letzter seiner Zunft, bietet auf einer Tafel Aal, Zander und Plötze an, frisch und geräuchert. An Backbord reckt die Spandauer Zitadelle ihre Türme über die Baumriesen, an Steuerbord das Idyll der Spandauer Wasserstadt mit Kanälen und historischen Gebäuden.

Der Kapitän fädelt seinen 8,23 Meter breiten Liner nach fünf Kilometern Fahrt in die Spandauer Schleuse. Sie war wie alle anderen Schleusen bis zur Wende »Territorium der DDR«, weil sie von Ostberlin aus verwaltet wurde. In knapp zehn Minuten ist der HAVELSTERN um 1,80 Meter abgesenkt, das Tor öffnet sich und die Ampel zeigt Grün. An Steuerbord überragt die Spandauer Nikolaikirche aus dem 14. Jahrhundert die Bezirksstadt, der sich gern als »bei Berlin gelegen« bezeichnet.

8.50: Einfahrt in die kanalisierte Havel. Gleich links hinter der Juliusturmbrücke mündet nach 380 Kilometern die Spree ein. Ihr Wasser heißt jetzt Havel, die es insgesamt auf »nur« 334 Kilometer bringt. Aber sie wurde 2004 zur »Flusslandschaft des Jahres« gekürt. Gleich dreimal steht hier der Kilometer null: für Ober- und Unterhavel sowie für die Spree.

Ein Stück aufwärts liegt im alten Spreearm die letzte größere Werft Berlins: die Deutschen Industriewerke Spandau. Polnische Schubverbände passieren mit oberschlesischer Kohle. Berlins Energie aus dem Osten. Kurzer Stopp am Spandauer Lindenufer, um ein paar Gäste an Bord zu nehmen. Charlottenbrücke, Dischinger- und Schulenburgbrücke: Brücken, Brücken – diese Stadt hat rund 900, mehr als jede andere in Europa. Die flachgelegte Reedereiflagge verbeugt sich davor.

An Steuerbord haben Binnenfrachter festgemacht. Von den Hochhausbalkons schauen Spandauer auf den STERN herab. Wenig später an Backbord Tiefwerder, von Laubenhäuschen, Kleingärten und schmalen Kanälchen durchzogen. »Klein Venedig« heißt das Wasserlabyrinth bei den Berlinern.

9.20: Zwei Leuchtfeuer markieren Minuten später die kanalisierte Ausfahrt – Pichelswerder Gmünd genannt – in die hier über einen Kilometer breite Unterhavel mit ihrer typisch märkischen Landschaft: weiße Strände und von Kiefern bewaldete Haveldünen. Von der Großstadt Berlin ist hier nichts mehr zu spüren. Jemand von den Oberdecksgästen kann sich

Fischer an der Spandauer Havel

bruchstückhaft an die erste Strophe des Brandenburg-Lieds erinnern: »Märkische Heide, Märkischer Sand sind des Märkers Freude, sind sein Heimatland … hoch über Sumpf und Sand, hoch über dunkle Kiefernwälder …«

»Die Bucht an Steuerbord heißt Scharfe Lanke«, hört man die Lautsprecherstimme, »und rechts auf dem Pichelswerder wurde 1815 die Prinzessin Charlotte von Preussen auf Kiel gelegt, das erste deutsche Dampfschiff.« Kurz darauf ein Schicksalsort der Geschichte an Backbord: die Halbinsel Schildhorn. Hier soll der letzte Wendenfürst Jaczo, verfolgt von Albrecht dem Bären, mit seinem Pferd durch die Havel geflohen sein. Als das Pferd in der Flut versank, soll er »Hilf mir, o Christengott!« gerufen haben. Sein Ruf fand Gehör. Zum Zeichen seiner Unterwerfung hängte er seinen Schild an eine Eiche. Das Denkmal erinnert daran. »Übrigens«, erklärt die Lautsprecherstimme, »tragen sämtliche vorspringenden Ecken dieser Seenkette die Bezeichnung ›Horn‹ wie auch das Kuhhorn, das jetzt in Sicht kommt.«

Das legendäre Strandbad Wannsee

9.30: An Steuerbord die Villa Lemm, einstiger Wohnsitz des britischen Stadtkommandanten. Vor uns das »Große Fenster«, linker Hand über dem Wald der 56 Meter hohe Grunewaldturm, vormals Kaiser-Wilhelm-Turm, mit Havelpanorama total. Er wurde 1897/98 zu Ehren von Kaiser Wilhelm I. erbaut. Berliner Skipper, so weiß Erich Wolter, haben eine besondere Beziehung zu dem Turm: »Immer, wenn man vom Wasser aus durch die gegenüber liegenden Turmfenster sehen kann, gibt's an Bord einen Schluck – natürlich nur für die Mitfahrer.«

An Lindwerder und Schwanenwerder vorbei, Segelboote wie weiße Schmetterlinge auf einem Spiegel. »An schönen Sonntagen«, sagt Oleg, »da stehste wie vor einer weißen Wand und könntest rüberlaufen.«

Oberhalb von Kälberwerder zwischen Kladow im Norden, der noblen Insel Schwanenwerder im Nordosten und Wannsee im Süden scheint die Havel zum Meer zu werden. »Große Breite« heißt sie daher folgerichtig und präsentiert sich vier Kilometer breit.

Backbord querab das Strandbad Wannsee, 1,4 Kilometer lang und längstes seiner Art in Europa, am »Haus-See der Berliner«. Menschenameisen tummeln sich im Wasser und am gelben Lido-Strand wie eh und je – ob mit oder ohne »Schwesterlein«, wie Cornelia Froboess einst singend empfahl. »Der Sand übrigens«, ergänzt Oleg, »ist extra von der Ostsee herangekarrt worden«.

An Steuerbord lugt durch den Düppeler Forst die Villa am Wannsee, in der 1942 die berüchtigte »Wansee-Konferenz« des NS-Regimes tagte.

Nach 15 Kilometern ab Spandau wird »Station Wannsee« ausgerufen. Auf der Anlegebrücke eine lange Schlange. Aber keine Sorge, auf dem Stern ist reichlich Platz.

10.25: Passage der »Pfaueninsel«. Einen Quadratkilometer ist die Insel groß, die früher Kaninchenwerder hieß und »eine absolute Wildnis« war, wie Fontane bemerkte. Nach ihrer Umgestaltung ist sie bis heute eine Mischung aus tropischem Urwald und

englischer Parklandschaft geblieben. Hier, nördlich von Potsdam, zeigen sich die Berliner Gewässer von ihrer schönsten Seite. Fontane begeisterte sich dafür: »Pfaueninsel! Wie ein Märchen steigt ein Bild aus Kindertagen vor mir auf: ein Schloss, Palmen und Känguruhs; Papageien kreischen; Pfauen sitzen auf hoher Stange oder schlagen ein Rad, Volieren, Springbrunnen, überschattete Wiesen; Schlängelpfade, die überall hinführen und nirgends; ein rätselvolles Eiland, eine Oase, ein Blumenteppich inmitten der Mark.«

Weithin sichtbares Wahrzeichen ist das romantische weiße Schlösschen, Schauplatz vieler Filme. Preußenkönig Friedrich Wilhelm II. ließ es 1794 bis 1797 als Lustschloss für seine langjährige Mätresse, die Gräfin Lichtenau, nach ihren eigenen Entwürfen von Baumeister Brendel errichten – mit einer »Liebesbrücke« zwischen den Türmen.

Im Süden der Insel liegt der von Schinkel erbaute Fregattenschuppen. In dem war der Dreimaster ROYAL LOUISE untergebracht, ein

Geschenk des englischen Königs. Heute segelt ein Nachbau über die Havel, den sogar »Bürgerliche« für »Lustfahrten« chartern können. »Eine Fahrt nach der Pfaueninsel«, zitiert Fontane seinen Zeitgenossen Kopisch 1852, »galt als das schönste Familienfest des Jahres.«

10.35: MS HAVELSTERN steuert in den Jungfernsee ein, der Teil des natürlichen Havellaufs zwischen Berlin und Potsdam ist. Hier endet die Untere Havelwasserstraße. Von den bewaldeten Havelhöhen von Nikolskoe an Backbord grüßt die Kirche Peter und Paul herab, die als Miniaturausgabe der St. Petersburger Kathedrale gilt. Stündlich lassen ihre Glocken die Melodie »Üb' immer Treu und Redlichkeit« erklingen. Ihren Bau von 1834 bis 1837 hatte Zarin Alexandra Fedorowna angeregt. Sie war die Tochter Friedrich Wilhelm III. und wurde 1817 vom Großfürsten Nikolaus, dem späteren Zaren, geheiratet.

Schloss Pfaueninsel mit seinen durch eine Brücke verbundenen charakteristischen Türmen

Kleines Schloss mit Restaurant am Tiefen See in Babelsberg

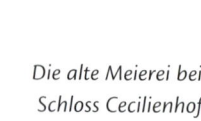

*Die alte Meierei bei
Schloss Cecilienhof*

Das Schloss Cecilienhof in Potsdam

fast sieben Millionen DM teure HAVEL QUEEN dagegen bringt es 172 Jahre später – 1988 zum 100. Firmenjubiläum – auf 67 Meter Länge, 9 Meter Breite, 1,20 Meter Tiefgang, 432 kW und 781 Plätze, behindertengerecht mit Fahrstuhl zum Oberdeck.

MS MOBY DICK in Tegel

hat. Jeder will mit dem MOBY fahren, der 48,31 Meter lang, 8,20 Meter breit ist, 440 PS hat und 486 Plätze bietet (1995 und 2006 renoviert und behindertengerecht ausgestattet); wie fast alle anderen Neubauten ist auch der schuppenbewehrte Wal 20 km/h schnell. MOBY DICK war das 80. Schiff der Stern und Kreisschiffahrt nach der Gesamtschiffsliste, das 17. Schiff seit 1948 und der achte Nachkriegsneubau. Zum 800. Hafengeburtstag von Hamburg 1989 konnte MOBY DICK an der Unterelbe »auftauchen« und bei der Schiffsparade manches »Oh!« und »Ah!« bewirken.

Dampfendes Wunder

Gestaunt haben auch viele Wannsee-Seheute, als am 11. Mai 1988 Berlins größtes und modernstes Fahrgastschiff zur Jungfernfahrt auf den Wannsee auslief, umrahmt von einem Volksfest. Zwei Schaufelräder und die beiden acht Meter hohen Schornsteine mit goldfarbenen Kronen bringen einen Hauch von Mississippi auf die Havel – eine Verbindung zwischen Technik und Nostalgie, vom Kreuzfahrerluxus an Bord ganz zu schweigen.

Frau Diepgen, die Gattin des damaligen Regierenden Bürgermeisters, taufte den Neubau auf den Namen HAVEL QUEEN. Das stolze Schiff ließ denn auch die traditionelle Sektflasche erst beim fünften Anwurf platzen. Die Königin der Havel ist natürlich die Attraktion zum 100. Reederei-Geburtstag gewesen – wie schon 1816 das »dampfende Wunder« (14 PS), die 39 Meter lange PRINZESSIN VON PREUSSEN für 300 Passagiere, als »Sensation an der Havel« gefeiert wurde. Die

Grenzenloser Schiffsverkehr

Insgesamt »segeln« heute 33 Fahrgastschiffe und sechs Fähren unter der traditionsreichen Flagge von Reederei Stern und Kreis, die seit 1999 zur Hegemann-Gruppe gehört.

Über eine Million Dampferfahrer lassen sich jährlich den märkischen Wind um die Nase wehen und Seefahrtsassoziationen bescheren. Seit März 1990 ist der Schiffsverkehr in und um Berlin grenzenlos: Die Weiße Flotte Ost und die Stern und Kreisschiffahrt kooperieren seitdem unter einem Dach und bieten bis dahin ungeahnte Kreuzfahrtmöglichkeiten auf 30 verschiedenen Linien mit 90 täglichen Abfahrten zu 80 Anlegestellen. Weiteste Strecken: Stettin mit Busrückfahrt und Brandenburg.

Natürlich kann, wer möchte, auch unterwegs aussteigen und per Bahn zurückfahren, wenn er sich noch die Füße vertreten möchte: wandernd auf Fontanes Spuren zum Beispiel. Bleibt nur noch zu wünschen: eine erlebnisreiche märkische Seefahrt durch Berlin und seine wasserreiche Umgebung!

Raddampfer MS HAVEL QUEEN

Frühlingshafte Verlockungen

800 Kilometer Kurs Natur und Kultur zwischen Börde und Böhmischem Becken

Eine Elbe-Flussfahrt hat es in sich. Die einwöchige Route ist an landschaftlichen, architektonischen und kulturellen Höhepunkten kaum zu überbieten. Entscheidender Vorteil gegenüber anderen Flussrouten: Sie ist noch relativ wenig befahren. MS Swiss Ruby gehört dazu.

Sie legt in malerischen Städten mit langer Geschichte an, die verbunden ist mit den Namen von Kaisern und Königen wie Otto I. und Karl IV., Maria Theresia sowie Friedrich dem Großen. Berühmt ist das Elbe-Einzugsgebiet aber auch durch Erfinder, Schriftsteller und Künstler, durch prachtvolle Bauwerke und die Schönheit ihrer Lage. Abwechslungsreiche Landschaften, weite Felder, Wälder und hohe Schluchten säumen den Weg

An Steuerbord wird der Magdeburger Dom passiert

während einer Elbe-Kreuzfahrt. Selbst die Gäste aus den Anliegerstaaten Sachsen-Anhalt und Sachsen müssen einräumen: »Die Elbe kennen wir zwar, aber nicht vom Wasser aus.«

Vakuum-Experiment und Reservat

Schon eine Stunde nach dem Einchecken und pünktlich zur Kaffeestunde gleitet die

Stadtkulisse von Magdeburg an Steuerbord vorüber. Vom Sonnendeck aus zeigt die Hauptstadt des Bundeslandes Sachsen-Anhalt, gelegen am Ostrand der fruchtbaren Börde und im letzten Krieg schwer zerstört, ihren eigentlichen Charme. Sie wird überragt von den 104 Meter hohen Türmen des Doms St. Mauritius und Katharina, der größten Hallenkirche in Norddeutschland.

Bekannt geworden ist das heutige Industriezentrum Magdeburg als Wirkungsstätte des Naturforschers und Diplomaten Otto von Guericke – wer kennt nicht aus dem Physik-Unterricht sein Luftdruck-Vakuum-Experiment mit den Halbkugeln – sowie als Geburtsort des Komponisten Georg Philipp Telemann.

Mit knapp zehn Kilometern pro Stunde schiebt Swiss Ruby ihren Wasserberg vor sich her Richtung Süden. Immer durch das friedliche Biosphärenreservat Mittelelbe, schon seit 1979 UNESCO-Schutzgebiet. Gurgelnd saugt der 1.300-Tonner das Flusswasser ab, das in seinem Heckwasser wieder zu schmatzender Höchstform am Ufer aufläuft. Nur übertönt von den schrillen Schreien eines Greifvogel-Pärchens. Eine Mitfahrerin aus Bayern ist begeistert und notiert sich die Beobachtung nach dem Blick durchs Fernglas. Die Elbe fließt hier noch, wie es scheint, relativ unbeeinflusst durch menschliche Eingriffe und hat natürliche Überschwemmungsräume geschaffen. »Man findet hier noch«, schwärmt sie kundig, »Wiesen mit jahrhundertealten Solitärteichen und das größte zusammenhängende Auenwaldgebiet Mitteleuropas. Pflanzen und Tiere, die in anderen Teilen Europas nahezu ausgestorben sind, haben hier noch ihren Lebensraum.«

Alte und junge Geschichte

Die Nachtfahrt haben alle gut ausgeschlafen überstanden. »Ich hätte nicht gedacht«, so Dr. Wolfgang Kelm aus Stralsund überrascht, »dass das Grummeln der Maschinen so schön einschläfernd wirkt.« Nach dem üppigen Frühstücksbüfett machen sich die Swiss-Ruby-Fahrer auf zur Stadterkundung,

entweder als geführte Gruppe oder privat mit Stadtplan bewaffnet, den jeder an der Rezeption erhält.

Als bedrohlicher Schattenriss zeichnet sich ein trutziges Gebäude gegen den sonnendurchfluteten Morgenhimmel ab: das Torgauer Schloss Hartenstein, nach Dresden bevorzugte Residenz der sächsischen Kurfürsten. Die strategisch angelegte Festung thront auf einem Porphyrfelsen und kann sich rühmen, eine vollständig erhaltene Anlage der deutschen Frührenaissance zu sein.

Hinter seinen Mauern wurden nicht nur rauschende Feste gefeiert, sondern in den Verliesen auch Menschen gefangen gehalten. Heute sind es »nur noch« ein paar Braunbären im Schlossgraben.

Torgau, gelegen im Nordwesten des Freistaates Sachsen, kann auf eine 1.000-jährige Geschichte zurückblicken. Im 16. Jahrhundert war die Stadt – sie gilt als eine der schönsten aus der Renaissance – das politische Zentrum von Sachsen und der Reformation.

Torgau: Blick vom Schlossturm

Schloss Hartenstein spiegelt sich in der Elbe

Berühmt wurde Torgau in der jüngeren Geschichte durch die historische Begegnung zwischen amerikanischen und sowjetischen Soldaten am Mittag des 25. April 1945 an der zerstörten Elbbrücke. Von der steht nur noch ein Pfeiler, und ein Denkmal am Flussufer erinnert daran.

Aber auch der handschriftliche kyrillische Hinweis mit Pfeil im Aufgang zum Schlossturm: »Stab Bataillon«.

In der Straße mit dem idyllischen Namen »Fischerdörfchen« wird an dunkle Zeiten – »Spuren des Unrechts« – erinnert. Die berüchtigte Nummer 15 – heute in moderne Wohneinheiten umgewandelt – war für nicht angepasste DDR-Jugendliche ein Martyrium: der »Werkhof«, einzige Anstalt der Republik für »Schwererziehbare«.

Wiederaufbau-Wunder und Verkehrsgeschichte

Auf dem Fluss zieht der über 100 Jahre alte Weiße-Flotte-Dampfer MEISSEN dahin und grüßt mit heiserer Pfeife. Seit 20 Jahren fährt er das erste Mal wieder nach Riesa, wie Kapitän Jänecke berichtet.

»Ah!«, hört man aus vielen Mündern, als hinter einer Flussschleife die Türme der historischen Residenzstadt Dresden in Sicht kommen. Denn sie kennen ihn alle, den berühmten Panorama-Blick des italienischen Malers Canaletto auf »Elb-Florenz«.

Einen halben Tag und eine ganze Nacht lang hat man hier Zeit. Weniger für die Frauenkirche, die am Sonntag schon um 14.30 Uhr schließt. Für fünf Euro wird man per Taxi direkt vorgefahren und kann sich das gut besuchte Wiederaufbau-Wunder noch in Ruhe ansehen. Kirchenhelfer geben bereitwillig Auskunft, zum Beispiel dass die Kuppel unglaubliche 10.000 Tonnen wiegt.

Das Mittagsbüfett ist mal wieder verlockend reichhaltig. Da hilft nichts: Auf dem Programm danach stehen die wichtigsten und schönsten der kulturellen Sehenswürdigkeiten: Semperoper und Zwinger, das Neue Grüne Gewölbe im Schloss mit über tausend Exponaten der ehemaligen Schatzkammer, die Brühlsche Terrasse und das Albertinum. Aber auch das Verkehrsmuseum im Johanneum am Neumarkt gegenüber der Frauenkirche lohnt einen Besuch. In seinen umfangreichen Sammlungen – Schwerpunkt Sachsen – zum Straßen-, Nah-, Schiffs- (mit anschaulichen Exponaten zur Elbe-Schifffahrt) und Eisenbahnverkehr kann man auf 5.000 Quadratmetern Technikgeschichte hautnah erleben. Faszinierend nicht nur für Fans ist die 325-Quadratmeter-Modelleisenbahnanlage der Spur 0, die zu den bedeutendsten in Europa zählt.

Der berühmte Canaletto-Blick von Dresden voraus

Tief ins Elbsandsteingebirge eingeschnittene Elbe

Felsen und Oldtimer

Frühmorgens um vier Uhr steht Kapitän Wolfgang Jänecke wieder auf der Brücke und lässt 1.500 Pferdestärken erzittern.

Am Vormittag zieht die imposante Böhmische Schweiz wie ein Naturfilm vorüber. Wind und Wetter haben Felsnadeln und Schluchten aus dem Elbsandsteingebirge modelliert. Die richtige Kulisse für Carl-Maria von Webers Oper »Der Freischütz«, die sommers auf der Felsenbühne des Kurorts Rathen gegeben wird.

Aus 361 Metern Höhe grüßt rechts die Festung Königstein herab, von links die 200 Meter hohe Felswelt der Bastei mit dem weitschweifenden Elbblick, der zu den schönsten natürlichen Aussichten Europas zählt. Die Busausflugsgruppe hat beides im Programm.

Die Nichtausflügler schauen sich derweil in dem idyllischen Städtchen Bad Schandau um, das als Schiffersiedlung im 14. Jahrhundert auf einer Halbinsel aus Schwemmsand gegründet wurde. An den Häusern fallen die extremen Hochwassermarken von 2002 auf. Spuren davon sind fast nirgends mehr zu sehen.

Folgt man ein paar Hundert Meter dem Flüsschen Kirnitzsch, das in die Elbe mündet, stößt man unweigerlich auf Schienen und einen Bahnhof. Bis sich klingelnd,

Was der Rhein für den Westen, ist die *Elbe* für den Osten. Beide verbinden die historischen Kernlandschaften Mitteleuropas. Die Quelle liegt im Böhmischen Riesengebirge (Tschechien); Länge: 1.165 Kilometer; schiffbar bis Chvaletice und über die Moldau bis Prag; Mündung: bei Cuxhaven in die Nordsee.

schaukelnd und quietschend eine gelbe Straßenbahn nähert. Im Takt von einer halben Stunde. Sieben Euro kostet die Tageskarte, und die acht Kilometer lange Fahrt hinauf ins »Gebirge« kann losgehen. Es lohnt sich, mit der einzigen Straßenbahn zu fahren, die seit 1898 durch den Nationalpark Sächsische Schweiz zockelt. Mitten durch das schöne Kirnitzschtal hinauf bis zum Lichtenhainer Wasserfall. Manchmal zuckt auch der Schatten einer Forelle durch das klare Wasser oder eine der seltenen Wasseramseln gründelt nach Beute. Auf jeden Fall kann man dem Fahrer über die Schulter schauen.

Eine Stunde bleibt zum Wandern. Aber man sollte – besonders im Grenzgebiet zu Tschechien – vorsichtig sein. Die »Morgenpost« titelt an diesem Tag: »Mitten im Wald: Räuber überfielen Rentnerpaar«. Es sei schon der vierte brutale Fall gleicher Art gewesen. Kein Märchen, auch wenn ein Prospekt über die Sächsische Schweiz überschrieben ist mit »Willkommen im Märchenland!«

Aber alle sind wohlbehalten wieder an Bord, als MS Swiss Ruby zur Mittagszeit ablegt mit Tagesziel Litomerice/Leitmeritz.

Zwischen Hradschin und Wenzelsplatz

Bei Flusskilometer null nach deutscher oder 730 nach tschechischer Rechnung ändert die Elbe ihren Namen in Labe, steckt das Kreuzfahrtschiff seinen Bug in die Böhmische Pforte, passiert Decin/Tetschen, Usti/Aussig, Schreckenstein und macht zum Übernachten in Lovosice/Lobositz fest. Dort, wo Friedrich der Große 1756 im Siebenjährigen Krieg eine Schlacht gegen Österreich gewann.

Treppen vom Hradschin hinab zur Prager Kleinseite

Nach einer Stunde Busfahrt oder 70 Kilometern hat man sechs Stunden Zeit, um die »Goldene Stadt« an der schon von Smetana besungenen Moldau zu erkunden. Man sollte sich allerdings darauf einstellen, dass man hier nicht allein ist. Prag ist alljährlich das Ziel von mehreren Millionen Touristen.

Der historische Kern Prags gruppiert sich um die Moldauschleife und präsentiert eindrucksvoll seine zahllosen Türme und Kuppeln, den von stattlichen Brücken überspannten Fluss und die alles überragende Silhouette der Burg. Nicht umsonst wird Prag zu den schönsten Städten der Erde gezählt. Zur Einführung empfiehlt sich ein Stadtrundgang durch die Hauptstadt der Tschechischen Republik. Start ist auf der Kleinseite vor dem Hradschin, dem früheren Sitz von Kaisern und Königen, und führt durch den Veitsdom, vorbei an zahlreichen Adelspalästen, über die Karlsbrücke zum Altstädter Rathaus mit ihrer Astronomischen Uhr, zum Wenzelsplatz, durch den Altstädtischen Ring ins Jüdische Viertel, um nur ein paar der wichtigsten Sehenswürdigkeiten zu nennen.

Es bleibt darüber hinaus noch Zeit für einen Streifzug auf eigene Faust. Dabei kann man entweder den Inhalt seines Lunchpakets auf einer Parkbank vertilgen oder in einem der zahlreichen Restaurants böhmisches Gulasch mit Knödeln und einem Pilsner genießen. Über Theresienstadt, die von den österreichischen Herrschern Maria Theresia und Joseph II. im 18. Jahrhundert errichtete Festungsstadt, später Staatsgefängnis, jüdische Gettostadt und KZ, lenkt Fahrer Andreas den Bus durch Litomerice/Leitmeritz nach Velke Zernosoky. Dort wartet bereits die Swiss Ruby und legt dann ab zur Rückfahrt nach Norden. Übernachtet wird dieses Mal in Dresden-Loschwitz vor einer blau gestrichenen Brücke mit dem einprägsamen Namen »Blaues Wunder«.

Blaue Schwerter und Reben-Parade

Zum Sonnenaufgang wird Dresden ohne Halt passiert. Einige Frühaufsteher werden beim Frühstück davon schwärmen. Bis Kapitän

Wolfgang Jänecke »seine« Swiss Ruby in Meißen unterhalb der Burg anlegt. Schon nach ein paar Schritten ist man fasziniert von den verwinkelten romantischen Gassen, dem schön restaurierten Stadtbild und den freundlichen Bewohnern.

Bekannt wurde die Stadt der »blauen Schwerter« durch die königliche Porzellanmanufaktur, die 1710 auf der Albrechtsburg gegründet wurde und nach wie vor Weltruf genießt.

Aber auch die Frauenkirche, das spätgotische Rathaus, die Nicolaikirche und der Dom sind sehenswerte historische Bauten. Während eines Stadtrundgangs geht dem Besucher manches geschichtsträchtige Licht auf. Zur Seh-Pause empfiehlt sich eine der Burg-

Weißburgunder, Grauburgunder, Goldriesling und Traminer –, aber auch Rotwein und Sekt werden produziert. Nicht weniger verführerisch: die milden Obstbrände.

Beneidenswert sind die Ausblicke, die die Trauben inmitten dieser einmaligen Kulturlandschaft haben, liegen ihnen doch ebenso malerische wie historische Städte und die Elbe, die seinerzeit die Romantiker inspirierte, zu Füßen.

Computer und Auewald

Nachmittags heißt es wieder: »Leinen los!« MS Swiss Ruby pendelt im 15-Kilometer-»Tempo« durch sanfte Flussschleifen

gaststätten: mit Terrassenblick. Unwillkürlich kommen einem dabei Stadtszenen aus dem Rühmann-Film »Die Feuerzangenbowle« in den Sinn.

Hier, in Deutschlands kleinstem Weinanbaugebiet, hat man zudem Gelegenheit, die wenig bekannten, aber dafür umso gehaltvolleren und nicht gerade preiswerten Tropfen der Region zu verkosten. Ein paar gut sortierte Läden und Schänken laden dazu ein.

Das sächsische Elbland ist zugleich die nordöstlichste Weinregion Europas. Schon seit über achthundert Jahren setzen hier die Winzer auf die besonders milden Sommer, um ihre Reben zu kultivieren. Vor allem weiße Rebsorten gedeihen in den Terrassen- und Steillagen rund um Dresden und Meißen prächtig – unter anderem Müller-Thurgau,

nach Norden. Die Ruhe des eingedeichten Grünlandes überträgt sich auf den Betrachter. Außer Vogelrufen oder dem Blöken von Schafen ist kaum ein Laut zu hören. Stille, wie man sie selten noch findet. Abgesehen von dem wenigen Verkehr auf der Elbe, die nur noch von einigen Frachtschiffen befahren wird, meistens unterwegs zwischen Tschechien und Hamburg.

Kapitän Jänecke hat infolgedessen Zeit und lädt die Gäste in kleinen Gruppen auf die Brücke. Eine Frau fragt: »Wie sind Sie denn früher gefahren, so ohne diese Computer?« Jänecke, schon seit 1965 Binnenschiffer, schmunzelt: »Nach Augenmaß und ohne Zeitdruck. Heute gibt es einen festen Fahrplan, während wir früher abends Feierabend machten und in die Kneipe gingen.« Nur

MS Swiss Ruby vor der Meissner Albrechtsburg mit Dom

Altstadt am Fuß des Burgberges

*Luther-Denkmal vor der
Schlosskirche in Wittenberg*

heute – haltbarer – in Metall gegossen am Portal zu lesen.

2017 ist das weltbewegende Ereignis 500 Jahre her, und das spürt man überall in der Stadt, die sich mächtig herausputzt. Nicht nur zu Ehren von Luther, der wie auch seine Frau Katharina von Bora überall präsent ist. Er und seine Mitstreiter Philipp Melanchthon und der geniale Maler Lucas Cranach der Ältere machten die Elbestadt im Zeitalter der Renaissance zu einem Zentrum des europäischen Humanismus.

Tageshöhepunkt ist der Ausflug in den Wörlitzer Landschaftspark, seit 2000 UNESCO-Welterbe. Nur eine halbe Stunde Busfahrt mit Fernblick auf Wittenberg und man ist im Garten-Wasserreich von Fürst Leopold III. Friedrich Franz. Rund zwei Jahrhunderte nach Luthers Tod gingen von ihm entscheidende Impulse aus. Sechs Parkanlagen mit zahlreichen Kleinarchitekturen schmiegen sich heute in die Wiesen an Mulde und Elbe. Sie verleihen der ganzen Region den Charakter eines Gartens von unendlicher Weite. Dessau-Wörlitz gilt als die Geburtsstätte des Landschaftsgartens, des Klassizismus und der Neugotik in Deutschland.

Per Gondel werden die Gäste durch die schmalen Kanälchen gerudert. Die sind gesäumt von dem künstlerisch angelegten Park, für den Menschenfreund Fürst Franz »eine harmonische Verbindung von Mensch und Natur anstrebte«, wie der Bootsführer sagt. Eine staunende Zuhörerschaft unterbricht seine Informationen und Anekdoten mit vielen »Ahs« und »Ohs«.

Design und Bewegung

35 Kilometer rauscht MS SWISS RUBY zu Tal und legt dann noch einmal für zwei Stunden an. Es lockt ein weiteres UNESCO-Welterbe – das 1926 von Prof. Walter Gropius eröffnete Bauhaus in Dessau, bedeutendste Kunst- und Designeinrichtung der Klassischen Moderne im 20. Jahrhundert. Das Junkers-Technikmuseum mit seiner JU 52 muss man sich für einen längeren Besuch der Region aufsparen.

noch der Raddampfer WÜRTTEMBERG, in Magdeburg aufgebockt als Museumsstück, erinnert noch an diese »goldenen Zeiten«. Bis zum frühen Morgen lösen sich Jänecke und sein tschechischer Kollege vor den Monitoren beim Steuern ab. Nur der Mond über dem gezackten Rand der Auewälder schaut den beiden bei ihrem verantwortungsvollen Job über die Schultern.

Thesen und Garten-Wasserreich

Am letzten Vormittag steht Wittenberg auf dem Programm. Als Ausgangspunkt der lutherischen Reformation war die alte Universitätsstadt ein geistiges und kulturelles Zentrum in Mitteleuropa. 1517 soll Martin Luther die 95 Thesen an die Tür der Schlosskirche geschlagen haben. Sie sind

Wer – trotz täglich angebotener Gymnastik – Bewegung braucht, der sollte auf dem berühmten Elbe-Radwanderweg spazieren gehen. Er führt unmittelbar am Liegeplatz vorbei. Das Naturschutzgebiet mit Flussblick präsentiert sich in üppigem Frühlingsgrün. Umgestürzte Bäume demonstrieren, dass der Mensch hier nicht eingreifen darf. Duftende Anemonen-Felder bedecken den Boden wie eine Schneedecke, bläulich schimmern Veilchen hindurch.

Spätabends wird nach dem opulenten Captain's Dinner und einem eleganten Drehmanöver wieder in Magdeburg angelegt. »Na, alles gut?«, fragt der Hafenmeister von unten herauf. Kapitän Wolfgang Jänecke stoppt die Maschinen und antwortet erleichtert von oben herab: »Ja, alles gut gelaufen!« Das wohl kürzeste Fazit der rund 800 Kilometer langen Reise. Für seine Gäste ist es die Erinnerung an eine entspannte Art des Reisens: langsam, genussvoll und immer dem Fluss nach.

MS Swiss Ruby am Anleger in Dessau

Infos

Ms Swiss Ruby; Bauwerft: Scheepswerft de Hoop, Heusden/Lobith B.V., Niederlande; Baujahr: 2002; Länge: 85 m; Breite: 10,6 m; Tiefgang: 1,30 m; Tonnage: 1300 t; Maschinen: 2 Caterpillar mit zus. 1.500 PS; Aquamaster (2 Propeller um 360 Grad drehbar, daher kein Ruder); 2 Generatoren; Passagiere (max.): 80 Passagiere; Crew: 25; Außenkabinen à 12 qm mit Panorama-Fenstern (Oberdeck: franz. Balkone), Du/WC, regulierbare Klimaanlage, Kühlschrank, Fön, Tel., SAT-TV, 220 V, Panorama-Restaurant, Panorama-Salon, Bar, Foyer, Rezeption, Sonnendeck, Sonnendach, Sonnenschirme, Liegestühle, Stühle und Tische); Reederei: Scylla AG; Heimathafen: Basel; Flagge: Schweiz

Literatur: Eberhard Czaya, Die Elbe – vom Riesengebirge zur Nordsee; Christian Graf von Krockow, Die Elbreise – Landschaften und Geschichte zwischen Böhmen und Hamburg; Hansjörg Küster, Die Elbe – Landschaft und Geschichte

Fahrplan Magdeburg–Prag und zurück

Freitag:	Einschiffung ab 15 Uhr, Abfahrt um 16 Uhr
Samstag:	Torgau 10 bis 16 Uhr
Sonntag:	Meißen 2 bis 9 Uhr
Sonntag:	Dresden, Ankunft um 13 Uhr
Montag:	Dresden, Abfahrt um 4 Uhr; 9.30 Uhr kurzer Ausflugsstopp in Königstein (Ausflug Festung Königstein, Elbsandsteingebirge) Bad Schandau: 10.30 bis 13 Uhr Litomerice/Leitmeritz, Tschechien, Ankunft 22 Uhr
Dienstag:	Abfahrt von Velke Zernoseky (nach Prag-Ausflug) um 18 Uhr über Nacht in Dresden-Loschwitz/»Blaues Wunder«
Mittwoch:	Meißen 9.30 bis 15.30 Uhr
Donnerstag:	Wittenberg 2 bis 14.30 Uhr (Stadtrundgang, Ausflug Wörlitzer Park) 16 bis 18 Uhr Dessau Ankunft Magdeburg 23.30 Uhr
Freitag:	Ausschiffung zwischen 8 und 10 Uhr

Gesamtfahrtstrecke: 788 km
Reisezeit: März bis Oktober
Veranstalter: 1AVista Reisen

Eine winterliche Alternative
Zu den schönsten Weihnachtsmärkten an der Oberelbe

Weihnachtlich verlockende Düfte wehen von Dresdens Flaniermeile, der Brühlschen Terrasse, hinunter zum Fluss. Unterhalb davon hat die schneeweiße SAXONIA vor der Augustusbrücke festgemacht.

Fluss-Land-Berge in der Böhmischen Pforte

»Wissen Sie, nach wem diese Brücke zu Vorwendezeiten benannt wurde?«, fragt ein unverkennbar sächsischer Mitpassagier rhetorisch in die Eincheckrunde vor der Rezeption: »Nach dem Kommunisten Dimitroff, »aber jetzt heeßt se wieder so wie früher.« Auch der lebenslustige König August der Starke hätte über den DDR-Witz gelacht: »Bei seinen Brückenüberfahrten per Kutsche fing der Frauenheld gern hübsche Mädels ein und befahl dann einfach: ;Die mit druff! Die mit druff! Die mit druff!‹« Sächsischer Humor zur Einstimmung, wobei die Original-Mundart für zusätzliche Heiterkeit sorgt.

Fröhliches Adventsgetümmel ohne Rummel

Noch vor dem Captain's Welcome Dinner schlägt Kapitän Johann Magners Stunde: An diesem ersten Abend stellt er im Panorama-Salon seine tschechisch-ungarisch-deutsche Crew vor. Man stößt auf eine erlebnisreiche Reise an. Doch die Gedanken der 57 Passagiere schweifen ab: zum berühmten Strietzelmarkt rund um die alles überstrahlende Frauenkirche.
Ein Katzensprung und man ist mittendrin im Getümmel ohne Rummel. Glühwein-, Lebkuchen-, Tannen- und Plätzchendüfte

liegen in der Luft. Weihnachtslieder und Klassik-Klänge in unaufdringlicher Lautstärke stimmen die Gemüter friedlich. Tausendfacher Kerzenschein sorgt für mildes Licht. Rundherum das passendes Ambiente, um sich auf die bevorstehenden Festtage einstimmen zu lassen.

Glühwein in allen »Schuss«-Varianten sorgt für Fröhlichkeit zwischen Hunderten von Ständen. »Ein romantisches Ambiente so wie früher«, fühlt sich ein Mitpassagier auf einem der ältesten deutschen Weihnachtsmärkte an seine selige Jugendzeit erinnert. Die typischen Mitbringsel müssen natürlich auch sein: ein original Dresdner Christstollen, hier auch Strietzel genannt, oder Schnitzereien aus dem Erzgebirge.

Dresden in nächtlich stiller Kurzform: der rechte Ausklang mit einem Bummel zwischen hell erleuchtetem Albertinum, Stallhof mit Wettiner Fürstenzug auf Porzellankacheln, Hofkirche, Residenzschloss, Zwinger und Semperoper.

Himmelsvorhang auf zum Felsentheater

Morgens kurz vor sechs Uhr grummelt es kaum spürbar im Keller. Kapitän Magner bringt seine rund 1.000 Diesel-Pferde langsam auf Trab. In den Kabinen drehen sich die meisten noch einmal genüsslich um, während das 82-Meter-Schiff ablegt und sich durch die Dresdner Brücken fädelt. Flussradar, elektronische Seekarte und Scheinwerfer unterstützen den erfahrenen Mann im Steuerhaus. Im ersten Büchsenlicht erreicht MS SAXONIA den Anleger unterhalb vom Barockschloss Pillnitz mit seiner bekannten Wassertreppe. Eine Busladung Gäste macht sich auf, um die Sächsische Schweiz zu erobern, die jedoch andere unbedingt aus der Relingsperspektive genießen möchten. Auch wenn dicke Regenwolken und Nebelschwaden das Elbtal decklen. Für nicht vollwertigen Ersatz sorgt der Film »Elbsandsteingebirge«, der über die Kabinenbildschirme flimmert. Nur auf den Höhen rings um Dresden haben ein paar Schneeflocken für die im Phoenix-Katalog

versprochene Stimmung gesorgt: »Winterzauber auf der Elbe«, das Motto dieser Reisen zwischen Ende November und Weihnachten. Doch am späten Vormittag reißt der Himmelsvorhang auf zum Felstheater mit seiner zerklüfteten Erosionslandschaft, skurrilen Felsnadeln und wilden Schluchten. Schon Karl May, der aus der Region stammte, regte die natürliche Felsenburg der Bastei zu wilden Indianerfantasien für seine weltbekann-

ten Bücher an. Den Greifswalder Romantiker Caspar David Friedrich animierte die dampfende Landschaft zu seinem berühmten Bild »Wanderer über dem Nebelmeer«.

Hoch über dem Fluss thront der 361 Meter hohe Königstein mit seiner gleichnamigen Festung, die nie eingenommen wurde. Wohl aber von den Busausflüglern, die später stolz berichten werden: »Wir haben euch tief unter uns, ganz klein und im Schneckentempo kriechend gesehen!«

Für sie, die während eines kurzen Stopps in Bad Schandau wieder an Bord kommen, und die Daheimgebliebenen zählen die Sandsteinfelsen der Sächsischen Schweiz zum bisher schönsten Flussabschnitt. Übrigens waren zwei Schweizer Maler die Namensgeber, weil sie sich durch die Landschaft an ihre Heimat erinnert fühlten.

Porta Bohemica mit roter Laterne

1.000 PS stemmen sich gegen den Strom, aber mehr als acht »Sachen« schafft die SAXONIA nicht. »Schneller geht's nicht«, erklärt Magner

Häuser am Elbufer bei Bad Schandau

seinen Brückengästen, die gern mal zu einem »Fachgespräch« ins Steuerhaus kommen, »Power zu machen bringt hier nichts, nur dass sich das Schiff bei den wenigen Zentimetern Wasser unterm Kiel festsaugt und noch mehr bremst, abgesehen von einem höheren Spritverbrauch.« Vergangene Woche habe die Elbe so wenig Wasser geführt, dass man sie hätte durchwaten können, berichtet der Kapitän, »da mussten wir ab Decin per Bus weiterfahren. Wenn man über Bord gesprungen wäre, hätte man sich nur den Fuß verstaucht.«

Bei Flusskilometer 106 (gerechnet ab Quelle) ist die deutsch-tschechische Grenze erreicht; die Sächsische wird abgelöst von der Böhmischen Schweiz, die Elbe von der Labe, der Sandstein von der Vulkanlandschaft des Mittelgebirges. Der Fluss zwängt sich durch die hier beginnende Böhmische Pforte, das 50 Kilometer lange Durchbruchtal der Porta Bohemica, nach Tschechien hinein.

Billigläden und Tageshotels mit »roter Laterne« bestimmen am linken Steilufer, an dem sich eine Straße entlang schlängelt, das Bild. Bescheidene Freuden für Grenzgänger, weniger für Bohemiens.

Romantische Fahrt durch die Böhmische Pforte

Drohend erscheint voraus Schloss Schreckenstein

Zwölf Kilometer weiter, nach ein paar böhmischen Dörfern, das erste Städtchen in Tschechien: Decin oder Tetschen, wie es zu k.u.k.-Zeiten hieß. Der Flusshafen gibt sich geschäftig. Links und rechts der Bogenbrücke zwei Schloss-Scherenschnitte vor dem Abendhimmel. Das große an Backbord gehörte einst dem Fürsten Thun-Hohenstein; hoch auf dem Berg das kleinere Ferdinandshöhe, heute ein Restaurant mit Erzgebirgs- und Böhmerwald-Fernblick.

Kapitän Magner legt zwar längsseits eines Museumsschleppers an, aber nur um Wenzel an Bord zu lassen. Auch er ein Elbe-erfahrener Kapitän, der Magner am Ruder ablösen soll. »Irgendwann nach zwölf Stunden braucht man auch mal eine Pause«, erklärt er und verzieht sich nach kurzer Einweisung seines Kollegen in die Koje.

Nach dramatischer Kulisse gemütliche Weinprobe

Hinter dem Industrieort Usti nad Labem/Aussig fädelt Wenzel die SAXONIA behutsam in die erste von sechs Schleusen ein. Dramatische Kulisse zum Schleusentheater: Burg Strekov/Schreckenstein, die mit ihrem runden Hungerturm schwarz und drohend hoch über den Köpfen der Gäste wacht. Von ihr ließen sich schon Johann Wolfgang von Goethe, Richard Wagner, Ludwig Richter und Karl May inspirieren. »Dort oben soll«, munkelt der Kapitän, »ein Standesamt sein«, und grinst: »Deswegen auch der Name Schreckenstein.« Inzwischen lacht auch der prallrunde Vollmond über den Witz. Über die Flussschulter donnert ein Güterzug und verkriecht sich unter der Burg in einen Tunnel. Ein Horn heult auf – Gruß des Lokführers an seinen Kollegen im Ruderhaus, der mehr für die Freuden der Langsamkeit ist.

Nach Bingo, organisiert von Phoenix-Reiseleiterin Monika Hütte, und Abendessen stoppt MS SAXONIA beim Dörfchen Velke Zernoseky, um die Ausflügler zu entlassen. Es lockt eine zweistündige Advents-Weinprobe im ehemaligen Klostergut Rocnic. Die Straße hinauf in die Berge säumt ein

Schneerand. Busfahrer Andreas stimmt die Gäste durch lockere Witze auf den promillehaltigen Abend ein.

»Das böhmische Elbland«, informiert die örtliche Reiseleiterin, »gilt als eines der kleinsten und Europas nordöstlichstes Weinbaugebiet. Es lohnt sich, die bislang wenig bekannten, aber umso hochwertigeren Tropfen der Region zu verkosten und auch das eine oder andere Fläschchen günstig einzukaufen. Die besonders milden Sommer der Region nutzen die Winzer hier schon seit über 800 Jahren. Vor allem weiße Rebsorten gedeihen hier ausgezeichnet. Dazu zählen unter anderem die Sorten Müller-Thurgau, Weißburgunder, Grauburgunder, Riesling und Traminer. Für süffige Rotweine und Sekt ist die Gegend nicht minder bekannt.«

Nach einer Kellereiführung durch tiefe, uralte Gewölbe mit verstaubten und umsponnenen Flaschen kredenzt der junge Winzer großzügig seine Rebsorten. Dazu knistert gemütliches Kaminfeuer.

»Ein gelungener Abend!«, finden alle einhellig, als sie weinselig und mit Flaschen beladen wieder an Bord landen und einen Abendimbiss genießen.

Der Hauptmann von Köpenick lässt grüßen

Über Nacht hat Väterchen Frost Einzug gehalten: Raureif überzogen und von der aufgehenden Sonne vergoldet sind Sonnendeck, Tische und Stühle; zugefrorene Pfützen krachen unter den Schritten.

Kapitän Johann Magner hat noch im Dunkeln MS SAXONIA wieder auf den Fluss hinausmanövriert. Fünf Schleusen sind an diesem Vormittag zu passieren, reichlich Präzisionsarbeit für die Deckscrew. Lovosice/Lobosiz wird passiert mit seinen Fabriken der chemischen und Lebensmittelindustrie, unter deren dampfenden Schornsteinen sich die Kirchtürme des historischen Ortes ducken. Eingegangen in die Geschichte ist Lobosiz durch die erste preußisch-österreichische Schlacht des Siebenjährigen Krieges im Jahr 1756.

Häuschen in den böhmischen Weinbergen

Viel älter allerdings sind die nahen Vulkanhügel Lovos und Kybicka mit ihren ebenmäßigen und längst erloschenen Feuerbergen. Litomeritze/Leitmeritz gleitet an Backbord, die Einmündung der Eger an Steuerbord vorüber. Das schmucke Städtchen wird für die Rückfahrt aufgespart. Und wer kennt nicht den einladenden Satz des böhmisch-berlinischen Militaria-Trödlers im schon legendären Rühmann-Film »Der Hauptmann von Köpenick«: »Kenn' Se Leitmeritz, kennen Se scheenen Behmerwald – kommen'S 'rein, Mann, ins Jeschäft!«

Nach dem mittäglichen opulenten Drei-Gänge-Menü kann man eine Stunde bei einem Schläfchen im Bus entspannen, der die Ausflügler vom Endhafen Melnik an der Moldau-Einmündung nach Prag bringt.

Weihnachtsstimmung in der »Goldenen Stadt«

Der Nachmittag gehört der pulsierenden Moldau-Metropole. Gerade mal dreieinhalb Stunden lang, die aber zum Schnuppern reichen.

Hauptanziehungspunkt ist der historische Stadtkern, in diesen Tagen überquellend von Touristen und weihnachtlich herausgeputzt. Alles überragend: die zahllosen Türme und Kuppeln mit der eindrucksvollen Prager Burg des Hradschin, einer der größten Burganlagen der Welt. Die »Goldenen Stadt« liegt ihr und den Gästen zu Füßen. Eine junge Reiseleiterin verführt die SAXONIA-Fahrer immer wieder zum Zuhören bei ihren lebhaft vorgetragenen Geschichten, ob in der St.-Veits-Kathedrale oder im Goldenen Gässchen.

Festlich erstrahlender Prager Weihnachtsmarkt auf dem Rathausplatz

Durch die anheimelnden mittelalterlichen Sträßchen der Kleinseite, die man noch aus dem Film »Schweijk« in Erinnerung hat, lotst die Studentin ihre Schar über die UNESCO-geadelte Karlsbrücke zum Altstädter Rathaus mit der Astronomischen Uhr, dem Treffpunkt vor der Rückfahrt.

Der Weihnachtsmarkt, eingebettet in das historisch erhalten gebliebene Umfeld, ist in seiner Vielfalt an Ständen und Angeboten geradezu überwältigend – und eine weitere Steigerung gegenüber Dresden. Jeder nutzt die Zeit zum Sammeln eigener Eindrücke. Wer sich durch den Andrang nach oben nicht stören lässt, hat den absoluten Blick auf das Getümmel vom Turm des Rathauses aus. Noch einen Glühwein, ein Budweiser, ein paar heiße Maroni und schon sitzt man wieder im Bus. Nicht ohne sich geschworen zu haben, Prag beim nächsten Besuch mehr Zeit zu widmen. In Roudnice, wohin das Schiff von Melnik aus vorgefahren ist, wird übernachtet, sodass man nichts verpasst – ein enormer Vorteil dieses Fahrplans, der dem Gast die nächtliche Schleusenfahrt auf der Moldau erspart. Nur bei der elftägigen Weihnachts- und Silvesterreise wird Prag direkt angelaufen.

Leitmeritz – denkmalgeschützt und geschichtsträchtig

Sonnenschein und Frost verlocken zu einem dreieinhalbstündigen Rundgang durch das denkmalgeschützte Litomerice/Leitmeritz. Reich geworden ist die von der Renaissance geprägte Stadt seit dem 13. Jahrhundert durch Wein- und Obstkulturen, die fruchtbare Böden und ein mildes Klima begünstigen – bis heute. Aus der Geschichte bekannt sind auch die Verfolgungen der Hussiten, die sich gegen die katholische Kirche auflehnten.

Der Weihnachtsmarkt indes nimmt sich bescheiden aus gegenüber Dresden und Prag. Dafür faszinieren das wertvolle architektonische Ensemble um den großen Stadtplatz mit Rathaus, Kirchen und Handelshäusern. Auch ein Gang durch steile Gassen – hier riecht man förmlich k.u.k.-»Radetzkymarsch«-Flair – hinauf zum Stephansdom lohnt sich. Entschädigt wird man mit dem romantischen Ausblick auf die kuppelgespickte Bischofsstadt und harmonische Landschaft des Böhmischen Mittelgebirges.

In den unterirdischen Nazi-Rüstungsfabriken, die westlich von Leitmeritz in die

Hänge getrieben wurden, fanden Tausende von KZ-Häftlingen aus Theresienstadt den Tod. Ein finsteres Kapitel, das zum Schwarz des Vulkangesteins passt.

Nach 322 Flusskilometern Elb-Florenz wieder in Sicht

Noch einmal können die Gäste die Passage der als Verkehrsachse vielbefahrenen Böhmischen Pforte erleben – diesmal allerdings bei sonnigem Tageslicht und sogar, wohlig vermummt, von Oberdeck aus. Mit dem Bezahlen der Bordrechnungen darf man sich bis zur Dunkelheit Zeit lassen.

Im ältesten Kurort und Herz der Sächsischen Schweiz, Bad Schandau, wird zum Beinevertreten und Übernachten angelegt. Man erlebt jetzt ein beschauliches Städtchen mit vielen Einkehrmöglichkeiten. Im Sommer hingegen sieht es hier ganz anders aus.

Schon um sechs Uhr früh sitzt Kapitän Johann Magner wieder in seinem Ruderstand, »damit unsere Gäste auch die Schokoladenseite von Dresden sehen können«, begründet er das lächelnd, nachdem Schloss Pillnitz an Steuerbord passiert wurde.

Als die Sonne endlich aus dem Flusstal über die Berge gekrochen kommt, liegt – letzter Reisehöhepunkt – die turm- und kuppelgespickte sächsische Landeshauptstadt wie auf dem Präsentierteller vor dem Betrachter. »Elb-Florenz«, so Magner, »zeigt sich vom

Infos

MS SAXONIA; Baujahr: 2000/01; Bauwerft: Grave & Hardinxveld, Niederlande; Taufe Juli 2001 durch die Schauspielerin Ruth-Maria Kubitschek in Hamburg; Reederei: Scylla AG, Basel; Flagge: Schweiz; Länge: 82 m; Breite: 9,50; Tiefgang: 1,20 m; Verdrängung: 1.146 t; Antrieb: 2 x 367 kW/500 PS Caterpillar; Generatoren: 2 x 220 kW; Geschwindigkeit (max.): 24 km/h; 2 VETH-Z-Antriebe, separat um 360 Grad drehbar mit 2 gegenläufigen Propellern; 1 Querstrahl-Propeller (185 kW); Dieselverbrauch: 1,4 t/Tag (Bunkerkapazität: 45 t); Wasserverbrauch: 14 t/Tag (Bunkerkapazität: 114 t); 1 vollbiologische Kläranlage; Decks: 3 (Sonnendeck mit Dach); Kabinengröße: 11–12 qm (Dusche/WC, Fön, Klimaanlage, Minikühlschrank, Fön, SAT-TV, Safe, Telefon, Wäscheservice); Passagiere: 90 in 45 Doppelkabinen; Crew: 25; Panorama-Salon; Bar; Bordshop
Reisezeit: April bis Dezember
Veranstalter: Phoenix Reisen
Literatur: Phoenix-Reiseführer »Elbe, Moldau«

Wasser aus am besten. Das wussten auch schon die Alten Meister.«
Nach 322 Flusskilometern legt er »seine« SAXONIA wieder sanft an – unterhalb der Brühlschen Terrasse vor der Augustusbrücke.

Dampfer-Parade der Weißen Flotte an der Brühlschen Terrasse in Dresden

Im Postkutschentempo von Berlin zur Ostsee

Binnen- und Hochsee-Impressionen: Endstation Kap Arkona

Das Steuerhaus ist bereits knarrend in seiner Versenkung verschwunden. Voraus wölbt sich die Charlottenbrücke von Spandau nach Berlin. »Der Einzige, der noch übersteht, bin ich«, grinst der Mann am Außenfahrstand.
Aber gleich darauf geht er mit eingezogenem Kopf in die Hocke. »Hier haben wir ja noch 80 Zentimeter Luft«, gibt sich Kapitän Johann Magner gelassen, »da kommen noch ganz andere Dinger.«

1.000 PS im SAXONIA-Maschinenraum quirlen grauen Schlamm am Anleger auf. Mit dem gerade mal fingerdicken Steuerhebel dirigiert Kapitän Johann Magner sein 82 Meter langes und 9,5 Meter breites Schiff wie spielerisch hinaus auf die Havel nach Norden.
Der Mann am Ruder aus dem Elbe-Schifferstädtchen Bittkau – unter Fahrensleuten wegen der intensiven Schifffahrt zur

Altstadt-Idylle an der Schleuse Berlin-Spandau

Unterelbe auch »Klein Hamburg« genannt – kennt das Revier wie seine Westentasche und so manche Anekdote aus seiner Zeit als Frachtschiff-Kapitän.
Einst beförderte er hier Hunderttausende von Ladungstonnen für die volkseigene Wirtschaft. Seine Kollegen von damals dieseln mit Schubverbänden vorbei und grüßen nach oben.

Wie Ziethen aus dem Busch

Frühstück im Restaurant, aber das Manöver-Schauspiel entgeht den 80 Gästen nicht. Das weitläufige Sonnendeck ist jetzt für Sehleute gesperrt, bis die Brücken passiert sind. Hinter der Schleuse duckt sich die Spandauer Skyline. Eine Viertelstunde später: Irgendwo an Steuerbord im Tegeler Forst ist das Schloss der Familie von Humboldt versteckt. Die vor der SAXONIA liegende Strecke gleicht den Abenteuerreisen Alexander von Humboldts vor 200 Jahren in einem Punkt: der Geschwindigkeit. Neun bis zwölf Kilometer Schleichfahrt pro Stunde sind erlaubt. Wasserschutzpolizisten – Magner nennt sie »Wegelagerer wie Ziethen aus dem Busch« – lauern manchmal am Ufer mit Blitzgerät: auf der Jagd nach Temposündern. Bis zur rund 300 Kilometer entfernten Ostsee braucht die SAXONIA denn auch fünf Tagesreisen mit der Langsamkeit einer Postkutsche.

Querab Tegelort. »Kommt ihr aus der Schweiz?«, hört man ein joggendes Pärchen herüberrufen. »Nee, aus Spandau!«, erwidert ein Berliner Gast schlagfertig. Fröhlich flattert die schweizerische Flagge im Morgenwind. Verdattert bleiben die beiden stehen, denn am Heck des weißen Kreuzfahrers steht als Heimathafen unübersehbar: Basel.

Zwischen Staatsgrenze und Lokomotivschmiede

Tegeler See und Oberhavel mit ihren Inseln, Bootsanlegern und Fähren verlangen volle Konzentration vom Schiffsführer. Umgeben von Instrumenten hockt Magner in seinem halbrunden Fahrpult. Nur nebenbei kann er frühstücken. Als vor Nieder Neuendorf der aus DDR-Zeiten übrig gebliebene Wachturm in Sicht kommt, werden bei einem Passagier Erinnerungen wach: »Da musste ich als junger Bengel dienen. Zur Marine ließ man mich nicht.« Seine damalige Einheit »schützte« mit ihren grauen Flitzern die »Staatsgrenze West« auf dem Wasser, »natürlich in Marine-Uniform«, ergänzt der Mann nicht ohne Stolz. Einfahrt in den Oder-Havel-Kanal bei Hennigsdorf. Versenkte Schleppkähne deuten noch darauf hin, dass das Ufer des Sees, der an den Berliner Vorort Heiligensee grenzt, bis vor 22 Jahren noch blockiert war.

Kreuzfahrtleiterin Monika informiert ihre Gäste: »Wie Sie sicher schon bemerkt haben, meine Damen und Herren: Nur wenige Weltstädte haben ein so ausgedehntes wasserreiches Netz von Seen, Flüssen und Kanälen wie Berlin. Die Havel ist nach der Spree der zweitwichtigste natürliche Wasserlauf der Stadt. Wegen ihrer zahlreichen seenartigen Erweiterungen nannte man den Fluss altnorddeutsch ›Haf‹, was so viel wie ›See‹ bedeutet.«

Die SAXONIA-Passagiere hören weiter, dass der von 1909 bis 1914 gebaute 56 Kilometer lange Oder-Havel-Kanal, in den das Schiff einläuft, früher die wichtigste Großschifffahrtsverbindung zwischen Berlin und Stettin war, während das Schiff an Backbord Hennigsdorf passiert. Die traditionsreiche Lokomotivfabrik, früher Borsig, präsentiert ihre Hochglanzprodukte in der Morgensonne:

Binnenfrachter JANET in ruhiger Fahrt durch die idyllische Havelseen-Kette

Ehemaliger DDR-Wachturm am Niederneuendorfer See

Der *Oder-Havel-Kanal* ist zusammen mit der Hohensaaten-Friedrichsthaler Wasserstraße, der sogenannten »Oderhaltung«, und der zum Teil benutzten Schwedter Querfahrt ein Teil der Havel-Oder-Wasserstraße.
Der Oder-Havel-Kanal verbindet die Havel von dem zu Hennigsdorf gehörenden Nieder Neuendorfer See mit der Oder bei Hohensaaten.
Mehrere technische Meisterleistungen verbinden sich mit dem Bau des Kanals. Dazu zählt vor allem das Schiffshebewerk Niederfinow (erbaut 1927 bis 1934) und die 1910 erbaute wasserführende Kanalbrücke bei Eberswalde über die Eisenbahnstrecke Berlin–Stettin.

ICE- und Regional-Express-Züge vor der Auslieferung an die Deutsche Bahn AG.
Das Oranienburger Schloss kann wenig später nur erahnt werden. Bei der Einfahrt in die Schleuse Lehnitz tropft es vom hochgezogenen Tor: eine unplanmäßige Taufe mit Havel-Wasser. Die KZ-Gedenkstätte Sachsenhausen ist durch mahnende Skulpturen am Ufer präsent.

Im Berlin-Eberswalder Urstromtal

Nur für ein kurzes Anlegemanöver geht es nahe Malz in die Werft. Eine Gruppe von Passagieren besteigt hier den das Schiff begleitenden Reisebus zur Berlin-Rundfahrt. Vorab sind sie von Phoenix-Reiseleiterin Monika durch eine Präsentation auf alle Sehenswürdigkeiten entlang der Route eingestimmt worden.
Den schiffsschmalen Kanal säumt jetzt nur noch eine Wand aus schier undurchdringlichem Wald. So ungefähr stelle sie sich eine Amazonasfahrt vor, träumt Maria Meincken aus Bamberg.
Aus dem brandenburgischen Streusand-Kieferndschungel gleitet MS Saxonia fast übergangslos durch »Klein Holland«: Hinter dem Werbellinkanal säumen hohe Deiche das tief liegende, sumpfige Wiesenland am Rande des uckermärkischen Biosphärenreservats Schorfheide. Wildschweine wühlen zerstörerisch in der Kanalböschung. Das habe er auch noch nicht aus dieser Perspektive gesehen, meint ein Relingsnachbar, der von diesem Anblick beeindruckt ist, auch von

Das Innere des Schiffshebewerks Niederfinow

den fischenden Reihern. Dazu zählt auch der Zug auf der Strecke Stralsund–Berlin, der plötzlich zehn Meter unterm Kiel durch den Tunnel donnert. Wir queren das Berlin-Eberswalder Urstromtal.

Wasserverdrängung im Trog

Voraus zeichnet sich schemenhaft ein hohes Turmfiligran gegen den Abendhimmel ab – das Highlight des Tages: Niederfinow. Behutsam lässt Kapitän Magner das 82-Meter-Schiff in das dunkle Gerüst hineingleiten. Früher übernahmen die Treidelarbeit kleine Elektroloks, an die noch ein museales Restexemplar am Ufer erinnert. MS Saxonia ist umzingelt von Stahlträgern, Rädern und Seilen. Das Schiff scheint über den Baumwipfeln zu schweben. Monikas »Geisterstimme« aus den Bordlautsprechern passt zur Szenerie: »Wir befinden uns jetzt im zweitgrößten, aber

Modern-nostalgische Herausforderung

LIBERTÉ – ihr Name ist Programm

»Um die Ecke geht's zum Boot«, lautet die Kapitänsempfehlung an diesem Abend. Was hier scheinbar widersprüchlich daherkommt, ist durchaus ernst gemeint. Dahinter steckt ein besonderes Konzept. Zwischen Waren an der Müritz und Schwerin kann man es erleben.

Deutschlands größter See, die Müritz, gibt sich sanft an diesem Maiabend. Der Seespiegel blankgeputzt, die Ufer mit frischem Grün garniert. Raps- und Räucherdüfte parfümieren die Luft.

Auf den Anleger hält ein weißes Schiff zu. Beim Näherkommen verraten die geschwungenen Buchstaben am Steven seinen Namen: LIBERTÉ. Das riecht nach Freiheit. Vielleicht auch nach »Traumschiff« und mehr …

Ein junger Mann »in Zivil« beugt sich über den Außenfahrstand, dreht den Kopf abwechselnd nach vorn und achtern. Das Bugstrahlruder rumpelt, quirlt klares Hafenwasser auf. Bis die Leinen über Bord fliegen, schwungvoll geworfen von vier zarten Frauenhänden. Nach dem Kommando »Fest!« verabschiedet sich die Maschine kleinlaut. Sanft lehnt sich der Minikreuzfahrer an die dicken hölzernen Dalben im Hafen der »Weißen Flotte«.

Maritime Frauen-Power

»Thomas Magner«, stellt sich der freundliche Mittdreißiger völlig unprätenziös vor, »ich bin der Kapitän.« Weder Uniform noch vier

Fahrt unter der historischen Plauer Brücke hindurch

45

goldene Schulterstreifen signalisieren seinen Rang. »Das brauchen wir hier auch nicht«, lächelt er bescheiden und stellt seine »beiden Mädels« vor: Monika, die Kapitänsfrau, und Andrea, die Stewardess. Ihr Reich: Küche und sechs Doppelkabinen samt Service für maximal zwölf Passagiere. »Natürlich gehört auch das Festmachen und Ausbringen der Gangway dazu«, erklärt Magner, »meine Crew besteht nämlich aus Allroundern.« MS Liberté – das heißt auch Alleskönner-Frauen-Power ohne Seemannshände, aber mit Gefühl.

»Heute Abend bleibt die Küche kalt«, erklärt Monika, und ihr Mann, Chef und Kapitän ergänzt: »Die Gäste haben sich für das Abendessen an Land entschieden. Dafür die

Das Restaurant im Sonnenschein und Blick auf die stilvolle Bar

›Boot‹-Empfehlung.« Dahinter steckt kein Schiff, sondern ein renommiertes Lokal.

Ein Klang wie Freiheit

»Wir wollen auch mal die kulinarischen Highlights an Land genießen«, mischt sich eine Passagierin ein und begründet so die an Bord übliche Halbpension, »das macht uns freier.« Bevor die Gruppe Kurs auf das nahe, beschauliche Müritz-Städtchen nimmt, ruft Magner seine Schäfchen zusammen: »Auslaufen morgen früh um neun, Frühstück ab acht Uhr – sind Sie damit einverstanden?« Auch der Kurs wird gemeinsam abgesteckt: durch die Binnenmüritz, den Reek-Kanal auf den Kölpinsee. »Zum Mittagessen könnten wir eigentlich in Plau am See festmachen«, rechnet Thomas Magner laut weiter.
Liberté – das klingt nicht nur wie Freiheit, sondern die wird an Bord auch gelebt. Die Mitreisenden, eine Seniorengruppe befreundeter Ehepaare und ehemaliger Geschäftspartner, ist sich schnell einig: »Wir wollen familiär reisen.« Dazu gehört auch die Abstimmung des Speiseplans mit Köchin Monika. »Nur der tägliche Kuchen«, strahlt sie, »von mir gebacken, ist eine feste Größe, aber immer anders.« Frische Brötchen besorgt der Kapitän höchst selbst. Für größere Einkäufe steht ein Kleinwagen auf dem Achterdeck.

Träume und Sehnsüchte

Gegen Mitternacht zieht eine fröhliche Truppe über die Seepromenade zu ihrem Schiff. Begeistert von der »Müritz-Perle« und beseelt von »geistigen« Getränken. An der Bar kredenzt Andrea noch einen Absacker bei Kerzenschein. Die beiden Salons in warmem Holzton mit viel Messing sorgen für Wohlgefühl. Über das »Meerchen«, wie »Müritz« auf Altslawisch heißt, breitet ein makelloser Sternenhimmel seine blaue, funkelnde Decke. Der Nachtwind raut den See auf und lässt rhythmisch Wellchen an die Bordwand klatschen. Die perfekte Einschlafmelodie in gemütlichen Kabinen im Herzen

Mecklenburg-Vorpommerns, der gewässerreichsten Region Europas.

Gelegenheit für Thomas Magner, seinen Prospekt aufzuklappen und eine Karte mit vielen roten Punkten zu präsentieren: »Da überall fahren wir hin, von der Ostsee bis ans Mittelmeer, kreuz und quer durch den Kontinent, von der Seine bis an die Oder.« Eine Europakarte, die Sehnsüchte weckt, gestrickt nach einem individuellen Muster. »Das«, sagt Thomas Magner, »lässt viel kreativen Spielraum für Gästewünsche.« Eine Osterweiterung könne er sich auch vorstellen: zum Beispiel durch Pommern und Westpreußen ins ostpreußische Masuren.

Alte Lady in neuem Glanz

Der Kapitän aus dem traditionsreichen Elbe-Schifferdorf Bittkau, früher auch »Klein Hamburg« genannt, weiß, wovon er spricht. Schon als Kind befuhr er viele europäische Flüsse und Kanäle mit seinem Vater Johann. Der ist Kapiän des Flusskreuzfahrtschiffes Saxonia und pendelt zwischen Prag und Rügen. Entdeckt hat er die Peene für den Wassertourismus und gilt seitdem als Pionier auf diesem Gebiet in Mecklenburg-Vorpommern. Davon profitierte Sohn Thomas, der das Binnenschiffer-Handwerk von der Pike auf lernte. Bis er selbst Chef auf einem Kabinenschiff, der Eurostar (jetzt Johannes Brahms) wurde. »Ein schönes Schiff«, sinniert er, als der honigfarbene Mond wie zur Bestätigung über dem See lächelt, »doch selbstständig zu sein ist schon was anderes.« Die Herausforderung, aus dem 1935 gebauten und zum Passagierschiff umgebauten Frachtschiff allmählich eine eigenständige Marke zu entwickeln, haben er und sein Frau angenommen. Für ihre »alte Lady in neuem Glanz« haben sie eine Reihe von anspruchsvollen Slogans gewählt: »Reisen mit der Liberté – das sind europäische Schifffahrtsgeschichte, nostalgischer Charme und moderne Bequemlichkeit, kulinarische Stipvisiten, Wellness-Programm für Leib und Seele, sich unterwegs wie zu Hause fühlen.«

Seh- und Seeleute unter sich

Als es am nächsten Morgen bei strahlendem Sonnenschein wieder »Leinen los!« heißt, Kaffee- und Brötchenduft durch die Salons weht, gesteht eine Dame: »Ich musste mich erst an diese unglaubliche Ruhe gewöhnen. Meine innere Uhr tickte anfangs noch wie zu Hause.« Befragt nach den Motiven der Schiffswahl für die achttägige Reise von Berlin nach Schwerin erwidert sie spontan: »Weil sie so schnuckelig und gemütlich ist, wir unter uns sind und dem Kapitän über die Schulter schauen können.«

Letzteres als Seh- und Seeleute, denn ein echter Nautiker ist auch darunter. Den freut's, »denn jetzt kann ich mich fahren

lassen.« Kapitän Magner, mit 35 noch jung an Jahren, aber schon mit reichlich Erfahrung, strahlt Ruhe und Freundlichkeit aus. Jederzeit ist er zu einem Schwätzchen bereit. »Dort drüben«, reckt er seinen Arm von der offenen Brücke nach Steuerbord, »liegt der Damerower Werder, eine Kölpinsee-Halbinsel, auf der Wisente leben.« Von seinem »schwimmenden Hochsitz« hat er alles im Blick.

Auf dem Plauer See in gemütlicher Runde

Reiselust mit Boot

Touristische Informationen gehören auch zu seinem Job. Manchmal, nach dem Anle-

Die *Müritz* (slawisch: morcze = kleines Meer) ist ein See innerhalb der Mecklenburgischen Seenplatte im Bundesland Mecklenburg-Vorpommern. Sie ist der größte See, der vollständig innerhalb Deutschlands liegt, und zweitgrößter, wenn man den Bodensee einbezieht mit seinen österreichischen und Schweizer Anteilen. 29 Kilometer erstreckt sie sich in Nord-Süd-Richtung, 13 von Ost nach West, ist maximal 31 Meter tief und weist eine Fläche von rund 630 Quadratkilometern auf.

Geschaffen wurde sie durch die letzte Eiszeit vor rund 10.000 Jahren. Als sich danach der Wasserspiegel absenkte, entstand die Mecklenburgische Seenplatte.

Natürliche oder künstliche Kanäle verbinden die meisten Seen miteinander. Sechs der zehn größten Seen Mecklenburg-Vorpommerns gehören – neben der Müritz – zum Müritz-Kreisgebiet: Plauer See, Kummerower See, Kölpinsee, Tollensesee und Malchiner See. Die Havel entspringt bei Ankershagen. Sie fließt durch Brandenburg und Berlin und mündet bei Havelberg in Sachsen-Anhalt in die Elbe.

gen, kommt sogar jemand vom Fremdenverkehrsbüro – ein waschechter Schwabe aus dem LIBERTÉ-Heimathafen Neckargemünd – vorbei mit einem Packen Prospekte und Karten der Region. Plau am See beeindruckt. Wo auch der Schleusenwärter scheinbar zum »Repertoire« gehört und das Rezept für sein »Herrentagsmenü« verkündet: »Eisbergsalat mit Schuss«. Die Räucherei lockt mit goldgelben Aalen, Forellen und Maränen, die neben dem Steg zum Abkühlen hängen. »Eine Melodie liegt in der Luft … Reiselust«, schwärmt die Stadtbroschüre von Plau

Aus dem Reek-Kanal in den Kölpinsee

am See. Und passend zu unserer Reise: »Um Geheimnisse zu entdecken, braucht man manchmal nur ein Boot.« Wie wahr! Das mecklenburgische Kleinod an der Ostzufahrt zum Elde-Müritz-Wasserweg hat sich herausgeputzt. Vom Burgturm ist die Übersicht weitschweifend. Eine Raps-odie von gelben Felder ringsum, die zu blauen Seen und Wattebausch-Himmel kontrastieren.

»Hier bin ich als Junge noch langgepaddelt«, schweift Magner in die Vergangenheit, als er seinen 38 Meter langen Dampfer durch die Hubbrücke, das »Blaue Wunder von Plau«, in die schiffsenge Schleuse einfädelt. Ohne Kratzer oder auch nur einmal anzuecken, aber beäugt von zahlreichen Zuschauern. »Schleusen-Groupies« nennt er sie scherzhaft.

Abenteuer gar nicht weit

Hinter Plau taucht die LIBERTÉ ein in »menschenleeren Urwald«. So jedenfalls empfindet das jemand, »wo gibt's noch so viel Natur mitten in Deutschland?!« Ein deutsch-amerikanisches Ehepaar genießt es, »das alles so friedlich ist«. »Hier hängen ja nicht mal Stromleitungen über dem Wasser«, stellt ein anderer fest. Das Erstaunen ist allgemein groß. Bis plötzlich ein Kanu mit drei Männern aus dem Schilf direkt auf die LIBERTÉ zuhält und dann an der Bordwand entlang taumelt. »Gibt's hier etwa auch Piraten?«, fragt jemand im Spaß. Spötter, die Tag-Kollegen der Nachtigallen, unterstreichen das groteske »Herrentags«-Szenario durch lautstarke Melodien. Die Schilfhalme verneigen sich bei der Vorbeifahrt, eine Ringelnatter schlängelt sich über die Wasserstraße, ein Reh schaut nur kurz vom Äsen auf.

An der nächsten Biegung tönt Anglers völlig überraschte Stimme aus dem Schilf: »Donnerwetter, watt kommt denn da für'n Riesending! LIBERTÉ oder Kaffee?!«

Einfach mitgerissen

Ein Prospekt-Merksatz ist hängengeblieben: »Das Abenteuer ist gar nicht so weit, wie man glaubt, ein Teil davon bist auch du selbst.«

Infos

MS LIBERTÉ; Baujahr 1935 als Binnenfrachter; Bauwerft: Th. Kempers & Zoon, Alphen, Niederlande; Länge: 37,66 m; Breite: 5,05 m; Tiefgang: 1,22 m; Verdrängung: 151 Tonnen; Antriebsleistung: 256 kW/333 PS; Rufzeichen: DC 3660; Schiffsnummer: 4305260; Heimathafen: Neckargemünd; Flagge: Deutschland. Bis 1975 als Frachtschiff im Einsatz, 1975 Umbau zum Passagierschiff, 1985 und 1998 komplett überholt (2004: Verlängerung um 4 m) – eine »charmante, alte Lady in neuem Glanz«

Reisepläne: Im Programm 2011 (rund 30 Reisen zwischen März und Oktober) sind übrigens sieben neue Reisestrecken ausgewiesen (z. B. Berlin-Rundreise, Märkische Seenplatte, Schlesien, Böhmen, Saale, Loire; geplant sind auch Reisen nach Masuren).
Informationen und Buchungen: LIBERTÉ-Reisen, Johann und Thomas Magner GbR, Tel.: 0172-8722796, 0172-3940324, E-Mail: t.magner @gmx.de, Internet: www.liberte-reisen.de
Reiseführer: Mecklenburg-Vorpommern, Polyglott on tour mit flipmap, ISBN 978-3-493-55643-8

Große Namensvorgängerin

Die 1930 von Blohm & Voss an den Norddeutschen Lloyd abgelieferte EUROPA; sie musste 1946 als Reparationsleistung 1946 an Frankreich übergeben werden und erhielt den Namen LIBERTÉ (1960 abgebrochen und verschrottet).

Von den Landstädtchen Lübz und Parchim lassen sich die LIBERTÉ-Fahrer faszinieren. Da wird schon gern mal die festgelegte Zeit überzogen, sodass eine halbe Nachtfahrt zum Übernachtungsplatz vor der nächsten Schleuse notwendig wird. Die Scheinwerferstrahlen huschen über Wasser und Kanalböschung, bohren sich in die schwarze Wand des Waldes. Nebelschwaden umwabern den Bug.

»Märchenhaft!«, haucht jemand in die angespannte Stille. Manchmal wird's so eng, dass Äste nach dem Oberdeck greifen und – auf andere Art als die Gäste – einfach mitgerissen werden. Bis voraus am nächsten Nachmittag die markante Schloss-Silhouette von Schwerin in Sicht kommt.
Ende der LIBERTÉ-Reise – mit »Entschleunigung« durch ein nahes, fernes Land.

Flusspremiere zwischen Havel, Oder, Warthe und Netze

Durch strotzende Natur – exotischer als der Orinoko

Bydgoszcz – anscheinend unaussprechlich der polnische Name. Das vorausliegende Binnenfrachtschiff trägt ihn am Heck. Wer kennt schon seinen Heimathafen an der Notec/Netze, der bis 1945 Bromberg hieß? Aber ausgerechnet den wollen Vater Johann und Sohn Thomas Magner ansteuern.

Wolkenspiel über der Warthe

An einem April-Wochenende warten die beiden Kapitäne und Schiffseigner in Berlin-Spandau an der Charlottbrücke auf ihre Gäste. Ein kühler Wind raut die Havel auf und verpasst ihnen Schaumköpfe. MS Liberté zerrt ungeduldig an seinen Leinen. Später, beim Sektempfang, kommt man sich näher. Ideal das Verhältnis Besatzung/Gäste: eins zu eins. Die vierköpfige Crew steht nur vier Gästen gegenüber. Alle stoßen gemeinsam auf eine gute Reise an. Die steht, verrät Johann Magner, unter einem ganz besonderen Stern: Zum ersten Mal soll es via Oder und Warthe die Netze aufwärts gehen. Kein Kreuzfahrtschiff vom 38-Meter-Kaliber der Liberté hat sich jemals in dieses exotische

Fahrtgebiet gewagt. Erst kurz vor Beginn der Reise haben die Magners von den polnischen Behörden »grünes Licht« für diese Unternehmung bekommen.

Schicksalsweg

Das Rentner-Ehepaar Gudrun und Harold Pust aus Bad Zwischenahn, sie Westpreußin, er Hinterpommer aus Stargard, freuen sich, dass sie dabei sein dürfen. »In Bromberg habe ich meine Kindheit verbracht«, sagt Gudrun Pust, die als Zwölfjährige im Januar 1945 mit ihrer Verwandtschaft in den Westen fliehen musste – »immer an der Netze und Warthe entlang, schließlich über die Oder.« Ein Schicksalsweg für sie und viele andere Vertriebene. »Die schlimmen Erlebnisse von damals können wir nicht vergessen«, sagt sie, und er ergänzt: »Jetzt interessieren uns als Naturfreunde Landschaft und Tierwelt der Flussregion.« Dietmar Szimke, gebürtiger Ostpreuße aus Hannover, hingegen »sammelt« Binnenkreuzfahrtstrecken. »Die hier fehlt mir noch«, erklärt er sein Faible. Mit 25 LIBERTÉ-Reisen und Tausenden von Flusskilometern hält er außerdem einen seltenen Rekord.

Satt und Selig

Koch Rudolf aus der Tschechischen Republik und Stewardess Ida aus Slowenien bekommen an diesem Abend nichts zu tun. Die Küche bleibt kalt, denn die kleine Runde beschließt, in der Spandauer Altstadt zu Abend zu essen. Gegenüber der Nikolaikirche wird man fündig. »Satt und Selig« verheißt das Schild über dem rustikalen Fachwerkbau. Satt und selig nach Bauernfrühstück und Berliner Bier steuern die LIBERTÉ-Fahrer wieder ihr gemütliches Wasser-Zuhause an. Leise gegen die Bordwand plätschernde Havelwellen gluckern alle in einen wohligen Schlaf.
In der Metropole Berlin – man glaubt es kaum – veranstaltet eine Schar Meisen das Weckkonzert. Nicht umsonst sind die Spandauer stolz auf ihre distanzierte Lage: »bei Berlin«.

Nach einem opulenten Frühstück mit frischen Berliner Schrippen bereitet man sich aufs Ablegen vor.

Mount-Everest-Erfahrung

High Noon: Der Scania-Diesel springt bullernd an. Um 12.30 lösen Ida und Rudolf, jetzt in ihrer zweiten Funktion als Matrosen, die Leinen. Die Spandauer Altstadtkulisse gleitet an Backbord vorüber, an Steuerbord die Spreemündung. Voraus grünes Licht: Einfahrt frei in die Schleuse an der Zitadelle. Gleich links dahinter bietet die einzige Hauptstadt-Fischerei fangfrischen Havel-Zander an. »Der kommt doch bestimmt aus Mecklenburg«, meint Dietmar skeptisch, »so viel gibt's doch hier gar nicht mehr.« Rudolf, nur kurz Rudi genannt, werkelt derweil in seiner Kombüse mit Wasseroberflächenblick an

Im historisch nachempfundenen Nicolai-Viertel von Berlin-Mitte

Fahrt in den Abend auf der Havel-Oder-Wasserstraße

Rouladen, Rotkraut und Kartoffeln. Der nordböhmische Allrounder mit Mount-Everest-Erfahrung und deutschen Wurzeln liebt es deftig-kräftig. Über ein Küchen-Schwätzchen freut er sich immer und lässt dabei auch gern Töpfegucken zu. Rezepte zum Mitschreiben zu »verraten«, das sei kein Problem für ihn. Der Viererrunde schmeckt's, während an Steuerbord der Tegeler See vorübergleitet, Ida Wein nachschenkt und dann das Eisdessert serviert.

Großschifffahrtsverbindung

Bei Nieder Neuendorf kommt als DDR-Relikt ein Wachturm in Sicht. Neben der Einfahrt in den Oder-Havel-Kanal bei Hennigsdorf rotten versenkte Schleppkähne vor sich hin; auf einigen sprießt schon frisches Grün. Das westliche Ufer des Nieder Neuendorfer Sees, in der Nachbarschaft des Berliner Stadtteils Heiligensee, war bis 1989 »Staatsgrenze« und scharf bewacht. Heute ein bevorzugtes Wohngebiet im »Speckgürtel« Berlins.
Immer wieder informieren die Magners ihre Gäste aus erster Hand: »Wie Sie sicher schon bemerkt haben: Nur wenige Weltstädte haben ein so ausgedehntes wasserreiches Netz von Seen, Flüssen und Kanälen wie Berlin. Die Havel ist nach der Spree der zweitwichtigste natürliche Wasserlauf der Stadt. Wegen ihrer zahlreichen seenartigen Erweiterungen nannte man den Fluss altnorddeutsch ›Haf‹, was so

viel wie ›See‹ bedeutet.« Wir hören weiter, dass der von 1909 bis 1914 gebaute 56 Kilometer lange Oder-Havel-Kanal, in den wir einlaufen, früher die wichtigste Großschifffahrtsverbindung zwischen Berlin und Stettin war.

Lieschen und Louise

Hennigsdorf glänzt mit Bahntechnik: Nagelneue knallrote Triebwagen aus der traditionsreichen Lokomotivschmiede, dem heutigen Bombardier-Werk, warten neben dem Kanal auf ihren Einsatz. Über die Brücken des Berliner Autobahnrings brettern Blechkolonnen. »Die kriegen nun wirklich gar nichts mit!«, meint Dietmar Szimke kopfschüttelnd und lobt die beschauliche Langsamkeit »seiner« LIBERTÉ. Wenig später passiert sie Blech anderer Art: zu Paketen gepresste Schrottautos, die auf ihren letzten Gang in den Hochofen warten.
Nach 22 Kilometern auf der Havel-Oder-Wasserstraße biegt das Schiff in die zwei Kilometer lange Oranienburger Havel ein. Um kurz vor 18 Uhr ist Feierabend. LIBERTÉ macht am neuen Anleger der alten brandenburgischen Residenzstadt fest und hat ihn ganz für sich. Dass man hier im Einflussbereich der »Märkischen Streusandbüchse« lebt, unterstreicht ein Sandsturm mit dunstig-gelben Wolken. Erster Landgang: Kapitän Johann Magner lädt zum Dinner – »natürlich« im Schloss bei »Lieschen und Louise«. Für Gäste und Crew steht eine Frage im Mittelpunkt: Was erwartet sie in den nächsten Tagen? Schließlich soll Neuland befahren werden.

Havel-Taufe

Als hätten sie sich verabredet, Amsel, Fink und Star, so schmettern sie am nächsten Morgen. Schon um sechs Uhr dreißig schüttelt ein sanftes Grummeln die LIBERTÉ. Los geht's, aber die Gäste schlafen weiter. Bis zur Einfahrt in die Schleuse Oranienburg-Lehnitz. Es tropft vom hochgezogenen Tor: »Das ist unsere Taufe mit Havel-Wasser«, freut sich Harold Pust über diese Dusche. Bald vergoldet die Morgensonne den viele Kilometer schnurgerade verlaufenden Kanal, der sich am Horizont zu einem Silberstrahl verengt. Würziger Kiefernduft strömt in die Lunge. Vom Oberdeck genießen die Pusts den Blick über den Deich in das tiefer liegende, dünn besiedelte Land nördöstlich von Berlin. Johann Magner wird nicht müde, seinen Gästen Erklärungen zu liefern. So auch, dass die in der Schleuse um sechs Meter angehobene LIBERTÉ bis elf Uhr am Sammelplatz bei Marienwerder sein müsse. Weil einige Kanalabschnitte noch nicht erweitert worden seien, habe man einen Richtungsverkehr für die Berufsschifffahrt eingerichtet.

Schiffshebewerk

Der Gedanke, Havel und Oder über das Urstromtal zu verbinden, erfährt man weiter, entstand bereits um 1540. Am 21. Oktober 1603 begann man mit dem Bau eines Kanals samt elf Schleusen, in den das damals wirtschaftlich wichtige Flüsschen Finow einbezogen wurde. Während des Dreißigjährigen Krieges wurde er zerstört und versandete. Friedrich der Große ließ auf Bitten der Eberswalder durch seine Soldaten einen zweiten Kanal graben, der 1746 in Betrieb genommen wurde. Mit Hilfe von 20 Schleusen, zwölf sind heute immer noch intakt, wurde die Talwasserscheide überwunden. Dank der Eröffnung des von 1908 bis 1913 gegrabenen modernen Oder-Havel-Kanals verlor der Finow-Kanal an Bedeutung. Hinter der frisch ausgebauten Kanalstrecke bei Eberswalde, die von der Bahnstrecke Berlin–Stralsund unterquert wird, kommt ein graues Gerüst in Sicht: das Schiffshebewerk Niederfinow. Sachte schiebt sich die LIBERTÉ in den 85 Meter langen Trog, der zusammen mit dem Wasser 4.300 Tonnen wiegt. Früher übernahmen die Treidelarbeit kleine Elektroloks, an die noch ein museales Restexemplar am Ufer erinnert. Man ist umzingelt von Stahlträgern, Rädern und Seilen, und das Schiff scheint über den Baumwipfeln zu schweben. In einer Info-Blatt heißt es: »Wir befinden uns jetzt im zweitgrößten, aber interessantesten Schiffshebewerk der Welt.

Es wurde am 21. März 1934 nach siebenjähriger Bauzeit eingeweiht. Dadurch konnte viel Zeit eingespart werden und die nebenan gelegene vierstufige Schleusentreppe wurde überflüssig.«

Physik-Geheimnis

Staunend vernehmen die Gäste aus Johann Magners Mund noch zwei Superlative: Höhe des Hebewerks 60 Meter, Gesamtgewicht der verarbeiteten Bauteile 14.000 Tonnen. »Wenn ein Schiff hier einläuft, wird der Trog nicht etwa schwerer«, lüftet Thomas Magner das Geheimnis, »sondern es wird so viel Wasser an den Kanal abgegeben, wie das Schiff verdrängt.« Das Gewicht des wassergefüllten Trogs bleibt immer gleich, ob nun mit oder

Schiffshebewerk Niederfinow gibt Einfahrt frei

Die *Oder* (poln. Odra) entspringt in Tschechien, fließt durch Polen und ist Grenzfluss zu Deutschland. Sie mündet durch das Stettiner Haff um die Inseln Usedom und Wolin herum in die Ostsee. Ihre Gesamtlänge bis Swinemünde (Swinoujscie) beträgt 866 km.

ohne Schiff. Um ihn ohne viel Kraftaufwand zu heben, ist eine ebenso große Gegenmenge notwendig, wird man an frühere Physikstunden erinnert. Für Ausgleich sorgen 560 Betonblöcke zu je sieben Tonnen, die durch 256 Drahtseile gehalten werden. Daher genügen auch vier 75-PS-Elektromotoren, um den Trog zu bewegen. Ab 2014 wird ein noch leistungsfähigeres Hebewerk mehr, vor allem größere Schiffe noch schneller auf und ab bewegen.

Denkmal Friedrichs des Großen zur Erinnerung an sein Werk, das Oderbruch

Nach rund einer halben Stunde ist das Spektakel gelaufen, wovon die eigentliche 36-Meter-Fahrstuhlfahrt auf Odertal-Niveau nur fünf Minuten dauert.

Deichmarkierungen

Am alten Städtchen Oderberg vorbei – bekannt durch sein Binnenschifffahrts-Museum und den aufgebockten Elbe-Raddampfer RIESA vor der Tür – steuert die LIBERTÉ Hohensaaten an. Nach rund zwei Stunden, wobei das Schiff in der Ostschleuse nicht

etwa abgesenkt, sondern angehoben worden ist, dreht das Schiff hart nach Steuerbord und hat nun die bewegte Oder unterm Kiel. Am Ufer zeigt eine Tafel den Flusskilometer 665 an. Mit nur noch acht »Sachen« pro Stunde stemmt sich die LIBERTÉ gegen den Hochwasser führenden deutsch-polnischen Schicksalsstrom. Auf dem rechten Deich markieren schwarz-rot-golden gestreifte Betonpfähle deutsches, links rot-weiße polnisches Grenzgebiet. Von beiden Ufern winken die Menschen freundlich dem einsam dahinziehenden Kreuzfahrtschiff zu.

Fluss-Meer-Safari

Ständiger Begleiter ist ab sofort nur noch Natur pur. Die überschwemmten Auewiesen sind ein Paradies für alle Arten von Wasservögeln: Möwen, Schwäne, Silberreiher, Graureiher, Gänse, Kormorane erfüllen mit ihrem Geschnatter die klare Luft. Auf dem Oberdeck fühlen sich die Gäste wie auf Safari. Als sie per Fernglas dann auch noch die ersten Störche und sogar ein Seeadler-Paar sichten, ist die Begeisterung nicht mehr zu bremsen. Im letzten Büchsenlicht voraus plötzlich – inmitten des grün-blauen Flussmeeres – eine rote Figur auf der Halbinsel bei Zollbrücke. Johann Magner klärt sachkundig auf: »Das ist ein Denkmal für den Alten Fritz. Zwischen 1735 und 1762 hat er das Oderbruch trockenlegen lassen. Ohne ihn gäbe es hinterm Deich noch heute Sumpf statt Gemüseanbau.«
Als die Sonne den Himmel im Westen erröten lässt und die Weidenbüsche zu Scherenschnitten geraten, steuert Thomas Magner zum Übernachten den kleinen Hafen von Groß Neuendorf in der Uckermark an. Im ehemaligen Silo sind jetzt Ferienwohnungen mit Oderblick eingerichtet worden, ebenso in den restaurierten Güterwaggons auf dem Kai. Zum Dinner wird im »Maschinenhaus« eingekehrt, inzwischen umfunktioniert zu einem Restaurant, einem Hotel und einer Galerie. Zwar weit ab vom Schuss, sozusagen »in the middle of nowhere«, aber vielleicht gerade deshalb bei Berlinern so beliebt, wie man vom Ober erfährt.

Kombüsen-Gänseschreie

Sonntagsfrühstück mit Oderwellen, die von der Morgensonne vergoldet werden. Bei Kilometer 616 wird es enger. Hier biegt LIBERTÉ links ab in die Warthe, lässt Kostrzyn – das frühere, im Zweiten Weltkrieg total zerstörte Küstrin – mit seiner Neubau- und Industriekulisse an Backbord liegen. In der an Steuerbord versteckt liegenden preußischen Festung wurde 1730 auf Anweisung des Soldatenkönigs Leutnant Hans Hermann von Katte enthauptet. Vor den Augen seines entsetzten Freundes Friedrich II., dem er zur Flucht vor dem gewalttätigen Vater verholfen hatte.

Gewalt hat auch das letzte Hochwasser den Deichen angetan. Notdürftig sind die Löcher und Spalten in ihren Flanken mit hässlichen Plastiksäcken geflickt. »Sieht von Weitem aus wie letzte Schneereste«, findet Dietmar, der sich auch über die Massen von Kormoranen wundert, die vor dem Schiff flüchten. Als Schnattergeräusche zu vernehmen sind, glaubt Johann Magner Gänse zu hören und macht seine Gäste darauf aufmerksam. Thomas Magner, der das Ruder führt, kann nur grinsen: »Vadder, das ist doch nur der Mixer von Rudi in der Kombüse!« Alles lacht über den Witz des Tages! Aufgeregt verkündet Magner junior kurz darauf: »Mehrere Seeadler an Steuerbord!« Majestätisch steigen sie vor dem Steven in den blauen Himmel.

Dietmars Straßenbahn

»Landsberg war zu deutscher Zeit ein architektonisches Juwel«, sagt der Besitzer des Restaurants, zu dem er einen Bogen des Eisenbahnviadukts der Warthestadt Gorzow Wielkopolski ausbauen ließ, »fast so schön wie Krakau.«

Die erste polnische Übernachtungsstadt sah schon bessere Zeiten, wie nach einem Rundgang festgestellt wird. An früher erinnert, zur Freude von Eisenbahnfan Dietmar, auch das Touristenbüro. Es residiert in einem Original-Straßenbahnwagen von 1890, der deutsch beschriftet ist. Mit der Vergangenheit hat man hier offenbar keine Probleme. Anscheinend aber mit der Gegenwart. Kreuz, Kerzen und Fotos in einer Nische der backsteinernen Marienkirche aus dem 13. Jahrhundert. Das tragische Flugzeugunglück von 2010 nahe Smolensk ist in Polen zu einem politisch-religiösen Streitthema geworden.

Abends an der Bordbar geht der Stoff nicht aus: Ost und West, Vor- und Nachkriegszeit – eine bunte Themenpalette, die von Bier und Wein beflügelt wird. Angetan sind alle von dem Restaurantkellner, der die vergessene Kapitänskamera hinterherbringt. Vorurteile? Sind ab sofort vergessen.

Die *Warthe* (poln. Warta) ist ein rechter Nebenfluss (Länge: 808 km, zur Hälfte schiffbar) der Oder in Polen. 2001 wurde an ihrer Mündung der Nationalpark Warthemündung eröffnet. Der Fluss ist Namensgeber für das jüngere Stadium der Saaleeiszeit. Die Warthe, größter Nebenfluss der Oder, entspringt im Krakau-Tschenstochauer Jura in Schlesien östlich der Stadt Zawiercie (Warthenau) und südlich von Częstochowa (Tschenstochau). Sie durchfließt die Ebene Großpolens (Wiekopolski) und mündet bei Küstrin (poln. Kostrzyn nad Odrą) in die Oder und ist wasserärmer als die Oder, denn ihr Einzugsgebiet ist das relativ trockene polnische Tiefland.

Fahrwassereigenheiten

Bei Santok/Zantoch, einer frühmittelalterlichen polnischen Festung gegen Landsberg, verlassen wir am nächsten Vormittag die Warthe und steuern in die noch schmalere Netze ein. Historische Ortsnamen wie Birkbruch, Rohrwiesendamm, Breitenwerder oder Louisenaue weisen auf die Trockenlegung durch deutsche Kolonisatoren hin. Doch auch hier hat sich das Hochwasser zwischen den Deichen breitgemacht. Einzelne Gehöfte – ihre Bewohner klettern zum Betrachten des seltenen Schiffsbesuchs auf die Deichkrone – ragen wie Inseln aus dem Netze-Meer mit seinem klaren Wasser. »Wo geht's hier wohl lang?«, fragen die Pusts beim Blick über die Seenkette. Die

Die *Netze* (polnisch Notec) ist mit 366 km Länge wichtigster Nebenfluss der Warthe und folgt dem Thorn-Eberswalder Urstromtal mit einer moorigen Bruchlandschaft, dem Netzebruch (vom 12. bis 14. Jh. fand die deutsche Kolonisation statt, erst Anfang des 18. Jh. begann man den Bruch trockenzulegen). Die Netze entspringt in Großpolen zwischen Kolo (Kolo) und Wloclawek (Leslau), durchquert den Goplosee sowie die Stadt Inowroclaw im Zentrum Polens und fließt südlich an Pila (Schneidemühl) vorbei und mündet bei Santok (Zantoch) in die Warthe. Eine Kanalverbindung (Bromberger Kanal, Kanal Bydgoski, erbaut 1772 bis 1774) besteht über Bydgoszcz (Bromberg) zur Weichsel (Wisla).

Kapitäne Johann und Thomas Magner notieren Fahrwassereigenheiten wie Strömung, Sandbänke und Wassertiefen, messen mit der selbst gebastelten Peilstange nach, aber haben zwischendurch immer wieder auch ein Auge für die strotzende Natur: »Backbord ein Biberbau, Steuerbord Kraniche, über uns ein Seeadler und eine Gruppe tanzender Kiebitze!« Man weiß gar nicht, wohin man zuerst schauen soll. »Wie Mangrovenwald, nur schöner und belebter«, begeistert sich Dietmar. Thomas Magner findet gar, dass diese Premierenreise exotischer sei als eine Orinoko-Fahrt. »Wer ist denn hier schon mal langgefahren?«

Zu Kaffee und Kuchen auf dem Oberdeck wird am Nachmittag Tierisches satt geboten: Ungerührt wühlt eine Rotte Schwarzwild schmatzend im Sumpf und schaut nicht einmal auf. Das Ereignis wird nur noch getoppt durch: »Fünf Rehe an Backbord!« Thomas Magner muss sogar mit der Fahrt heruntergehen, um das Rudel nicht über den Haufen zu fahren. »Unglaublich!«, sind sich alle einig.

Widrigkeiten

Dann eine rot-weiß-rote Tafel voraus: Einfahrt gesperrt! Stopp vor der ersten von *22* Schleusen. Position: südlich von Kreuz/Krzyz. Gemütlich paffend steigt der Schleusenwärter aus seinem Angelkahn und dreht die Tafel um: Sie zeigt jetzt Grün-Weiß-Grün: also Einfahrt frei! LIBERTÉ scheint willkommen zu sein. Der Pole zückt sein Handy und telefoniert lange. Ein gutes oder schlechtes Zeichen? Alle sind gespannt. Doch dann seine bittere Mitteilung: Weiterfahrt nicht möglich wegen des Hochwassers; außerdem seien Schleusen und Wehre noch nicht auf Fahrbetrieb eingerichtet, so erfahren die Magners. Schluss mit Netze und der Weiterfahrt via Bromberg nach Danzig, übers Frische Haff und die Nogat nach Elbing.

Noch eine Woche zuvor ist ihnen die Genehmigung erteilt worden. »Andernfalls«, so Johann, »wären wir gar nicht erst hierher gefahren.« Die Logik ist auf seiner Seite. Widrigkeiten eines nahen, fernen Landes. Der gebürtige Oberschlesier will nicht aufgeben, sondern beim nächsten Anlauf das Gespräch mit der Behördenchefin in Bromberg suchen.

Pläne

Kreuz wird als Wendepunkt zum Kreuz, doch die beiden Kapitäne haben Pläne: nicht nur A, sondern auch B und C, wie die »Krisensitzung« zeigt. Erst mal wird – Plan A – der Grill angeworfen, und Kapitän Thomas Magner mutiert zum Grillmeister. Als zusätzliches Schmankerl bieten die Eigner für den kommenden Tag eine Rundfahrt an – per Pkw, den LIBERTÉ wie ein Beiboot achtern an Deck mitführt.

Nach spektakulärem Sonnenuntergang schiebt sich ein lächelnder Neumond in den Abendhimmel. »Grillen und Übernachten in einer Schleuse – eine weitere Premiere! So was hab ich auch noch nicht erlebt!« Wie zur Bestätigung von Johanns Worten kräht ein Fasanenhahn aus dem Unterholz.

Am nächsten Morgen untersagt das polnische Wasserstraßenamt auch Plan B, die Fahrt auf der Warthe nach Posen/Poznan, trotz günstiger Wasserstände. Plan C schließlich sieht Stettin/Szczecin oder Frankfurt an der Oder vor. Die Gäste entscheiden sich für Letzteres und freuen sich, nicht nur Pioniere gewesen zu sein, sondern auch an einer Expeditionsreise teilgenommen zu haben.

Eine zweite LIBERTÉ-Premierenreise startete in Posen.

Nicht nur ein Fall für Vogel-Gottfried

Ein milder Wind raut die Warthe auf und verpasst ihr Schaumköpfe. MS LIBERTÉ zerrt schon ungeduldig an seinen Leinen. »Wir müssen den günstigen Wasserstand nutzen«, sind sich die beiden Männer einig, »ein bisschen Regen könnte nicht schaden.« Die Kapitäne und Schiffseigner Johann und Thomas Magner warten auf ihre Gäste. Abwechselnd schauen sie zum Himmel und auf den Fluss.

Doch die Neuankömmlinge sind froh, noch einen Bummel durch Stary Miasto, die liebevoll restaurierte Altstadt von Posen (Poznan) mit ihrem Renaissance-Rathaus, unternehmen zu können, denn bei Nacht wird nicht gefahren.

Später, beim Sektempfang, kommt man sich langsam näher. Ideal das Verhältnis Crew/Gäste: eins zu drei. Die vierköpfige Crew steht nur zwölf Gästen gegenüber. Alle stoßen gemeinsam an auf eine gute Reise. »Durch ein exotisches Fahrtgebiet«, ergänzt Johann Magner und macht neugierig, »denn außer uns hat sich noch nie ein Kreuzfahrer vom Kaliber der LIBERTÉ hierher gewagt.« Ein Pionierschiff sozusagen mit Alleinstellungsmerkmal, das aufgrund seiner Abmessungen dorthin fährt, »wohin andere nicht kommen«, setzt Sohn Thomas Magner noch eins drauf. Zum Beispiel von Berlin durch die Schorfheide und über die Mecklenburgische Seenplatte bis nach Schwerin.

Vater und Sohn kennen sich aus: als Binnenschiffer an Bord von DDR-Frachtern und nach der Wende auf Flusskreuzfahrtschiffen. Wobei sie 1994 das Fahrtgebiet der Peene für ihre Passagiere entdeckten und es »Amazonas des Nordens« nannten. Seitdem ist das ein Begriff weit über die Landesgrenzen hinaus geworden.

Safari-Gäste in Warthe-Schleifen

Satt und selig von Bigosch, Borschtsch und Bier genießen die LIBERTÉ-Fahrer wieder ihr gemütlich-familiäres Wasser-Zuhause. Leise gegen die Bordwand plätschernde

Warthe-Wellen gluckern alle in einen wohligen Schlaf.

Nachdem am nächsten Morgen eine Schar Meisen das Weckkonzert veranstaltet hat, versinkt beim opulenten Frühstück mit frischen Brötchen die Kulisse der alten Universitätsstadt langsam hinter den bewaldeten Warthe-Schleifen. Ab sofort herrschen nur noch Natur pur und Menschenleere. Und damit paradiesische Zustände für alle Arten von Wasservögeln: Möwen, Schwäne, Silberreiher, Graureiher, Gänse, Kormorane erfüllen mit ihrem Geschnatter die klare Luft. An Oberdeck fühlen sich die Gäste wie auf Safari. Die Kapitäne Johann und Thomas Magner indes notieren konzentriert Fahrwassereigenheiten wie Strömung, Sandbänke und Wassertiefen, aber haben zwischendurch immer wieder auch ein Auge für das strotzende Leben ringsum: »Backbord ein Biberbau!«, hört man sie aus dem Steuerstand rufen, »Steuerbord Kraniche!« oder »Über uns eine Gruppe tanzender

Marktplatz mit dem Renaissance-Rathaus von Posen

Kiebitze!« Man weiß gar nicht, wohin man zuerst schauen soll! »Wie Mangrovewald, nur schäna und beläbta«, ist Schwabe Gottfried begeistert. Als dann auch noch die ersten Störche und sogar ein Seeadler-Paar gesichtet werden, ist die Begeisterung nicht mehr zu bremsen. Gottfried führt akribisch seine Strichliste über jedes gesichtete Lebewesen. Er findet, dass diese Reise exotischer sei als eine Amazonas-Fahrt. »So viel Läben siehscht da net!« Und außerdem: »Wer isch denn hier schon mal langgefahre?«

Sauwohl fühlen wie eine Rotte Schwarzwild

Bei Santok/Zantoch, einer frühen slawischen Festung an der Grenze nach Germanien, von der noch ein Wachturm kündet, verlässt LIBERTÉ am nächsten Vormittag die Warthe. Der Kurs führt nach Osten und das Schiff dreht in die noch schmalere Netze ein. Historische Ortsnamen wie Birkbruch, Rohrwiesendamm, Breitenwerder, Holländer oder Louisenaue weisen auf die Trockenlegung durch deutsche und niederländische Kolonisatoren hin.

Zu Kaffee und Kuchen wird am Nachmittag auch Tierisches satt geboten: Ungerührt wühlt eine Rotte Schwarzwild schmatzend im Schiffsumpf und schaut nicht einmal auf. »So wie die«, grinst Gottfried zufrieden, »fühle mir uns hier an Bord auch: sauwohl!« Nicht umsonst sind er und seine Frau Birgit schon 25-mal zu Gast an Bord gewesen. »Die nächschten acht Reise hennt ma auch schon gebucht«, verkündet der Ex-Zerstörerfahrer strahlend.

Ein Ehepaar, sie Westpreußin, er Hinterpommer, freut sich, dass sie eine freie Kabine ergattern konnten und jetzt dabei sein dürfen. »In Bromberg habe ich meine Kindheit verbracht«, sagt sie. Als Zwölfjährige musste sie im bitterkalten Januar 1945 mit ihrer Verwandtschaft über die neben dem Fluss verlaufende Eisenbahnstrecke in den Westen fliehen. Ein Schicksalsweg für sie und viele andere Vertriebene. »Die schlimmen Erlebnisse von damals können wir nicht vergessen«, sagt sie und er ergänzt: »Jetzt interessieren uns als Naturfreunde Landschaft und Tierwelt der Flussregion.«

Gänse-Mixer als Tageswitz

Arnoud werkelt derweil in seiner Kombüse mit Wasseroberflächenblick an Rouladen, Rotkraut und Kartoffeln. Der tschechische

Allrounder mit dem treffenden Nachnamen Kapusta (Kohl) liebt es deftig-kräftig. Über ein Küchenschwätzchen freut er sich immer und lässt dabei auch gern Töpfegucken zu. Rezepte zum Mitschreiben zu »verraten«, das sei kein Problem für ihn.

Der Runde schmeckt's, während sich an Back- und Steuerbord Schilfwälder vor dem Schiff verneigen. »Is det aba 'ne jeile Yacht!«, wird später ein Berliner Schleusenwärter ehrlich erstaunt bemerken, was von den Relingsgästen mit einem gewissen Stolz quittiert wird.

Stewardess und Matrosin Doris Turpis schenkt Wein nach und kredenzt das Eisdessert. »Kann's uns noch besser gegen?«, fragt jemand zufrieden und erhält gemurmelte Zustimmung. Mehr lassen die gefüllten Mäuler nicht zu. Als Schnattergeräusche zu vernehmen sind, glaubt Johann Magner Gänse zu hören und macht seine Gäste darauf aufmerksam. Thomas Magner, der das Ruder führt, kann nur grinsen: »Vadder, das ist doch nur der Mixer von Arnoud in der Kombüse!« »Na, warte!«, droht sein Vater, und alle lachen über den Witz des Tages!

Aufregung erfasst Magner junior indes, als er verkündet: »Ein Seeadler-Pärchen an Steuerbord!« Majestätisch steigen sie vor dem Steven in den blauen Himmel und schauen herab auf die kleine, weiße Liberté. Freiheit? Die verkörpert jeder auf seine Weise.

Das Fahrtprogramm: Posen (Poznan) – Berlin

1. Tag, Dienstag: MS Liberté liegt ab 12 Uhr in Posen bereit zur Einschiffung. (Wer am Vorabend schon anreisen möchte, kann das auch machen. Die gebuchte Kabine steht auch dann bereit.)

Nachmittags und abends individuelle Stadterkundung. Die Altstadt von Posen liegt 20 Gehminuten vom Schiff entfernt, per Taxi nur fünf Minuten.

2. Tag, Mittwoch: Ablegen um 7 Uhr mit knappem Wendemanöver. 124 Kilometer

Naturparadies auf der Warthe liegen vor dem Schiff. Festgemacht zum Übernachten wird gegen 19 Uhr in Schwerin (Skwierzyna). Im Restaurant am Anleger Abendessen mit typischen polnischen Spezialitäten zu günstigen Preisen.

3. Tag, Donnerstag: Ablegen um 8 Uhr. 24 Kilometer Fahrt auf der Warthe, bis nach zwei Stunden die Netze-Mündung bei Santok erreicht wird. Nach 50 Kilometern flussaufwärts durch unbelassene Natur wird in der Schleuse Kreuz (Krzyz) festgemacht und übernachtet (Abendessen an Bord).

4. Tag, Freitag: Verlassen der Schleuse um 9 Uhr, spannendes, weil sehr knappes Drehmanöver in der nahen Marina Drawsko. Erneut wird die Schleuse Kreuz passiert und die Fahrt Netze-abwärts fortgesetzt. Nach 62 Kilometern kommt Landsberg an der Warthe (Gorzow Wielkopolski) in Sicht. An der großzügig angelegten Promenade wird zum Übernachten festgemacht. Möglichkeit zur individuellen Stadterkundung und zum Essen in den Restaurants am Ufer.

5. Tag, Samstag: Ablegen um 8.30 Uhr. Fahrt auf der breiter werdenden Warthe. Nach 56 Kilometern wird das im Zweiten Weltkrieg völlig zerstörte Küstrin (Kostrzyn) erreicht und damit die Einmündung in die Oder. In der an Backbord liegenden preußischen Festung wurde 1730 auf Anweisung des Soldatenkönigs Leutnant Hans Hermann von Katte enthauptet, der seinem Freund Friedrich II. zur Flucht verholfen hatte. Nach 18 Kilometern Oderfahrt kommt an Backbord Groß Neuendorf in Sicht. Im idyllischen Hafen wird festgemacht zum Übernachten und gemeinsamen Abendessen an Land. Zuvor wird noch die Besichtigung einer Töpferei angeboten, die ein ehemaliger Handelsschiff-Kapitän betreibt. Alternative: Tour auf dem gut ausgebauten Oder-Neiße-Radweg mit bordeigenen Fahrrädern.

6. Tag, Sonntag: Ablegen um 8 Uhr, 32 Kilometer Oderfahrt über den Verbindungskanal

Infos

MS LIBERTÉ; Baujahr: 1935 als Binnenfrachter; Bauwerft: Th. Kempers & Zoon, Alphen, Niederlande; Länge: 37,66 m; Breite: 5,05 m; Tiefgang: 1,22 m; Verdrängung: 151 Tonnen; Antriebsleistung: 256 kW/333 PS; Rufzeichen: DC 3660; Schiffsnummer: 4305260; Heimathafen: Neckargemünd; Flagge: Deutschland.

Bis 1975 als Frachtschiff im Einsatz, 1975 Umbau zum Passagierschiff, 1985 und 1998 komplett überholt (2004: Verlängerung um 4 m) – eine »charmante, alte Lady in neuem Glanz«

Ausstattung: 6 komfortable Doppelkabinen (insgesamt 12 Personen; bei Tagesfahrten bis zu 50 Personen) mit neben- und auseinander stehenden Betten, Bad mit Dusche, WC; 2 Salons; 1 großes Sonnendeck; 1 Whirlpool unter freiem Himmel; Fahrräder für alle Gäste; 1 Bar; offene

Brücke; Fernseher: darauf ist bewusst verzichtet worden (niemand hat den bisher vermisst; die Abende werden in eigener Regie gestaltet, sehr gern auch bei Unterhaltung und Spiel oder einer Ortserkundung); Motto: individuelle Kreuzfahrt in kleinstem Kreis; geboten wird Halbpension (ausgiebiges Frühstück und Mittagessen; Abendessen in eigener Regie an Land). Das Weinangebot ist erlesen (und auch den durchfahrenen Regionen angepasst).

Zur Verfügung stehen auch alle technischen Mittel für Seminare und Tagungen. Vollcharter des Schiffes auf Anfrage

Anfragen, Buchung: LIBERTÉ-REISEN, Kapitäne Johann & Thomas Magner; Tel.: 0172-8722796; E-Mail: t.magner@gmx.de; Internet: www.Liberté-reisen.de; www.charter-flusskreuzfahrten.de

Reisepläne: Im Programm (Deutschland, Be-Ne-Lux, Frankreich, Tschechien, Polen) zwischen März und Oktober sind immer wieder neue Reisestrecken ausgewiesen, z. B. Berlin-Rundreise, Märkische Seenplatte, Schlesien, Böhmen, Saale, Loire; geplant sind auch Reisen nach Masuren.

Literatur: Polyglott POLEN, ISBN 978-3-8268-1947-6; Kartenmaterial (1 : 200.000) mit deutsch-polnischen Ortsnamen: Höfer-Verlag (www.hoeferverlag.de): alles in der reichhaltigen Bord-Bibliothek vorhanden

durch die Schleuse des alten Schifferdorfes Hohensaaten zur Havel-Oder-Wasserstraße. Stopp gegen Mittag in Oderberg, wo frisch geräucherte Forelle angeboten wird und das Binnenschifffahrtsmuseum mit dem Raddampfer RISESA lockt.

Gegen 14 Uhr Passage des Schiffshebewerks Niederfinow, wobei das Schiff um 36 Meter angehoben wird. Beeindruckend auch die Dimensionen des Hebewerk-Neubaus daneben. 20 Kilometer Kanalfahrt und Festmachen zum Abendessen und Übernachten vor der Schleuse Liebenwalde am Eingang zum Vosskanal.

7. Tag, Montag: Ablegen um 7 Uhr. Einfahrt hinter Hennigsdorf in die Oberhavel-Seen. Hier markiert ein Wachturm die ehemalige Grenze zwischen der DDR und Westberlin.

Runde über den Tegeler See. Passage der Schleuse Plötzensee. Fahrt durch das Regierungsviertel nach Berlin-Mitte. Drehen vor der Mühlendamm-Schleuse. Festmachen nach 63 Havel-Oder-Kanal-, 14 Hohenzollernkanal- und zwei Spree-Kilometern zum Übernachten und individuellen Abendessen am Schiffbauerdamm nahe Bahnhof Friedrichstraße.

8. Tag, Dienstag: 7 Uhr Ablegen und Fahrt von Berlin-Mitte auf 16 Spree-Kilometern und einem auf der Havel nach Berlin-Spandau, dessen Altstadt und Bahnhof ganz in der Nähe liegen.

Ende der Reise und Ausschiffung völlig ohne Stress und Hektik in aller Gemütsruhe!

Gefahrene Kilometer: 535

»Weiße Lady« mit klassischen Rezepten

Ostpreußische Küche »jak u baci«

Masuren ist seit eh und je Synonym für eine der schönsten europäischen Landschaften. Während der Kreuzfahrt über die Masurische Seenplatte mit MS CLASSIC LADY erlebt man unberührte Natur und Sehenswürdigkeiten einer mehr als 700-jährigen deutsch-polnischen Geschichte. Und natürlich die nach wie vor deftige ostpreußische Küche.

1. Tag: Warschau–Piaski

Eigene Anreise (wobei die polnische Hauptstadt dazu verlockt, einen Tag früher anzureisen).

Die 1,7-Millionen-Stadt präsentiert sich heute als quirlige, moderne Großstadt, die immer stärker von westlichen Einflüssen geprägt wird. Die verwinkelte Altstadt und die ebenfalls historische Neustadt wurden nach dem Krieg aufwendig rekonstruiert und spiegeln viel vom Charme des alten Warschau wider. Nach der Ankunft wird (am frühen Nachmittag) eine Stadtrundfahrt unternommen, wobei man u.a. am Haus der Kultur, errichtet im stalinistischen Zuckerbäckerstil, und der Parkanlage mit dem Chopin-Denkmal vorbeifährt.

Fünf Kilometer hinter Kolno passiert der Bus die Grenze zwischen Masowien und Masuren. Hügelauf, hügelab durch Alleen und Wälder rollt er unaufhaltsam nach Norden. Reiseleiter Lech Farfulowski nutzt die Busfahrt, um über seine Heimat zu informieren. In bestem Deutsch und – mit »jemietlichem« Akzent.

Während einer Pause kann man sich schon mal in einem Rasthof mit Zurek stärken, der typischen polnischen Roggenmehlsuppe. Vorgeschmack auf mehr, denn beliebter Auftakt einer Mahlzeit sind Suppen. Besonders verbreitet: Barszcz, die Rote-Beete-Suppe. Johannisburg – nicht etwa in Südafrika – bleibt rechts liegen. Dieses heißt heute Pisz.

Tor des Philipponen-Klosters Eckertsdorf

Flammender ostpreussischer Abendhimmel

Abends (gegen 18.30 Uhr) schaukelt der Bus auf schmaler Sandpiste durch den Urwald der Johannisburger Heide. Bis es voraus aufblitzt: angekommen in Piasken (Piaski) am Beldahnsee, der zur Masurischen Seenplatte gehört. Die untergehende Sonne vergoldet See und Schiff.

Arno Surminskis Roman »Jokehnen« kommt einem in den Sinn, allerdings mit verdrehtem Untertitel: Wie lange fährt man von Deutschland nach Ostpreußen? Spätestens jetzt weiß man es.

Das Willkommens-Abendessen – nach der Begrüßung durch die Besatzung um Kapitän Tomasz Biadun – ist der Start einer Serie von ostpreußischen Köstlichkeiten. Und Lech droht schon mal: »Wer hier in Polen seinen Bauch värrliert, der wird ainejespärrt!«

Die regionale Küche ist bekannt für ihre Vielfalt und die harmonische Verbindung der Geschmacksrichtungen »süß, herzhaft und sauer«. Masurischer Sauerbraten, Linsensuppe mit Backpflaumen oder Mehlklöße mit saurer Soße waren in Deutschland einst weitverbreitet und standen regelmäßig auf dem Speiseplan, während man diese Gerichte heute bei uns kaum mehr

findet. Bei Königsberger Klopsen, Beetenbartsch, Dampfspirkel, gefülltem Hecht, Quarkklößchen, Buttermilchflinsen und Schmandwaffeln werden sicher bei manchem Kindheitserinnerungen wach. Küchenchef Henryk Jurowski, ein begeisterter Anhänger altdeutscher Gaumenfreuden mit sieben Jahren Deutschland-Erfahrung, verwöhnt seine Gäste mit fangfrischem Fisch aus den Masurischen Seen und kreiert aus selbst gesammelten Waldbeeren, Pilzen und Kräutern köstliche Speisen. Dabei kann man ihm auch mal über die Schulter blicken. Für die Küche zu Hause gibt er gern Tipps und verrät einige seiner Rezepte.

Was Henryk hier in seiner Miniküche »komponiert«, lässt einem schon lange vorher das Wasser im Munde zusammenlaufen.

Seine Kochküste – Rezepte der alten ostpreußischen Küche stehen obenan – sind allein schon ein Grund, um mit der CLASSIC LADY durch Masuren zu schippern. »Jak u baci – wie bei Oma«, betitelt Henryk seine »einfache Kieche« und erläutert wie zu jeder Mahlzeit ihre Zubereitung.

Für heute Abend hat der Meister ein Luciano-Pavarotti-Motto ausgewählt, das ihm aus der Seele spricht: »Kochen ist eine Kunst und keineswegs die unbedeutendste.«

Auftakt: Sauerampfersuppe und Fischsuppe; Vorspeise: Räucherfisch; Salatbüfett mit Sauerkohlsalat; Hauptgang: Wildgulasch mit Kartoffelklößen, Buchweizengrütze und Waldpilzen; Dessert: Glumstorte; Seelenwärmer: Nikolaschka.

Vom Logenplatz an Bord kann man schließlich die abendliche Stimmung der Wald- und Wasserlandschaft genießen, auch das eine oder andere frisch gezapfte polnische Bier. Wozu in diesem Land auch ein »Wässerchen«, sprich: Wodka gehört. Das Wellengluckern an der Bordwand garantiert anschließend Tiefschlaf. Jedoch nicht ohne zuvor Lechs Informationen für den nächsten Tag, Anekdoten und Witze aus Masuren vernommen zu haben. Höhepunkt ist sein »Abendgebet«: »Lieber Gott bestraf mich nicht, wenn ich bei Tisch das größte Stück erwisch!«

2. Tag: Sensburg–Sorquitten–Wilkassen

Nach dem Frühstück (täglich bis 8.30 Uhr) rollt der Bus nach Sensburg (Mragowo), malerisch zwischen Juno- und Schosssee gelegen. Hier kann man zusammen mit dem Chefkoch den Bauernmarkt besuchen, wobei für die Schiffsküche frische Vorräte wie Gurken, Tomaten, Kräuter und Eier eingekauft werden (alles Bio, versteht sich).

Anschließend hat man noch Gelegenheit, kurz in eine Fischräucherei hineinzuschauen und den Duft vom »Gold der Seen« zu schnuppern: Aal, Forelle, Zander, Maränen. Schließlich geht es durch eine harmonische Hügel-, Wald-, Wiesen- und Seenlandschaft nach Sorquitten (Sorkwiti). Das kleine, verträumte Dorf überrascht mit einem im englischen Tudorstil erbauten Schloss (früher gehörte es den Familien von der Groeben und von Mirbach, heute ist es ein Hotel, daher ist nur eine Außenbesichtigung möglich). Aber auch die schlichte evangelische Dorfkirche über dem Seeufer mit ihrem holzgeschnitztem Altar und einem schwebendem Taufengel aus dem Jahr 1631 lohnt einen Besuch.

In der Försterei Kleinort bei Peitschendorf (Piecki) wurde der masurische Heimatdichter Ernst Wiechert (1887–1950) geboren. Besucht wird sein idyllisches Geburtshaus, heute Museum, das an Leben und Werk erinnert. Sein Roman »Das einfache Leben« spiegelt die waldeinsame Umgebung.

Während das Schiff über Nikolaiken nach Stary Sady (Schaden), seinem Heimathafen am Talter Gewässer, fährt, wartet der Koch mit neuen Köstlichkeiten auf.

Auf der Speisekarte – Motto: »Jede Frau ist für gutes Essen anfällig« (Casanova) – stehen Henryks Gurkensuppe und Ermländische Suppe; Vorspeise: Festtagssülze; Salatbüffet:

Frisches vom Sensburger Markt

Alte deutsche Dorfkirche von Sorquitten

Masuren ist eine Region der im Nordosten Polens gelegenen Woiwodschaft Ermland-Masuren und umfasst den südlichen Teil des früheren Ostpreußen.

Wald- und Seenreichtum sind das Kapital der Landschaft, die voller Geschichten und Geschichte, aber auch voller Emotionen ist. Im engeren Sinne ist es die Region um die Große Masurische Seenplatte. Das Land liegt auf dem Baltischen Höhenrücken, bis zu 300 Meter hohen, vom Eis aufgeschobenen Endmoränen. Entstanden sind diese Formen während der drei großen Eiszeitperioden bis vor 30.000 Jahren. In den Niederungen reihen sich etwa 3.500 Grundmoränenseen (die größten: Spirdingsee mit 114 qkm, Mauersee mit 104 qkm) und Rinnenseen wie eine Perlenkette aneinander. Auch das »Land der 3.000 Seen« genannt, ist Masuren eine der letzten naturnahen Landschaften Europas. Wälder, Seen und Flüsse nehmen den größten Flächenanteil von Ermland (bis an die Haffküste bei Elbing) und Masuren ein. »Land der kristallnen Seen und dunklen Wälder« (Ostpreußen-Lied) mag zwar verklärt wirken, trifft aber ins Schwarze. Ein Paradies für Wassersportler.

Gurkensalat, Dill und Schmand; Hauptgang: Königsberger Klopse mit Kapernsauce und Salzkartoffeln; Dessert: Buttermilchflinsen mit Himbeersoße; Seelenwärmer: Rußer Milchpunsch. Jeder Gang weckt Kindheitserinnerungen und regt zu Rezeptaustausch an. Der Abend gehört den Tageserlebnissen, über die angeregt geredet und fröhlich gelacht wird. Eine vergnügte Schlemmerrunde.

Stocherkahn-Fahrt auf der Krutinna

3. Tag: Kruttinnen–Eckertsdorf–Peitschendorf–Wilkassen

Immer mal wieder blitzen ein paar blaue Seen-Spiegel durch das frische Grün oder duckt sich das rote Ziegeldach eines alten, einsamen Gehöfts oder Gutes in einer Senke. Jeder Quadratmeter ist durchtränkt von Geschichte. Dieses »Land ohne Eile«, wie Arno Surminski seine verschlafene Heimat nannte, steckt aber auch voller skuriller Geschichten. Davon zeugen Siegfried Lenz Erzählungen »So zärtlich war Suleyken«.

Auf unzähligen Firsten thronen Storchennester. Den Spitznamen »preußischste aller Vögel« haben sich die Tiere wegen ihres schwarz-weiß-roten Federkleids eingehandelt. »Jeder vierte Storch weltweit ist heute Pole«, erklärt Lech. Wie auf Bestellung klappern sie mit ihren langen roten Schnäbeln. Meint der Reiseleiter nicht ganz ernst: »Hab ich angestellt mit Fernbedienung.« Tierisch geht es oft unterwegs weiter, wenn See- und Fischadler, Kraniche, Reiher oder gar ein Biber vor die Linse kommen.

Offizielles Programm:

Der nächste Ausflug führt ins Dorf Krutinnen (Krutyn) inmitten der Johannisburger Heide. Man hat die Gelegenheit, das Masurische Museum zu besuchen, einen Bummel zu den charakteristischen Holzhäusern zu unternehmen, Kunsthandwerk und Honig zu erwerben oder einen ausgedehnten Naturpark-Waldspaziergang zu unternehmen. Wer will, legt zu einer romantischen Stocherkahnfahrt auf dem Flüsschen Krutinna ab (10 € zahlbar vor Ort). Das Boot gleitet fast geräuschlos durch das kristallklare und fischreiche Gewässer. Anschließend wird per Bus das russisch-orthodoxe Philipponenkloster von Eckertsdorf angesteuert. Es wurde 1847 von den sogenannten Altgläubigen gegründet und zeigt die religiöse Toleranz der damaligen Zeit. Der Bus passiert auch den Ort Ukta, in dem der Journalist Dr. Klaus Bednarz bei seinen Großeltern Jugendjahre verbrachte. Das Haus liegt auf einem Hügel oberhalb der Krutinna. Mittags (ca. 13.30 Uhr) legt das Schiff ab zur romantischen »Fünf-Seen-Tour« nach

Willkassen (Wilkasy; Ankunft ca. 16.30 Uhr) am Löwentin See bei Lötzen (Gizycko). Henryks Mittagsmenü heute: Rote-Beete-Suppe, Zanderfilet mit Gumbinner Kartoffelbällchen und Frühlingsgemüse, abschließend Apfelcreme mit Weingelee. Martin Luthers Worte geben das Motto: »Iss, was gar ist! Trink, was klar ist! Red, was wahr ist!« Recht hat er – bis heute!

Während der abwechslungsreichen Sehfahrt – vom Decksstuhl aus – durch Kanäle und Seen unter hohen Wolkentürmen schwingt es mit, das Ostpreußen-Lied. Es besingt die »dunklen Wälder und kristallnen Seen«, von Lech später im Bus auf seiner Mundharmonika intoniert. Die Gäste sind gerührt. »Einfach scheen!«, bringt es eine gebürtige Ostpreußin auf den emotionalen Punkt. Jetzt können sie nachempfinden, was damit gemeint ist.

Die Reisemotive sind im Übrigen sehr unterschiedlich. Von: »Wir wollten diese Reise immer schon mal machen«, »Bin hier geboren«, »Eltern und Großeltern stammen von hier«, »Mich interessiert nur die Landschaft« bis »Möchte Omas Küche wiederbeleben« reicht die Palette.

Die Frischluftkur hat mächtig Appetit gemacht, und Nietzsche lieferte das (heute wieder moderne) Motto zum Abendessen: »Du musst nicht nur mit dem Munde, sondern auch mit dem Kopfe essen, damit dich nicht die Naschhaftigkeit des Mundes zugrunde richtet.« Dazu gibt es Linsensuppe mit Backpflaumen, gekochten Aal in Dillsauce, Mehlklöße mit saurer Soße, Mohnstritzel als Dessert – was will man mehr?!

4. Tag: Lötzen–Rössel–Heiligelinde–Wolfsschanze–Nikolaiken

Scherzhaft-doppeldeutig meint Tischnachbarin Monika Huber beim Frühstück: »Heute haben wir einen Termin beim Führer.« Gemeint ist der lokale polnische Reiseführer, ein namhafter Historiker und Buchautor. Im ehemaligen Hauptquartier Hitlers, der »Wolfsschanze« (Wilczy Szaniec) bei Rastenburg (Ketrzyn). Hier wird einem beim Anblick gesprengter Betonmauern der Wahnsinn des »Tausendjährigen Reiches« bewusst. »Das ist ein Stück sichtbare Geschichte«, antwortet Wolfgang Huber, befragt nach seinem Besuchsmotiv, »das muss man mal gesehen haben!«

Offizielles Programm:

Am Vormittag wird Lötzen (Gizycko) per Stadtrundfahrt erkundet, vorbei an der nach Plänen des preußischen Hofarchitekten Schinkel erbauten Kirche. Dort findet heute wieder ein deutschsprachiger Gottesdienst

MS CLASSIC LADY am Anleger in Wilkassen

Gewaltige Backsteinkirche von Rössel

Schiffsanleger in Nikolaiken

statt. Ein seltenes Technikdenkmal ist die handbetriebene Drehbrücke über den Kanal zum Mauersee.

Nach einem Besuch der Feste Boyen aus der Mitte des 19. Jahrhunderts, die auf einer Fläche von 100 Hektar zwischen Löwentinsee und Mauersee errichtet wurde, geht es weiter nach Rössel (Reszel).

Weithin sichtbares Wahrzeichen der verträumten Stadt ist die klotzige Burg, die 1350 bis 1401 von ermländischen Bischöfen erbaut wurde. Noch 1807 wurde hier eine Frau als Hexe verbrannt!

Nächste Station ist die barocke Wallfahrtskirche »Heiligelinde« (Swieta Lipka) aus dem 17. Jahrhundert. Sie zählt zu den schönsten ihrer Art in Europa und begeistert durch die prachtvolle Innenausstattung und das Orgelspiel mit seinen beweglichen Posaunenengeln. Dass der jesuitische Pater den Zuhörern zwar den Segen erteilt, aber übergangslos den auf dem Vorplatz der Kirche verbotenen Zigarettenhandel geißelt, ist schon gewöhnungsbedürftig. »Und vergessen Sie Ihre Sachen nicht!«, schickt er hinterher.

Nach dem Mittagessen bringt der Bus die Gäste zur »Wolfsschanze«, Hitlers ostpreußischem Führerhauptquartier mit bis zu neun Meter mächtigen Betonmauern. Das gesprengte Areal ist heute auch Gedenkstätte für Graf Stauffenberg und die Widerstandskämpfer des 20. Juli 1944.

Nach einer Führung geht es zurück zur CLASSIC LADY, die schon nach Rhein (Rhyn) am Talter Gewässer vorausgefahren ist.

Über den See gleitet das Schiff an seinem Heimatanleger vorbei in zwei Stunden nach Nikolaiken (Mikolaiki). Die Kleinstadt, einst »masurisches Venedig« genannt, gilt als beliebtester und damit belebtester Ferienort der Region mit dem größten Hotelkomplex Nordpolens. Er liegt nahe am Spirdingsee, dem mit 120 qkm größten See Masurens.

Für das Abschiedsessen auf dem Schiff hat sich der Koch etwas Besonderes ausgedacht und präsentiert eines seiner Kunstwerke zum variantenreichen Thema »Fisch«.

»Sieht aus wie ein echtes Aquarium«, meint Jürgen Kullick, als Henryk und die Bootsleute Stanislaw, Mariusz und Lukasz – hier kann jeder alles, sogar kochen, selbst der Kapitän – einen gläsernen Kasten hereinschleppen. Der ist gefüllt mit Fisch in Aspik. Des Weiteren werden aufgefahren: Lieblingssuppe, Pillkaller; Vorspeise: Henryks Aquarium; Salatbuffet: mit Sellerie-Apfel-Salat; Hauptgang: Schweinebraten, gefüllt mit Pflaumen, Speckklöße und Teltower Rübchen; Dessert: Pfannkuchen mit Quark und Früchten; Seelenwärmer: Henryks Trunk. Kein Geringerer als Goethe lieferte dazu das Motto: »Das Essen

soll zuerst das Auge erfreuen und dann den Magen.« Letzteren erfreut der »Bärenfang« am Schluss. Henryk kennt das Geheimnis des ostpreußischen Nationalgetränks: »Weil die Bären gern Honig klauten, hat man ihn mit Alkohol versetzt, sodass sie einschliefen und gefangen werden konnten.«

5. Tag: Allenstein–Marienburg–Danzig

Abschied von der CLASSIC LADY und ihrer Crew. Der Bus bringt die Gäste nach Allenstein (Olsztyn), der Hauptstadt von Ermland-Masuren und wirtschaftliches sowie kulturelles Zentrum der Region. Sie fiel 1945 unzerstört in die Hände der Russen, die sie später in Brand setzten.

Hier steht die trutzige Ordensburg, in der von 1516 bis 1521 auch der Astronom Nikolaus Kopernikus wirkte. Durch das Hohe Tor bummelt man über den Marktplatz, durch die Straßen mit ihren restaurierten Bürgerhäusern, schaut sich Ordensburg, gotische Jakobi-Backstein-Kathedrale und Rathaus an. Weiter geht es nach Buchwalde (Buczyniec), einer Station des Oberlandkanals (Kanal Elbląski), wo die Schiffe »über Land« gezogen

werden, um den Höhenunterschied von rund 100 Metern zwischen Ostsee und Masuren zu überwinden.

Nächste Station: die Marienburg, mit 750 Metern Ausdehnung größte Burganlage des Deutschen Ritterordens und ganz sicher eines der prächtigsten Zeugnisse Norddeutscher Backsteingotik.

Nach der Führung durch die imposante Festung fährt der Bus zum Hotel nach Danzig, das direkt am Strand liegt mit weitem Blick über die Bucht bis Gdingen und Zoppot.

6. Tag: Danzig

Am Vormittag führt ein Rundgang zum Rechtstädtischen Rathaus, zur Marienkirche, dem größten aus Ziegeln errichteten Sakralbau der Welt, zum Krantor, zum Langen Markt mit Neptunbrunnen und in die Frauengasse. Das historische Zentrum der Hansestadt wurde nach schweren Zerstörungen detailgetreu wieder aufgebaut, eine Meisterleistung polnischer Restauratoren.

Der Nachmittag steht zur freien Verfügung (lohnend z. B.: per Schiff mit Panorama- und Hafenrundfahrt vom Mottlaukai

Die Festung Marienburg in ganzer Pracht

Danzig

*Zunftschild
an einer
Gaststätte*

Bernstein-Verkauf in der Danziger Marienstraße/Mariacka

Partie an der Mottlau mit Hansekogge

zur Westerplatte und zurück für 10 Zloty) oder man nimmt an einem Ausflug teil. Er führt zunächst zum mittelalterlichen Kloster Oliva, dem Danziger Bischofssitz. Weiter geht es ins Seebad Zoppot mit dem 500 Meter langen Seesteg (längster Europas) und dem prachtvollen Grandhotel. Beim Besuch eines traditionsreichen Restaurants in der Danziger Altstadt klingt die Reise aus.

7. Tag: Rückreise

Vormittags Transfer vom Hotel zum Bahnhof oder zum Flughafen Danzig.

Zu guter Letzt

Rezept von Henryks »Masurischer Krautsuppe«

Zutaten: 300 Gramm geräucherte Rippchen, ½ Kilo Sauerkraut, 2 Prisen Kümmel, 300 Gramm Kartoffeln, 1 Zwiebel, Salz, Pfeffer, 1 Esslöffel Schmalz.

Die Brühe aus Rauchfleisch und Gemüse kochen. Die Kartoffeln in kleine Würfel schneiden und der Brühe hinzugeben, langsam kochen lassen. Sobald die Zutaten weich sind, Sauerkraut und Kümmel dazugeben. Das Fleisch vom Knochen lösen und zur Suppe geben. Die Suppe mit Salz und Pfeffer verfeinern. Die Zwiebeln mit dem Schmalz anbraten und in die Suppe geben.

Smacznego – guten Appetit!

Infos

MS CLASSIC LADY; Bau und Indienststellung: 2003 in Nikolaiken/Masuren; Flagge: Polen; Länge: 44 m; Breite: 7 m; Tiefgang: 1 m; Crew: 5–6; Passagiere (max.): 40

Unterbringung: 20 Außenkabinen (11 m²) mit Doppel- bzw. nebeneinander getrennt stehenden Einzelbetten; Kleiderschrank, Safe, Dusche/WC, Heizung, 220-V-Stromanschluss; 3 Passagierdecks, Panorama-Restaurant, Bar, Sonnendeck
Bordsprache: Polnisch und Deutsch; Bordwährung: Euro und Zloty, keine Kreditkarten
Reisezeit: Mai bis Oktober. Empfehlenswert die zehneinhalbstündige Zugreise auf historischen Gleisen durch Hinterpommern, Westpreußen und das Ermland (ab Stettin täglich eine durchgehende Verbindung und zurück ab Lötzen) oder schneller (per Flugzeug und Bahn) via Warschau

Seit 2003 startet die 44 Meter lange CLASSIC LADY allwöchentlich von Mai bis September von der Anlegestelle in Piasken (Piaski) am Beldahnsee.
Die deutschsprachigen Info-Materialien sind nicht nur als eine Art Willkommen für die deutschsprachigen Gäste anzusehen, sondern zeigen auch einen inzwischen souveränen Umgang mit historischen Tatsachen.

Auskunft über die Reiseziele: Polnisches Fremdenverkehrsamt, Marburger Str. 1, 10789 Berlin, Tel.: 030-2100920
Veranstalter: www.dnv-tours.de, Tel.: 07154-131830.
Offizielle Bezeichnung der Reise: »Schlemmerreise durch die ostpreußische Küche«. Ansonsten werden mit der CLASSIC LADY zwischen Frühjahr und Herbst auch geführte Fahrrad-Reisen durch die Region angeboten.
Reiselektüre (neben dem DNV-Reiseführer »Polen«): Klaus Bednarz: Fernes nahes Land – Begegnungen in Ostpreußen (Heyne-Bücher); Hans Graf von Lehndorff: Ostpreußisches Tagebuch (dtv); Arno Surminski: Jokehnen (rororo); Siegfried Lenz: So zärtlich war Suleyken (Fischer); Harald Saul: Unvergessliche Küche Ostpreußens – Traditionelle Familienrezepte und ihre Geschichten; Gert O. E. Sattler: Köstlichkeiten und Besonderheiten aus Ost- und Westpreußen (beides nur antiquarisch)

Masuren-Kreuzfahrer
CLASSIC LADY *in voller Fahrt*

Der Traum vom schwimmenden Haus am Wasser

Kein schöner Land oder eine abwechslungsreiche Wasserreise

»Eine Flusskreuzfahrt«, so jedenfall verheißt der Prospekt, »verändert alles: Sie macht aus wenigen Minuten viele schöne Stunden.« Ich habe mich auf Rhein und Mosel dazu inspirieren lassen, um »die Lust an der Langsamkeit zu entdecken«, denn eine Flussreise ist gewiss nicht die schnellste Art, sich fortzubewegen.

Weinbergblick auf Bernkastel-Kues

Das geht auf dem Bahnhofsvorplatz von Köln schon los. Vor dem gelben Bus eine lange Schlange von Menschen und Koffern. Auf die Frage »Gibt's hier was umsonst?«, kommt aus der Menge eine schlagfertige Antwort: »Nee, aber geschlossene Türen!« Und ein Dritter meldet sich zu Wort: »Ach, du kriegst die Tür nicht auf!« Mit Humor geht alles besser, ist die einhellige Meinung.

Erst als ein Neuankömmling aufgeregt fragt: »Ist das hier die A-Rosa Elektra?«, geht ein leicht empörtes Murren durch die Reihen. »Fast!«, spielt ein Witzbold auf das elektronische Busproblem an. Der Fahrer sorgt umgehend für Ersatz, sodass die Gäste bald auf die andere Rheinseite wechseln und an Bord »ihrer« A-Rosa Viva gehen können. Mit einem netten Einstiegserlebnis gratis.

Nichts tun

Im Deutzer Hafen begrüßt Hotelmanager Wilhelm Bahrs, kurz Hotman genannt – wie man gleich hört, ein »Jung' von der Küste« – jeden fröhlich; zwei Ehepaare aus Bad Doberan und Rostock sogar »op Plattdütsch«: »Schön, dat Se do sinn!« (Schön, dass Sie da sind!). Zu einem Schiff mit Heimathafen Rostock passt das. Die Damen sind entzückt, als er ihnen eine rote Rose, das A-ROSA-Symbol, in die Hand drückt. Nur die Herren gehen leer aus, was aber beim Begrüßungssekt nachgeholt werde, verspricht Bahrs hoch und heilig.

Bis das soweit ist, gibt es noch ein kleines Vorprogramm »abzuarbeiten«: ein Schiffsrundgang zur Orientierung und in der Lounge Informationen zur Schiffssicherheit mit einer praktischen Filmvorführung. »Dies ist die einzige Pflichtveranstaltung während Ihrer Reise«, kann Kai Aguilar Huerta, der Guest Relation Manager, zu Deutsch: Kreuzfahrtdirektor, beruhigen. Wobei man auch locker ein Kölsch an der Bar trinken kann. Getreu dem A-ROSA-Motto: »Auf einer Flusskreuzfahrt brauchen Sie nichts zu tun. Außer zu entspannen, zu genießen und zu staunen.«

Donnernder Salut

Dann kann man abtauchen in seine Kabine, das Zuhause für die nächsten Tage. »Zuhause?«, fragt der Prospekt, »im Urlaub? Aber ja! Hier werden Sie sich genauso wohlfühlen – hier hat der Alltag keinen Zutritt.« Außer den »Kammerzofen« von Hausdame Kerstin Spindler, die über Sauberkeit und Ordnung wacht.

Auch nicht der EHEC-Virus, denn, so informiert das Tagesprogramm, »wir haben uns entschieden, keine Blattsalate, Gurken und Tomaten zum Verzehr an Bord zu haben.« Doch schon am Abend entspannt sich die Lage, denn als Überträger sind Sojasprossen entlarvt worden, wie man aus den Fernsehnachrichten erfährt. Das Gemüse hat wieder Zutritt auf den neun Schiffen der A-ROSA-Flotte.

Unter »donnerndem Salut und zuckendem Blitzfeuerwerk« – einem Gewitter, das sich gewaschen hat – bugsiert Kapitän Walid M'Chala das 135-Meter-Schiff gekonnt rückwärts aus dem Hafenbecken; er lässt es, verkehrsbedingt, noch ein paar Hundert Meter strombeschleunigt zu Tal rauschen

Say good bye ... mit Kaiser Wilhelm IV. vor dem Kölner Dom

und dreht dann bei strömendem Regen zwischen RTL-Studios und Kölner Dom. Eine »himmlisch-irdische Show« wie bestellt. Sail away: Der Abschieds- und Auftaktohrwurm »Say good bye …!« wird vom Grollen und Grummeln übertönt.

Politisch-Romantisches

Die markante Köln-Silhouette bleibt vor schwarzen Wolkentürmen allmählich im schäumenden Kielwasser zurück. Bis Bonn auftaucht mit seiner »parlamentarischen Wolkenkratzer-Kulisse«. Im vornehm von oben herabblickenden Schlosshotel »Petersberg« zelebrierte die Bonner Regierung gerne ihre Empfänge von ausländischen Staatsoberhäuptern. Ein paar Kilometer zu Berg wird es bei Königswinter, dem Kurort am Rande des Siebengebirges, noch romantischer – sozusagen ein Highlight der Rheinreise. Hoch oben thront die abendlich beleuchtete Burgruine auf dem Drachenfels, Deutschlands meistbestiegenem Berg. Hier soll der Sage nach der Drache in einer finsteren Höhle gehaust haben, den der Nibelungen-Held Siegfried erschlug.

Die Gäste von heute hingegen möchte die »wertvollste Zeit im Jahr« in einem kleinen Paradies verbringen – das jedenfalls wünscht der Veranstalter seinen Gästen. Durch die geöffnete Schiebetür des französischen Balkons strömt würzig-frisch Waldluft.

KONRAD ADENAUER passiert tatsächlich, denn so heißt die Fähre zum gegenüberliegenden Ufer in Mehlem. Der erste deutsche Bundeskanzler genoss sein Privatleben allerdings nicht weit weg von hier in Rhöndorf.

Koch-Show mit Spaß

Ob er auch nach dem A-ROSA-Motto »Genuss pur: von der Vorspeise bis zum Dessert« diniert hat, ist nicht überliefert. Für die A-ROSA-VIVA-Fahrer ein ganz reales »Schlaraffenland«-Vergnügen: probieren, essen, schlemmen. »Oder kennen Sie jemanden, dem frisch zubereitetes Essen nicht schmeckt? Eben!«, stellt der Prospekt lakonisch fest. Die Köche um ihren Meister Dominik Connerth machen es lächelnd vor beim »Live-Cooking à la minute«. Diese tägliche Koch-Show macht ihnen anscheinend Spaß. Immer nach dem Motto: »Qualität aus Leidenschaft«. Maître Jens-Ole Gieseke, ein waschechtes Nordlicht wie sein allseits beliebter Chef Wilhelm Bahrs, setzt sogar noch ein paar persönliche Akzente drauf, wenn er »von Leidenschaft auf allen Wassern spricht« und fast lyrisch erklärt: »Wir

Am Anleger in Koblenz

sind menschlich, wir sind engagiert, wir sind offen, wir machen, wir faszinieren durch unvergessliche Erlebnisse auf dem Wasser, auf lässige De-luxe-Art, und zwar für lebenslustige und anspruchsvolle Gäste.« Der Prospekt bringt es auf die werbeträchtige Formel: »Wir lieben, was wir tun. Wir leben A-ROSA.« Die Crew macht es tagtäglich vor.

Alle laben sich an den reichhaltigen Büfetts mit saisonalen Spezialitäten aus der Region. Dazu gehört auch Spargel satt in verschiedenen Variationen zu Weinen aus den gerade durchfahrenen Lagen. »Das Essen ist jedes Mal ein regelrechtes Erlebnis«, meint eine Hausfrau begeistert und spricht damit für alle Gäste, »so abwechslungsreich und frisch zubereitet kann ich es zu Hause nicht!«

Zwei Restaurants und die »Weinwirtschaft« hat man zur Auswahl und kann sich niederlassen, wo man möchte. Oder, je nach Wetter, Lust und Laune, »open air« mit Landschafts-Rundum- und Weitblick an Oberdeck.

Tagesausklang: Zeit für den dunkelhäutigen elsässischen Kapitän Walid, beim Welcome Drink seine Mitarbeiter vorzustellen. Der Hotelmanager hat Wort gehalten.

Sozusagen im Schlaf träumt man in seinem »Haus im Wasser« zu Berg, also flussaufwärts, Koblenz entgegen.

Zwischen Rhein und Mosel

Mit vier Stunden hat man am nächsten Morgen genügend Zeit, um die 2.000 Jahre alte

Stadt, die von den Römern gegründet wurde – Castellum ad Confluentes, die Festung am Zusammenfluss –, zu erkunden. Vier Mittelgebirge – Eifel, Westerwald, Hunsrück und Taunus – rahmen Koblenz ein. Da das Schiff direkt am stadtnahen Moselufer festmacht, kann man alles bequem erlaufen: zwischen dem Deutschen Eck mit dem 1993 nachgegossenen Denkmal für Kaiser Wilhelm I. – er wurde im letzten Krieg von Amerikanern vom Sockel geschossen – und der Altstadt mit ihren engen Gassen und von Bürger- und Adelshäusern eingerahmten Plätzen. Das wird auch als geführter Ausflug »Zwischen Rhein und Mosel« angeboten. Ebenso der regelmäßig spuckende, weltgrößte Kaltwasser-Geysir bei Andernach. Island lässt grüßen, aber seine Wasserspeier sind pünktlicher. Individueller Tipp im Tagesprogramm: »Flug« mit der Seilbahn vom Deutschen Eck über den Rhein hinauf zur Festung Ehrenbreitstein, 2011 einer der Schauplätze der Bundesgartenschau.

Wie man im Programm liest und leibhaftig erfährt: »Das Wasser bietet so viel Abwechslung – sogar Land ist dabei.« Prägnanter kann man den Begriff »Flusskreuzfahrt« nicht auf den Punkt bringen.

Achteraus segeln gelassen gesehen

Aufregung kurz nach Landgangsende. Die ansonsten immer strahlende 1. Rezeptionistin Iris Marr stellt jetzt ernst fest, dass noch eine ganze Gruppe fehlt. Nicht etwa, weil der Bus im Stau steckengeblieben ist, sondern weil der Geysir vor dem Wassertheater »Ladehemmung« gehabt hat. Das war schließlich Ziel des Ausflugs. Der Kapitän nimmt's französisch gelassen: »Wir haben schließlich noch genügend Luft im Fahrplan.« Ein Passagier hatte die bei seiner persönlichen Zeitplanung in Köln offenbar nicht. Er ist »achteraus gesegelt«, wie es in der Seemannssprache heißt, und hat das Schiff verpasst. Aber von Köln nach Koblenz ist es zum Glück per Bahn nur ein Katzensprung.

Am Nachmittag tönt es über alle Decks: Heinrich Heines rührseliges Lied »Ich weiß nicht,

Der *Rhein* ist ein europäischer Fluss von 1.324 km Länge. 883 km davon sind für die gewerbliche Binnenschifffahrt nutzbar. In den Niederlanden mündet er durch ein weitverzweigtes Delta in die Nordsee.

Die *Mosel* hat eine Länge von 544 Kilometern zwischen ihrer Quelle in den südlichen Vogesen und ihrer Mündung in den Rhein am Deutschen Eck in Koblenz. Der Fluss trennt mit seinen vielen, tief eingeschnittenen Mäandern die beiden Mittelgebirge Eifel und Hunsrück.

was soll es bedeuten …« An der 132 Meter hohen Loreley, ehemals eine gefährliche Durchfahrt an den Felsklippen der »Sieben Jungfrauen«, ist es musikalisches Pflichtprogramm für alle Kreuzfahrtschiffe. An der berühmten Inselbefestigung Pfalzgrafenstein bei Kaub beschränkt sich Guest Relation Manager Kai auf seine Erläuterungen: »An dieser Engstelle im Rhein wurden zwischen dem 14. und 17. Jahrhundert von den Schiffern Flusszölle abkassiert.«

Freiluft-Tanzrunden

Wie Musik klingen die Namen der Schlösser und Burgen, an denen A-Rosa Viva vorbeigleitet: Stolzenfels, Lahneck, Marksburg, Sterrenberg, Liebenstein, die Burgen Katz und Maus, Gutenfels, Pfalzburg, Stahleck, Fürstenberg, Heimburg, Hoheneck, Sooneck, Reichenstein, Festung Rheinfels. Der Mäuseturm am Binger Loch – gegenüber liegt am Eingangstor zur Burgenstrecke Ehrenfels – bildet den Schlussstein in der geschichtsträchtigen Reihe über das Mittelrheintal des Schiefergebirges. Zu jedem Ort weiß Kai eine spannende Geschichte. Und Musiker Jürgen Kähler aus Nürnberg mit Rostocker Wurzeln, im Hauptberuf Anwalt, untermalt die historische Szenerie durch dezente Liveklänge an Oberdeck. So manches Pärchen lässt sich zu ein paar Freiluft-Tanzrunden animieren.

Vor Sonnenuntergang grüßt die Germania vom Niederwalddenkmal herunter. Der Rüdesheimer Drosselgassen-Trubel bleibt im Kielwasser zurück. A-Rosa Viva schlängelt

... vorbei an Burgen und Schlössern Richtung Speyer

sich durch Frachterkolonnen und hängt einen nach dem anderen locker ab. Die kräftigen 1.800-Diesel-Pferde im »Keller« von Chief Uwe Schumann sind nicht zu toppen. In der Kabine hört man ihre Schwerstarbeit gegen den Strom nicht. Nur die »Sensibelchen« können durch das Schraubengeräusch vorbeifahrender Schiffe daran erinnert werden, dass sie auf einem Kreuzfahrtschiff »im Fluss« fahren. Die Mehrheit lässt sich in ihrem Tiefschlaf nicht stören – bis zum nächsten sonnigen Morgen in Speyer.

Eigenes Programm stricken

Satte vierzehn Stunden hat man, um durch Speyer und Umgebung zu bummeln. Die Stadt, auf einer Niederterrasse liegend und damit vor dem Rheinauen-Hochwasser geschützt, geht auf eine keltisch-römisch-fränkische Siedlung zurück. 2.000 Jahre, das ist richtig alt. Seit dem Mittelalter gilt sie als die älteste geplante deutsche Stadt.

Die beiden Hauptattraktionen könnten kontraststärker nicht sein: der Dom, eine der bedeutendsten hochromanischen Kathedralen Deutschlands und UNESCO-Weltkulturerbe, sowie das weithin bekannte Technikmuseum.

Während die »offiziellen« Ausflüge zur Deutschen Weinstraße, ins malerische Heidelberg und natürlich durch die Stadt führen, sollten sich Individualisten ihr eigenes Programm stricken. Oder an Bord ein Fahrrad mieten, um alles bequemer und schneller zu erreichen. Trainieren dafür kann man im Fitness-und Wellness-Center und schon mal in der Sauna vorschwitzen.

Das ewige Kind im Manne

Nur wenige Fußminuten vom Anleger entfernt steht man vor dem Technikmuseum. »Technikgeschichte zum Greifen nahe« wirbt es für sich. Auf einem Freigelände von 150.000 Quadratmetern und 16.000 Quadratmeter Hallenfläche zieht es die Besucher in seinen Bann. Man kann in den Weltraum fliegen mit dem sowjetischen Spaceshuttle

BURAN, zur See fahren auf dem Hausboot der Kelly-Familie, den Seenotkreuzer JOHN T. ESSBERGER bestaunen und schließlich abtauchen mit U 9, einem ausgemusterten U-Boot der Deutschen Marine, und damit den legendären Film »Das Boot« nachempfinden. Oder Flugabenteuer erleben im Lufthansa-Jumbo SCHLESWIG-HOLSTEIN, der über dem Gelände zu kreisen scheint. Für einen Euro darf man sogar eine Kriegsdampflok des Typs 042 zu zischend-pfeifendem Leben und als Lokführer das ewige Kind im Manne erwecken.

Nutze den Tag und die Nacht

Mehr als 150 Oldtimer und 60 Flugzeuge, zum Teil begehbar, kann man hier erleben. Die Zeit vergeht wie im Flug.
Zur Abkühlung lockt der Rhein. Entweder mit Südsee-Feeling unter Strandbad-Palmen vor der A-ROSA VIVA in Rheinland-Pfalz oder zum Baden am baden-württembergischen Strand auf der rechten Seite, den man über die Straßenbrücke in einer Viertelstunde erreicht.
Nach dem üppigen Barbecue an Deck ist eine fußläufige Sightseeing-Runde samt Bierchen unter den Domtürmen in der Altstadt immer noch möglich.
Erst um 22 Uhr steigt die Sail-away-Party auf dem Sonnendeck, untermalt von Jürgen mit eingängigen alten und neuen Melodien »quer durch die musikalische Last«. Passenderweise heißt ein vorbeifahrender hollän-

discher Containerfrachter denn auch CARPE NOCTEM, zu Deutsch: Nutze die Nacht – in die Backbord voraus die roten Warnleuchten des Kernkraftwerks Philippsburg strahlen. Wetterleuchten über Karlsruhe, der aufkommende Wind lässt die Pappeln der Auewälder sanft rauschen, in denen unzählige Nachtigallen ihr vielstimmiges Konzert geben.

Gentle zwischen den Nationen

Vorhang auf am nächsten Morgen: Hinter dem Deich duckt sich das badische Städtchen Kehl. Wendepunkt der Reise am Rheinkilometer 293,6. Irgendwie kommt einem das schon orientalisch vor, denn zwei Minarette recken sich dominierend über die Kirchturmspitze.
Über die Rheinbrücke »zwischen den Nationen« steuert der Bus die Ausflugsgruppe »Straßburg gentle«, was so viel heißt wie ohne Anstrengung (und Regennässe), dem alles überragenden Münster entgegen. Mit 146 Meter Höhe bis ins 19. Jahrhundert das höchste Gebäude der Welt, heute »nur noch« die höchste Kirche.

Technikmuseum Speyer mit Ju 52 innen und außen

Schrankenlos die Grenzpassage, denn dank EU sind jegliche Schlagbäume weggefallen. Drei andere Touren firmieren als »Die Hauptstadt des Elsass« mit mehr Rundgangs- statt Rundfahrtcharakter, »Fachwerk und Gebäck« ins Umland nach Obernay sowie »Biking« mit bordeigenen Fahrrädern. Jeder findet das Seine – nach dem Prospektmotto: »Wer auf Reisen geht, wird viel entdecken. Das Land, die Leute. Und sich selbst.«

Auch beim Bordprogramm der multifunktionalen Entertainer Andreas und Sebastian. Die laden dazu ein, die eigenen Talente zu testen. Ihre Palette reicht von Shuffleboard, nautisch-technischer Fragestunde, Bingo mit Schluck, musikalischer Reise in den Süden, Barjazz bis hin zu Spieletischen.

Erstaunlicher Nationalitätenwandel

Angekommen im »Carrefour de l'Europe«, dem Schnittpunkt Europas, wie das 925 gegründete Straßburg, Freie Reichsstadt seit dem 13. Jahrhundert, sich gern nennt. Die Stadt ist nicht nur Verkehrsknotenpunkt für Schiffs-, Straßen- und Eisenbahnverkehr, sondern auch Hauptstadt der Region Alsace, Sitz des Europäischen Parlaments und der Europäischen Kommission für Menschenrechte. »Wenn Sie mal rechtlich nicht weiterkommen«, erklärt der elsässi-

sche Fremdenführer Thierry, »dann können Sie es hier versuchen.« Aber die Binnenschifffahrt hat die Stadt am Flüsschen Ill, am Rhein-Rhone- und Rhein-Marne-Kanal reich gemacht, erfährt man, denn sie war einst stärkste Zunft.

Deutsche und Franzosen, unter deren Herrschaft Straßburg (französisch: Strasbourg) abwechselnd stand, prägten die Stadt. Heute noch ablesbar an ihrer Architektur. »Wenn wir deutsch waren«, so Thierry über den Nationalitätenwandel, »waren wir schlechte Deutsche, weil wir Franzosen waren, und umgekehrt. Heute sind wir, dank Europa, nur noch elsässische Franzosen.« Verwurzelt in zwei Kulturen.

Gourmet-Höhepunkt nach Altstadt-Bummel

»Bei einem Bummel durch die Altstadt kann man«, so der A-ROSA-Hafenführer, »die wechselvolle Geschichte Straßburgs nachvollziehen. Mittelalterliche Fachwerkhäuser in engen winkeligen Gassen, elegante französische Stadtpaläste an geometrisch angelegten Plätzen – einer heißt elsässisch ›Ferikelmärik‹, zu Deutsch Ferkelmarkt – und pompöse Prachtbauten aus der wilhelminischen Zeit, ›Klein Berlin‹ genannt, finden sich in enger Nachbarschaft.« Dazu gehört natürlich auch

Lebendige Altstadt von Straßburg

das ehemalige Gerberviertel »Petite France«, eines der ältesten Viertel, im Delta der Ill-Kanäle. Romantik pur.

Passend dazu auch der Tagesausklang, das »A-ROSA Wine & Dine«-Dinner in der bordeigenen »Weinwirtschaft«. Chefkoch Dominik Connerth und Maître Martijn Karman samt ihren Mitarbeitern zelebrieren »ein ganz besonderes (extra zu zahlendes) Menü mit korrespondierenden Weinen, abgestimmt auf das Fahrtgebiet«, eine Gourmet-Symphonie zwischen Carpaccio und White Russian Mousse. »Ich habe 30 Prozent freie Hand bei der Speisenzubereitung«, erklärt er bescheiden seine Kochkünste, »und wir kaufen unterwegs frische Zutaten ein, zum Beispiel Käse in Frankreich oder Spargel in Baden.« Ansonsten würde es auch weniger Freude machen.

Binnenschifffahrt live mit Fahrspaß

Um zwölf Meter wird man in der Schleuse Iffezheim abgesenkt. Gemeinsam und hautnah mit dem Neubau MS LUTIN, unterwegs mit 4.400 Tonnen Mais vom französischen Rhinau nach Holland. »Bei uns auf dem Frachter kochen wir selbst«, sagt der tschechische Bootsmann im nächtlichen Bord-zu-Bord-Gespräch, »natierlich behmisch.« Nach drei Wochen Flussfahrt freuen sie sich wieder auf genauso viel Urlaub in der böhmischen Heimat Decin an der Elbe. Und Kapitän Walid freut sich, wieder ein kniffliges Zentimeter-Manöver gefahren zu haben. »Das ist mein Fahrspaß«, lacht der 29-Jährige über das ganze Gesicht. Binnenschifffahrt live.

Das Vergnügen im 20-Kilometer-Tempo haben er und seine beiden Steuerleute die ganze Nacht über, immer schön den Rhein zu Tal, an Karlsruhe, Speyer, Worms, der Industriekulisse von Mannheim-Ludwigshafen vorbei bei dichtestem Schiffsverkehr, manchmal auch mit Seegang, wenn ein dicker 6.000-Tonnen-Brocken mit hoch ausgefahrener Brücke wummernd vorbeirauscht.

Bis »Mainz bleibt Mainz!« am nächsten Morgen, dem nächste Reiseziel: Landeshauptstadt

von Rheinland-Pfalz, 2.000 Jahre alt und mehr als das Motto der bekanntesten aller deutschen Karnevalssitzungen. Große Geschichte wird hier auf Schritt und Tritt lebendig, aber auch die gelassene Lebensart der »Määnser«. Man glaubt sich allerdings viel weiter im Norden, denn an Backbord, nicht weit weg von der Mainmündung, ankert ein Dreimast-Großsegler. Allerdings als Restaurantschiff für immer angekettet. Wie die römischen Schiffswracks aus dem ersten bis vierten Jahrhundert nach Christus. Die kann man zum Beispiel im Museum für Antike Schifffahrt während einer Stadtrundfahrt per Bus oder Rad bestaunen.

... sagt alles

Lichttechnische Mogelpackungen in drei Dosen

ZDF-Straße – das Ziel ist der Weg, und zwar hinter die Kulissen des größten europäischen Senders, kürzlich 50 geworden. Der steht auf dem Mainzer Lerchenberg. Von seinem Büro aus blickt Intendant Markus Schächter, Herr über 3.000 Mitarbeiter, quasi von oben herab auf den Frankfurter Flughafen, »weil er den Blick in die Ferne braucht«, lächelt Michael Loosbach, ehemaliger Fotograf im Hause ZDF. Er führt die A-ROSA-VIVA-Gruppe fachkundig und kurzweilig durch seine frühere Arbeitsstätte. »In den drei Dosen«, sagt er über das Miniatur-Modell des Sendergeländes gebeugt, »verbergen sich die modernsten Nachrichtenstudios Europas.« Wenn aber Thomas Gottschalk »Wetten dass …?« zum Beispiel auf Mallorca aufnimmt, »dann werden hier«, so Loosbach, fünf 42-Tonner mit allem Notwendigen beladen und auf die Insel geschickt – nur der Stier in der Arena

*Blick in den »Fernsehgarten«
mit Andrea Kiewel*

kommt aus Spanien«. In den Studios überraschen hallenhohe grüne und blaue Wände. Das seien lichttechnische Mogelpackungen, denn alles andere werde nur darauf projiziert, per Knopfdruck. Dem Beleuchtungsmeister, über dem Hunderte von Scheinwerfern hängen, können sie bei seiner Arbeit über die Schulter schauen. Für die Sendung »Hallo Deutschland!« probt er gemeinsam mit einem Kollegen die Ausleuchtung. Mach mal das Hinterlicht ein bisschen höher«, ruft der ihm zu, »das geht so auf die Nase!« Spätestens jetzt wird klar: »Mit dem Zweiten sieht man besser!«

ZDF-Geheimnisse gelüftet

Auch wenn alles so locker aussehe – die Sendung, besonders das »heute-journal«, müsse termingenau stehen. Das Nachrichtengeschäft sei knallhart, »da muss man sofort reagieren«, erklärt Loosbach auf die Frage, was denn sei, wenn ein Moderator oder Sprecher mal im Stau stehe. »Da gibt's immer Ersatz, und Marietta Slomka oder Klaus Kleber kann man auch am Wochenende herholen, nicht aber die Kulissenarbeiter. Die sind wie Götter.« Da wundere er sich immer noch, dass täglich um 19 Uhr die Nachrichten laufen. »Das geht nur, weil sie eine hervorragende Crew sind wie alte Ehepaare, die gemeinsam zu Bett gehen.«
Große Aufmerksamkeit erregt der Teleprompter: Ein Spiegelsystem unter dem

Kamera-Objektiv, von der bequem abgelesen und direkt in die Kamera gesprochen wird. Das »Geheimnis« flüssigen telegenen Sprechens ist gelüftet.
Auch das vom »ZDF-Fernsehgarten« mit Moderatorin Andrea Kiewel. Über den Regie-Lautsprecher wird sie nur »Kiwi« genannt. Sie posiert ungezwungen zu Fotos vor der Schlösschen-Kulisse mit Leuchtturm: »Damit ihr mich mal vernünftig aufs Bild bekommt, ohne Verrenkungen!« Ihre Fans unter den Gästen sind begeistert. Gleich ist sie wieder mittendrin im Quotengeschäft und fragt, ob denn Pyro-Feuerwerk so wichtig sei. »Nee, nur Wasser-Pyro«, hört man die Technik. »Aha, also zwei Arschbomben in den Pool!«, gibt sie schlüpfrig-schlagfertig zurück.

Alles im Fluss

Der Nachmittag ist wieder »voll im Fluss«: durch das Mittelrheintal hinein in die Mosel nach Koblenz. Mit Stau und Wartezeit vor der

ersten von sieben Schleusen. Was niemanden beim Sonnenuntergangs-Abendessen vor der Stadt- und Ehrenbreitstein-Kulisse am Deutschen Eck stört. Bis Kapitän Walid seinen schneeweißen »Liner« mit der Rose sanft in die schiffsenge Kammer der ersten Schleuse manövriert. Ohne auch nur einmal zu touchieren. Da ist er wieder, sein haarscharfer Fahrspaß, der alle an Deck treibt und in Atem hält. »Nun komm doch mal!«, ruft ein Mann seiner Frau ungeduldig zu, als sie nicht ganz so euphorisch reagiert, »gleich geht sie zu«, und meint damit das Schleusentor hinter dem Heck. Andere begreifen von ihrem Balkon aus die glitschigen, mit Wasserpflanzen überwucherten Betonwände während der Fahrstuhlfahrt. Ein völlig neues Erlebnis! Weniger für die Matrosen, die im Zwei-Stunden-Rhythmus die Festmacherleinen bedienen müssen. Sie werden am Morgen in die Kojen entlassen von Kapitän Walid, der kollegial die Außenbords-Malarbeiten für seine Männer übernimmt. Zünftig im Blaumann.

Kapitän Walid und seine Kollegen steuern A-ROSA VIVA und ihre 130 Gäste und 50 Crew-Mitglieder sicher durch die Nacht und haben nur ein Auge für das Flussradar. Noch nicht schlafmüde Gäste indes ergötzen sich an romantisch angestrahlten Burgen wie Niederburg, Thurant oder Eltz, eine der schönsten Burgen Deutschlands, bekannt von den verflossenen Tausend-D-Mark-Scheinen. Vielleicht träumen sie später von wilden Ritterspielen, mittelalterlichen Gelagen – und »Mainzelmännchen«.

Weinseliges Princastellum

Spätes Erwachen am nächsten Morgen. Frühstücken kann man heute bis zehn Uhr. Mosel-Kilometer 112,4 querab von Kröver. »Da, wo der gleichnamige Nacktarsch herkommt«, grinst Relingsnachbar Ulli aus Köln, »passt zu ›Kiwi‹ und ihren ›Fernsehgarten-Arschbomben‹.« Wein und Sendung sind beliebte Massenware, was beider Ruf nicht gerade dienlich ist. Aber Trends und Geschmäcker ändern sich. Die Mosellagen liefern heute hoch begehrte Tröpfchen in alle Welt.

Kilometer 129,4: Wendepunkt der romantischen Moselfahrt. Nicht umsonst heißt der gerade vorbeiziehende Dampfer mit Heimathafen Bernkasel-Kues ROMANTICA.

Über das Doppelstädtchen an beiden Ufern im Herzen der Mittelmosel kann man sich im Weinmuseum informieren, anschließend in diversen Weinkellern und -stuben probieren. Und natürlich auch einkaufen, direkt bei einem Erzeuger der »internationalen Stadt der Rebe und des Weins«.

Hoch über dem 7.000-Einwohner-Ort wacht sein Wahrzeichen, die Burg Landshut aus dem Jahre 1227, dessen Wurzeln auf ein römisches Kastell namens »Princastellum« aus dem 4. Jahrhundert zurückgehen. Damit hat Bernkastel-Kues den Titel inne, älteste bekannte Siedlung an der Mosel zu sein. Als berühmtester Sohn von Kues wird übrigens der Philosoph Nicolaus Cusanus (1401–1464) genannt. Am Nikolausufer 49 steht sein Geburtshaus mit der weiß-roten Zinnenfassade.

Wein aus der Region

Kapitän auf Hafenrundfahrt geht baden

Einen Stadtrundgang kann man buchen oder anhand des »Hafenführers« mit Stadtplan getrost selbst unternehmen. *Die* Augenweide ist das in der Region prächtigste Ensemble der bis zu 600 Jahre alten Fachwerkhäuser samt Renaissance-Rathaus von 1608 und dem 1416 gebauten kuriosen Spitzhäuschen, dessen Obergeschoss nach drei Seiten überhängt. Die älteste Weinschänke der Stadt. Einkehr empfehlenswert.

Auch der etwas schweißtreibende Aufstieg zur Burg Landshut – mit traumhaftem Blick über das Flusstal und auf die jetzt ganz kleine A-Rosa Viva . Ihr Kapitän Walid zieht eine »Hafenrundfahrt« mit dem kleinen Arbeitsboot vor und geht anschließend baden im Fluss. Seine Zuschauer schütteln sich: »Nee,

Historische Altstadt von Bernkasel-Kues

in dem Dreckwasser?« Das soll aber wieder Rheinqualität haben, heißt es.

Nicht unbedingt eine Warnung ist der vergoldete Erzengel Michael, der schwertschwingend in der Mitte des Platzes auf dem Sankt-Michaels-Brunnen steht. Eine musizierende Schülergruppe bringt den weinseligen Touristen ihre (Querflöten-) Töne bei, denn ihre Zuhörer sind schließlich wichtigste Einnahmequelle der Stadt.

Sich wie zu Hause fühlen

Jedes Jahr treffen sich hier auch vier Schwestern. Höhepunkt ihres Erinnerungsausflugs ist jedes Mal die Burg. Bei Wein und Vesper finden die fröhlichen Mädels aus Eifel und Rheinland hier immer wieder zusammen, sodass die Kellnerin sie gleich erkannt hat.

Als sie schließlich nach dem Abstieg durch die Weinberge »irgendwie aus Neugier« vor der A-Rosa Viva landen, nehmen sie die spontane Kapitänseinladung, sich doch mal an Bord des kleinen »Traumschiffs mit dem Kussmund« umzuschauen – »aber hallo!« – begeistert an. Auch zum Crew-Grillabend bei Regen unter Bäumen.

Beim Abschied fühlen sie sich schon »wie zu Hause« und würden am liebsten gleich bleiben. Da sind sie sich mit der munteren Kölner Passagierin Claudia einig, die schon den Spitznamen »Claudia A-Rosa« weg hat. Nicht nur wegen ihres rheinischen Entertainer-Gemüts, sondern »weil ich mich hier sauwohl fühle«. Unterwegs ist sie mit Oma und Tante. »Die haben's verdient«, erklärt sie, »und ich genieße die Zeit mit ihnen.«

»Tid satt«, so heißt denn auch eine Motoryacht aus Norddeutschland. Aus dem Plattdeutschen übersetzt heißt der Bootsname »Zeit satt«. Die haben auch alle an Bord der A-Rosa Viva .

Sie werden beneidet von den Brückenzuschauern, die ihnen von oben auf die Teller schauen: »Wir wollen mit!«, rufen sie vielstimmig und winken. »Hübsche Mädels sind hier immer willkommen«, scherzt der Kölner Ulli nach oben.

Bewegte und bewegende Momente

Am nächsten Morgen in Traben-Trarbach, dem geschichtsträchtigen Ort im Doppelpack, bleiben den Gästen volle drei Stunden zu einem ausgedehnten Rundgang an der Moselpromenade entlang in die Altstadt. Die liegt malerisch in einer Flussschleife am Fuße der Festung Mont Royal – die Franzosen waren auch mal hier – unterhalb der Ruine Grevenburg. Den Wohlstand, Ergebnis ihres Rufs als zweitgrößte Weinhandelsstadt

Die Mosel bei Traben-Trarbach

Europas um 1900, liest man heute noch ab an herrschaftlichen Villen und gut erhaltenen Fachwerkhäusern. Leichte Weißweinreben in ausgezeichneten Lagen sind hier charakteristisch. Man kann sie in Straßenwirtschaften unter Weinlaubranken romantisch verkosten. Aber auch die Schifffahrt. 20 Ausflugsdampfer nennt die Personenschifffahrt Gebrüder Kolb ihr Eigen, sogar eine Werft. Seit 1921 sind Großvater, Vater und Geschwister im Geschäft. Der anhaltend blühende Mosel-Tourismus ist ihre Grundlage. Zur Flotte zählt auch die ehemals in Berlin auf Havel und Spree verkehrende HANSEATIC, die kleine Schwester des gleichnamigen Hapag-Lloyd-Hochseekreuzfahrtschiffes. Auf der Mosel kann man fast sagen: »Ich bin auf der HANSEATIC gefahren«, obwohl das Tagesausflugsschiff heute NIKOLAUS CUSANUS heißt.

Finale mit Aus- und Einsichten

Der zweite Landgang des Tages wird in Cochem geboten: zweieinhalb Stunden auf der linken Seite einer langen Moselschleife, genannt Cochemer Crampen. Verwinkelte Gassen locken zu einem kleinen Altstadtspaziergang, an der ehemaligen Stadtbefestigung mit ihren Türmen entlang, vorbei an jahrhundertealten Giebelhäusern über den Marktplatz mit Brunnen und barockem Erkerrathaus. Reichsburg, Ruine Winneberg und Pinnerberg bieten weite Aus- und nahe Einsichten, auch im übertragenen Sinne natürlich.

Über Nacht steuern Kapitän Walid und seine Steuerleute Pavel und Peter dem Ausgangs- und Endhafen Köln entgegen. Genau 1.041 Kilometer mehr stehen auf dem »Tacho« der A-ROSA VIVA. Für die Gäste eine abwechslungsreiche Wasserreise durch Deutschland – ganz im Sinne des ganz und gar nicht chauvinistischen Volksliedes »Kein schöner Land in dieser Zeit, als hier das unsere weit und breit!« – voller bewegender und bewegter Momente, Entspannung und Entdeckungen. Um das alles bereichert sagt man »Adieu!« zu seinem schwimmenden Zuhause auf Zeit und freut sich auf das nächste Mal an Bord.

Infos

MS A-ROSA VIVA ; Bauwerft: Neptun Werft GmbH, Rostock-Warnemünde; Baujahr: 2009/2010; Entwurf: Partner Ship Design, Hamburg; Schwesterschiffe: A-ROSA AQUA, A-ROSA BRAVA; Abmessungen: 135 m Länge, 11,40 m Breite, 1,60 m Tiefgang (leer), in Ballast 2 m; Antrieb: Volvo 4 x 331 kW/1800 PS; Propulsion: 4 um 360 Grad drehbare Schottel-Twin-Propeller; Geschwindigkeit: 22 km/h (max.); Bugstrahlruder: 405 kW Schottel Pump Jet; Stromerzeugung: Volvo 2 x 400 kW; Navigation: Einmann-Steuerpult, 2 Flussradaranlagen, 2 seitlich höherverstellbare Nockfahrstände; Klasse: Germanischer Lloyd GL 100A5 IN (0,6) »Fahrgastschiff mit Kabinen«; Qualitätsklasse: 4 Sterne plus; Crew: 51; Kabinen: 99 (14,5 qm); Geräusch-Emission: 45 dB (Oberdeck), 50 dB (Kabinen); Passagiere: 202 (max.); Umweltschutz: Aufbereitung aller Grau- und Schwarzwasser in biologischer Kläranlage; Flagge: Deutschland; Heimathafen: Rostock

Reisezeit: Vier Reisen von Juni bis Oktober
Route: Köln (ab 17 Uhr), Koblenz/Rhein (2 bis 13 Uhr), Loreley-Passage (nachmittags), Speyer/Rhein (8 bis 22 Uhr), Kehl/Straßburg/Rhein (8 bis 19 Uhr), Mainz/Wiesbaden/Rhein (8 bis 13 Uhr), Loreley-Passage (nachmittags), Bernkastel-Kues/Mosel (13 Uhr bis zum nächsten Morgen 5 Uhr), Traben-Trarbach/Mosel (8 bis 11.30 Uhr), Cochem/Mosel (17 bis 20 Uhr), Köln (Ankunft 6 Uhr)
Gesamtstreckenlänge: Rund 1.000 Kilometer
Literatur: Flusslauf-Panoramakarte »Der Rhein von Amsterdam bis Basel«, »Mosel von Koblenz nach Trier« (beide an Bord erhältlich); Bord-Informationen »Hafenführer«

Sympathischer Rhein-Oldtimer

Ein Mittelklasse-Schiff, aber bitte mit Seele

Schleuse bei Dordrecht

Sechs Tage, fünf Nächte von Köln nach Köln, so steht's auf dem Reiseprogramm unter dem Titel »Glanzlichter Hollands und Belgiens«. Zwei alte Freunde haben sich aufgemacht, »um endlich auch mal den Niederrhein mit Holland und Belgien zu befahren«. Der fehlte Uli und Peter noch in ihrer weltweiten Schiffsreiseziel-Sammlung.

Die Domstadt mit ihren Kirchtürmen und Brücken verquirlt langsam im Kielwasser. Gute Chance für Hotelmanager Andreas Hennig, seine 105 Gäste-Schäflein vom Oberdeck in den Salon zu locken. In launigen Worten macht er sie mit ihrem Zuhause auf Zeit bekannt: »Unsere BELLRIVA ist zwar schon 43 Jahre alt, aber damit noch in den besten Jahren. Wenn Sie sich über die kleinen Kabinen mit engem Dusch-WC wundern:

Darüber können Sie getrost hinwegsehen. Wir machen das wett durch guten Service, gutes Essen und gute Stimmung«, womit er recht behalten soll. Für Frohsinn sorgen auch bald die All-inklusive-Getränke.
Kreuzfahrtleiterin Daniele Georgieva aus Bulgarien wirbt für die Ausflüge der kommenden Tage. Zum Schluss meldet sich Kapitän Thomas Topf, Leipziger mit Wohnsitz auf Rügen, zu Wort. Das Thema Schiffssicherheit ist sein

Part. Wie schnell der Ernstfall eintreten kann, ahnt an diesem Abend noch niemand. In der folgenden Nacht kollidiert das Flusskreuzfahrtschiff BRITANNIA, eine Schwester der BELLRIVA – früher bei der Köln-Düsseldorfer Reederei KD hieß sie mal ITALIA –, mit einem unbekannten Hindernis. Wasser dringt ein, sodass die Gäste evakuiert werden müssen. Vorsicht ist besser als Nachsicht, darum wird Sicherheit an Bord großgeschrieben.

Faszinierende Kontraste hautnah

An Steuerbord gleitet die Altstadtkulisse von Düsseldorf vorüber, gefolgt von Chemie- und Stahlwerken mit dampfenden Kühltürmen bei Duisburg. Davor grasen Schafe friedlich auf dem Deich und am Strand wird qualmend gegrillt, sodass Duftschwaden appetitanregend herüberwehen. »Starke Kontraste«,

Abendstimmung auf dem Rhein

meint Uli, der sich genau wie Peter schon auf das Abendessen freut.

Weinselig klettern die Schiffsfans schließlich aufs Oberdeck und ergötzen sich an den zu Berg und Tal dampfenden Frachtern, Schubverbänden und Kreuzfahrtschiffen. Manche passieren in enger Dreierformation, sodass man meint, den Atem anhalten zu müssen, weil es manchmal sehr knapp zu werden scheint. »Das ist schon faszinierend«, sind sie überzeugt, »so hautnah erlebt man das sonst nicht.« Duisburg als größter Binnenhafen Europas sorgt hier für eine hohe Verkehrsdichte.

Gar romantisch wird es, als die Sonne voraus im Rhein versinkt und ihn geradezu vergoldet. Statt Industrie säumt jetzt dichter Wald die Ufer, in der Luft liegt würziger Heuduft. Über Nacht gluckert der Niederrhein einschläfernd an der Bordwand und bringt die Bellriva-Gäste im Schlaf ihrem ersten Ziel näher.

Kopje Koffie im Rotlichtviertel

Unsanfter Lautsprecher-Weckruf am nächsten Morgen um sieben Uhr dreißig: Andrea informiert die noch nicht ganz munteren Gäste – »Das hätte sie auch später machen können!«, grummeln die Freunde »not amused« – über die Hauptstadt der Niederlande, in der kurz darauf fußläufig nahe dem Hauptbahnhof festgemacht wird. Auch dass in einer Stunde die ersten Ausflüge starten. Peter und Uli indes lassen sich Zeit, auch wenn sie wissen, dass es Frühstück leider nur bis neun Uhr gibt. Sie wollen individuell losziehen. Doch Vorsicht vor den Fietsen, den Radfahrern der Hauptstadt! Deswegen rät Andrea auch davon ab, eins der bordeigenen Fahrräder auszuleihen: »Viel zu gefährlich, wenn Sie das Tempo nicht gewohnt sind!«

In wenigen Minuten sind die Freunde in der Altstadt und finden einen Coffeeshop mit Sonnenplätzen und Grachtaussicht. Mitten im Rotlichtviertel, ausgerechnet rings um die altehrwürdige Oude Kerk. Die Damen räkeln sich noch müde in ihren Schaufenstern, versuchen die beiden mit eindeutigen

Amsterdam

Typisch Amsterdam:
Käse, Grachten
und Fahrräder

Altstadt Impressionen

Gesten anzulocken. Auf Fotografierversuche reagieren sie mit wütenden Drohgebärden. Die beiden lachen und winken sichtlich amüsiert zurück.

Süßliche »Gras«-Schwaden wehen ihnen überall in die Nase, doch sie ziehen ein Kopje Koffie vor. »Aus dem Alter für dies und jenes sind wir längst raus«, meint Peter und schlürft genüßlich seinen Kaffee. »Ganz schön international«, findet Uli das bunte Gewimmel. »Amsterdamer Atmospähre eben. So fängt der Tag gut an!« Früher, erklärt er, wurde hier nicht nur gebetet, sondern auch deftig geprasst, »die verstanden zu leben!« Auch dies Kontraste, wie sie schärfer nicht sein können.

Geschichtskenntnisse vertiefen mit Überblick

Sie lassen sich durch die Gassen treiben, schauen hier und dort mal rein, bis sie sich zum Mittagsbüfett wieder an Bord einfinden. Wobei sie feststellen, wie gepflegt doch die BELLRIVA ist. »Alles glänzt«, streicht Segler Uli über die glatte weiße Farbe, »das Alter sieht man dem Mädel nun wirklich nicht an.« Sie sind auch einer Meinung, was ihre »schiffigen Formen« angeht: wie ein richtiges Schiff halt, mit hohem Steven und echter Brücke. Sie sei zwar kein Stern mehr am Flusskreuzfahrt-Himmel, aber immer noch ein »sympathischer Typ«, dazu nostalgisch-gemütlich, locker und familiär. »Was will man mehr?!«, reimt Peter dazu. Die übrigen zehn Kreuzfahrer im Hafen können da nicht mithalten. »Sie glänzen durch gestylte Formen, die letztlich alle gleich sind«, urteilt Uli fachmännisch.

Während Peter sich nach gebratenem Kabeljau, Salat, Eisdessert und einem Gläschen Weißwein zum »notwendigen Matratzenhorchdienst«, wie er sagt, aufs Ohr legt, macht sich Uli auf den Weg zum Schifffahrtsmuseum: »Ich muss unbedingt noch meine Geschichtskenntnisse vertiefen«, hat der Hobby-Historiker sich vorgenommen. Und ist begeistert von Architektur und Präsentation. Den Rundgang schließt er ab mit einem Besuch auf dem historischen Dreimaster AMSTERDAM, der vor der Haustür liegt. Genau wie um die Ecke das hochmoderne ozeanografische Forschungsschiff PELAGIA. Vom Nemo-Aquarium, wo Museumsschiffe an ihren Stegen dümpeln, fängt Uli die maritime Szenerie noch mit der Kamera ein, bevor er sich wieder auf den Weg zur BELLRIVA macht.

Um Mitternacht läuft sie aus und nimmt die Parade der nächtlichen Amsterdamer Lichterszene ab, bevor sie in den Amsterdam-Rijn-Kanal eindreht.

Glockenspiel, schiefe Häuser und Schiffe gucken

»Guten Morgen, Sonnenschein, weck mich auf und komm herein …!«, holt einen das Wecklied anfangs noch sanft, aber dann mit eindringlicher Lautstärkesteigerung aus tiefen Träumen. Kreuzfahrtleiterin Daniela meint es gut mit ihren Ausflüglern und

informiert unverdrossen: »Meine Damen und Herren, es ist jetzt sieben Uhr fünfundvierzig, und wir haben gerade in Dodrecht angelegt«. Nicht dass jetzt Schluss wäre: Während man sich aus den Federn müht, prasseln weitere Informationen auf die halbschlafenen Gäste ein: »Dordrecht liegt in der Provinz Südholland und zwanzig Kilometer südwestlich von Rotterdam. Um sie herum teilt sich der Rheinarm Benedem Merwede in den Kanal Noord, die Oude Maas und den Dordtsche Kil. Das Flüsse-Eck im Norden der Insel Dodrecht ist nicht nur der am meisten befahrene Wasserweg der Niederlande, sondern auch der am stärksten benutzte Flussschnittpunkt Europas.« Meint Uli beim Frühstück: »Wozu das um diese Zeit, das haben wir doch schon alles gelesen!« Peter bewegt ein anderes Erlebnis: »Als ich den Vorhang aufgeschoben habe und ein Auto sah, dachte ich erst, der will uns überholen, wusste aber nicht, dass wir schon an der Pier lagen.«

Bei schönstem Sonnenwetter marschieren die beiden los. Mit dem Stadtplan in der Hand steuern sie erst mal die die Grote Kerk an, den spätgotischen Dom und herausragendes Baudenkmal der mittelalterlichen Stadt. Um zehn Uhr gibt es das nächste Konzert: vom schiefen Turm der Kirche mit ihrem Spiel von 67 Glocken. »Wem die Stunde schlägt ...«, kommentiert Uli, als er in die Voorstraat mit den ersten nach vorne fallenden Giebelhäusern einbiegt, die für Dordrecht typisch sind. Parallel dazu verläuft die Wijnstraat. Beide sind durch kleine Brücken miteinander verbunden: die »waterrondje mit gezellig winkelen«, wie es auf Holländisch heißt und auch danach klingt – gemütlich eben. Irgendwann stoßen sie auf das imposante Groothofdspoort, Dordrechts wichtigstes Stadttor. Dahinter weitet sich der Blick auf den Schnittpunkt der drei Flüsse. Die Gaststätte lädt zum Kopje Koffie und zum Schiffegucken ein: respektable Frachter mit bis zu 7.000 Tonnen und Schubverbände mit 18.000 Tonnen Erz in sechs Bargen. Die bringen es glattweg auf Seeschifflänge von 270 Metern wie die HERKULES II, mit über 6.000 PS stärkster Schubschlepper auf dem Rhein.

Ulis und Peters Rückweg führt durch das unverändert malerische Hafenviertel mit seinen Packhäusern, Kaufmannswohnungen und Kais, an denen zahlreiche Museumsschiffe

Historische Schiffe im Wolwershaven in Dodrecht

Eine Klappbrücke verbindet die beiden Hafenseiten

liegen. Sogar – zu beider Begeisterung – noch einige betriebsfähige Dampfer sind darunter, zu denen man von Besatzungsmitgliedern erstaunliche Geschichten hört.

Natur- und Schleusentheater getoppt von einem »Kessel Buntes«

Zur Mittagszeit – »wie jede Mahlzeit von Chef Holger Friedemann aus Brandenburg ein kulinarischer Genuss«, so Hobbykoch Peters Urteil – werden die Leinen wieder losgeworfen. Daniela unterhält ab jetzt wieder ihre Gäste über Lautsprecher: »Sie sehen jetzt auf der rechten Seite …, und schauen Sie mal links herüber …« Bald gibt es außer Natur satt – Inseln, Wiesen, Felder und Wälder – nichts mehr »Aufregendes« anzusehen, sodass der Lautsprecher stumm bleibt. Peter genießt das grüne Panorama: »Hier wird man zur Ruhe gezwungen, das ist echte Entschleunigung.«

Bis die erste Schleuse mit Riesenausmaßen von 320 Meter Länge und 24 Meter Breite alle an Deck treibt. »Des kennt mer net«, staunt ein Schwabe über das Technik-Theater, als sich BELLRIVA mit mehreren Frachtern in eine von zwei Kammern schiebt. »Hier wird das Süßwasser vom Salzwasser getrennt«, hören sie von Daniela und können das nicht fassen. Die nächste Schleuse kann sogar mit drei Riesenschleusentrögen aufwarten. Aus dem Staunen kommen sie nicht heraus, als ihre BELLRIVA gegen Abend eine Stunde lang durch den Antwerpener Hafen, den größten Belgiens, fährt. Wobei sie die Köpfe recken müssen hinauf zu den Riesenpötten, an denen das dagegen winzige Flusskreuzfahrtschiff vorüberschleicht: Tankern, Containerschiffen, Autotransportern. »Auf dieser Reise wird einem ja viel mehr geboten«, ist Peter ganz angetan, »als die Prospektinformationen hergeben, das müsste ganz anders beworben werden.«

Nach einem schiffsengen Brückenmanöver, das die Fahrkünste des Kapitäns herausfordert, legt MS BELLRIVA auch wieder mitten in der Stadt an im Hafenbecken des Kattendijkdoks direkt vor der Londenbrug, von

Der Hafen von Antwerpen

Hochhäusern flankiert und fußläufig günstig in Zentrumsnähe.

Höhepunkt des Tages: die authentische und lebendige Crewshow »Ein Kessel Buntes« mit einem Feuerwerk an bühnenreifen Nummern und Lachsalven. »Hier schlummern Talente«, findet der sonst so kritische Uli und geizt nicht mit Beifall. Auch Wolfgang Lippert, einst Moderator der großen DDR-Fernsehshow, hätte hier seinen Spaß gehabt.

Antwerpener Impressionen zwischen Geschichte und Kultur

Die geschichtsträchtige und in zwei Weltkriegen gebeutelte Rubensstadt steht am nächsten Vormittag auf dem Programm. Die fröhliche Schwabengruppe mit Schuljubiläum entschließt sich zu einer geführten Stadtbesichtigung: »Antwerpe kennet mer noch net und wolle mehr wisse fürsch näkschte Mol.« Uli und Peter indes, längere Zeit beruflich hier aktiv gewesen, wandeln auf vertrauten Pfaden, »um schöne Erinnerungen aufzufrischen«. Um den Großen Markt herum, dem Herz der Millionenstadt, führen ihre verschlungenen Wege: vorüber an schönen Gildehäusern aus dem 16. und 17. Jahrhundert um das Rathaus herum,

88

PETRO PAULO
RUBENS
CIVI OLIM SUO

das aus dem 15. Jahrhundert stammt und als gelungene Kombination aus flämischem Baustil und italienischer Renaissance gilt. Auf dem Großen Markt werden skurrile Antiquitäten feilgeboten. In seiner Mitte das Standbild des handwerfenden Brabos. »Der Legende nach«, weiß Uli, »hat Brabo einst einem fürchterlichen Riesen die Hand abgehackt und sie über die Schelde geworfen. Aus diesem Vorfall soll sich der Name ›Antwerpen‹ ableiten.«

Liebfrauen-Kathedrale im historischen Zentrum

Gildehäuser am Großen Markt

Stadtburg und Schifffahrts-museum Het Steen

Wahrzeichen der Stadt ist jedoch die Lieb-frauen-Kathedrale, größte gotische Kirche Belgiens mit ihrem filigranen, weißen Turm. Peter, Hobbymaler, kennt sich auf dem Gebiet aus: »Antwerpen ist eine der üppigsten Kunststädte Europas. Unbedingt sehen müssen wir das Rubens-Haus.« An diesem letzten Mittwoch des Monats ist in allen Museen Belgiens freier Eintritt, sodass die Entscheidung nicht schwerfällt. Die Bilder, die beide aus zig Veröffentlichungen kennen, können sie hier im Original sehen. Beide sind tief fasziniert von der »unglaublich präzisen, realistischen und lebensnahen Darstellungsweise« des barocken Malerfürsten Peter Paul Rubens.

Der Marktplatz von Nijmwegen mit detailreichen Fassaden und Stadtwaage

Ein Souvenirtipp: belgische Pralinen. Die Firma Leonidas gilt hier als das berühmteste Haus, in dem man die köstlichen »Weißen mit cremiger Kaffee-Füllung« unbedingt probieren und einkaufen sollte.

Beiden gefällt die ruhige Atmosphäre der sauberen Stadt. »Ganz anders als Amsterdam«, meint Uli, den es auch ins Schifffahrtsmuseum am Scheldeufer zieht. Die Geschichte der Stadt, besonders die Zeit der für sie und ihre Bewohner verheerenden Weltkriege, hat er seinem Freund Peter schon im modernen Museum aan de Stroom, dem monumentalen Sandsteinblock zwischen Willem- und Bonapartedok, nähergebracht. Wobei sie auch per Rolltreppe aufs Dach gefahren sind, um die Stadt auch mal von oben zu sehen.

Die zweite Hafenrundfahrt wird zum Gala-Abendessen serviert, das von der obligaten Eisbomben-Parade gekrönt wird. Mit lebhaftem Beifall für die rührige Küchencrew, die für zufriedene Gäste gesorgt hat.

Nijmwegen am Waal, ein historisches Juwel

»Nijmwegen fest 9.15 Uhr«, notiert Kapitän Thomas Topf im Schiffstagebuch am vorletzten Morgen. Eine leichte Verspätung dank Wartezeiten vor den Schleusen. »Die Ausflüge finden planmäßig statt«, informiert Daniela.

Nach dem Frühstück machen sich die beiden Freunde wieder auf zur Stadterkundung individuell. Die älteste Stadt der Niederlande, deren Anfänge auf Kelten, Römer und Brabanter zurückgehen, ist überschaubar, sodass sie sich bis zum Mittagsbüfett Zeit lassen können. »Die Stadt«, weiß Uli natürlich, »liegt stategisch gut geschützt auf Moränenhügeln und somit vor Hochwasser geschützt.« Für die Karolinger war sie kaiserliche Residenz, die Spanier herrschten hier vier Jahre, bis Maurits von Oranien Nijmwegen 1591 zurückeroberte. Sogar Hansestadt war sie. Eine überaus bunte Geschichte.

»Am Hauptplatz Grote Markt kann man gut nachvollziehen«, so Hobbyhistoriker Uli, »wie die Altstadt vor 1944 mal ausgesehen haben muss.« Kurz vor Ende des Zweiten Weltkriegs fand hier die größte Luftlandeoperation der Alliierten statt, bevor deutsche Kampfschwimmer die berühmte Brücke über den Waal in die Luft sprengen konnten. Die Kämpfe rissen schmerzliche Wunden ins frühmittelalterliche Stadtbild.

Gefallen hat Peter das ehemalige Gebäude der Stadtwaage, die »Waag« mit ihrem stufenförmigen Giebel, und die gewölbte Passage zum »Kerkboog« an der »Grote Kerk« St. Stevens. Vom Aussichtsturm »Belvedere« bei den Ruinen des Valkhof-Palastes aus dem 16. Jahrhundert, wo schon Karl der Große residierte, haben sie den Blick über Fluss, Stadt und Schiff schweifen lassen.

Ein Gast ist sogar zur »Rheintaufe« in den Waal gestiegen. »Wetter, feiner weißer Sandstrand und das wieder saubere Wasser haben mich dazu animiert«, sagt er und steigt erfrischt vom Bordfahrrad.

Positives Feedback für die »good old Lady«

»Noch eine Nacht müssen Sie mit mir schlafen«, scherzt Hotelmanager Andreas, »dann sind Sie mich los.« Mit seinem sächsischen Humor wirbt er für »Wiederholungstäter«, denen Reise, Schiff, Crew und Service gefallen haben. Mit seinen Einführungsworten hat er recht behalten. Beim Galadinner am Abend zuvor – Kleidungsvorschlag »leichte Eleganz«, aber sympathischerweise ohne Schlips und Kragen – bekommt er reichlich Beifall, was als positives Feedback und somit Zustimmung gewertet werden darf. Wozu auch das Super-Wetter beigetragen hat, aber »wenn Engel reisen«, hört man überall höchst zufrieden. Vielleicht hat auch Daniela mit ihrem täglichen »Morgengebet an die Sonne« dazu beigetragen.

900 Kilometer zeigt der »Schiffstacho« in Köln am Ende der intensiven »Glanzlichter«-Reise.

Infos

MS Bellriva; Baujahr: 1971 als Italia für die Köln-Düsseldorfer Reederei KD; Werften: Braun/Speyer, Millingen; Modernisierung: 1993/94, u. a. Voith-Schneider- auf Schottel-Antrieb; Länge: 104,6 m; Breite: 11,52 m; Tiefgang: 1,60 m; Tonnage: 1.240 t; 2 Hauptmotoren Mitsubishi/Volvo D34 AMS; Leistung: 1268 PS; Verbrauch (Marine-Diesel): 120 l/h; 3 Generatoren Volvo Tamp 122A; Geschwindigkeit (max.): 25 km/h; Crew: 42; Passagiere ((max.): 192; Kabinen: 92; Reederei: Nijmwegen Cruiseline b.v.; Flagge: Niederlande; Heimathafen: Heersch ZH, Niederlande

Kapitän Thomas Topf (42): Ehemaliger Spediteur aus Leipzig (mit jetzigem Wohnsitz in Neu-Mukran auf Rügen) hat sich, inspiriert von der DDR-Fernsehserie »Zur See«, einen Jugendtraum erfüllt und ist – dank guter Vorbilder – aus Berufung Kapitän geworden nach dem Motto: Führen können heißt Teamspieler sein; 2002 als Matrose in der Binnenschifffahrt angefangen, 2007 als Steuermann ohne Patent auf der Bellriva eingestiegen, 2009 Patent, 2010 2. Kapitän und 2013 1. Kapitän

Buchung: www.1vista.de
Empfehlenswerte *Lektüre* vor Reiseantritt ist das Bellriva-Schiffsporträt von Hagen Mesters in www.seereisenmagazin.de

»Ich hab schon viele Flussreisen gemacht«, bilanziert Geschäftsmann Peter, »aber diese hier war Spitze, genau wie das Preis-Leistungs-Verhältnis!«

Als sich die Freunde verabschieden, können sie sich – »vom Flussfieber gepackt« – vorstellen, »das nächste Treffen wieder irgendwo an Bord zu feiern – zum Beispiel auf einem richtigen Schiff, das noch Charme und Seele hat«, meint Peter, und Uli, seelenverwandt, hilft ihm auf die Sprünge: »Wie unsere good old Lady Bellriva eben.«

TITANIC des Rheins

Eine ganz andere Welt: bärenstarkes Schubschiff HERKULES II

Zwölf Stunden hin, 36 Stunden zurück und das 365 Tage im Jahr bei Wind und Wetter. Täglich befahren die Schiffe der Reederei Imperial den Rhein zwischen Rotterdam und Duisburg, eine echte Herkulesaufgabe. Ich habe mir damit einen Traum erfüllt.

Die Schubboot-Crew auch, jeder auf seine Weise. Obwohl die Arbeitsbedingungen kein Zuckerschlecken sind: 14 Tage bleiben sie an Bord, wobei auch mal, gelinde gesagt, die Nächte kürzer werden können – je nachdem, wann geladen oder gelöscht werden muss. »Aber das ist eben in der Schifffahrt nun mal so«, zuckt Matrose Kai die Schultern. Im Winter, wenn die Drähte vereisen oder auch brechen können und es überall glatt ist, wird es richtig hart und auch nicht ungefährlich. »Da brauchst du keine Mucki-Bude«, lächelt er, »das hier ist Training pur und gratis.« Ob sich in dem schweren Beruf auch schon mal Frauen versucht hätten? »Nee«,

MS HERKULES II auf dem Niederrhein

meint Christoph, »das is nix für die, allein schon wegen der schweren Stahldrähte.« Mit denen werden, auch wenn sie eisüberkrustet sind, die Bargen nach einem scheinbar komplizierten System gekoppelt und dann durch Winden per Hand und elektrisch festgezurrt. »Unterwegs«, erklärt Kai, »müssen sie immer wieder nachgespannt werden«.

Reiner Männerladen mit Perspektive

Neben dem Decksdienst bekocht Matrose Kai auch gern seine Kollegen, die von seinen Künsten am Herd in der engen Kombüse voll überzeugt sind: »Was der Kai da

zaubert – Hut ab!« Am vergangenen Sonntag gab's zum Beispiel Rouladen mit Klößen »nach Art von Oma«, davor gefüllte Paprika. »Wir sind ein reiner Männerladen«, grinst Nils, »da muss jeder fast alles können.« Ob es so was wie einen Essensfahrplan gebe? »Nö«, meint Kai, »man sieht im Proviantraum nach und überlegt sich was«, lautet seine simple Antwort.

Gelernt hat der gebürtige Neustrelitzer mit Wohnsitz auf der idyllischen Ostsee-Insel Hiddensee sein Binnenschiffer-Handwerk heimatnah: auf den Mecklenburgischen Seen bei der Weißen Flotte in Mirow. »Aber ich wollte dann doch mal raus und was anderes sehen«, bekennt er, »denn ich möchte ja auch noch weiterkommen.« Nächstes Ziel des ehrgeizigen jungen Mannes: Kapitän.

Apropos: Für den seit 45 Jahren Rhein- und Schubboot-erfahrenen HERKULES-II-Kapitän Hans Riesch, gebürtig aus dem brandenburgischen Pritzwalk, ist »das Schlimmste die Nebelfahrt«: trotz Radar, River-Pilot, Haupt- und Flankenrudertechnik sowie Bugruder-anlage der Schubleichter. Bis man sich an die »undurchdringliche Suppe gewöhnt hat, kann es in bestimmten Situationen schon zu spät sein«. Vorausschauend fahren zu können, »das ist hier ein absolutes Muss«, erklärt Riesch. Gerade drückt er die Maschinentelegrafen zurück, um einem von achtern heranpreschenden 6.000-Tonnen-Freifahrer kollegial das gefahrlose Überholen ohne Ansaugeffekt zu ermöglichen. »Aber es gibt auch Rowdys unter den Kollegen«, kritisiert Riesch, »die haben keine Zeit und reduzieren ihr Tempo nicht. Da krachen die Drähte, und diese Jagerei kann dann ins Auge gehen.«

Fast gleichzeitig konzentriert er sich schon auf die Ansteuerung der nächsten Flussschleife. Problematisch sei außerdem der niedrige Pegelstand von 2,60 Metern bei 2,40 Meter Ladetiefgang. Im Mannesmann-Stahlwerkhafen Duisburg-Schwelgern müssen die beiden Bargen mit Koks – eine Gesamtpartie von 40.000 Tonnen für Brasilien – sogar um etliche Tonnen geleichtert werden. Kapitän Riesch bespricht sich mit Steuermann Ricardo: kein Risiko!

Schwingungsfrei zur Nordsee

Um 1.30 Uhr ist es schließlich soweit. Die Hafenschuber haben den Konvoi aus sechs gekoppelten Leichtern – jeweils drei nebeneinander – zusammengestellt. HERKULES II schiebt sich von hinten heran und wird verdrahtet, sodass Steuermann Ricardo, mit ihm auf Wache ist Matrose Steve aus Duisburg, problemlos mit Bug voraus die Ausfahrt zum Rhein ansteuern kann. Zurück bleibt die von Tausenden Lampen angestrahlte rostrote Industriekulisse, über der Dampfschwaden in den Nachthimmel quellen. Ein gespenstisches Bild, zumal man nirgends auch nur einen Menschen sieht.

Jetzt endlich ist Feierabend für den Rest der Crew. Die Aufbauten sind schwingungsfrei auf Gummisockeln gelagert, was Erschütterungen durch die drei Diesel verringert. So findet jeder ein paar Stunden Nachtruhe.

Mit Erz beladene Leichter

Koppeldrähte halten die Leichter zusammen

Harte Arbeit an Bord beim Zusammenkoppeln der Bargen

Mit 18 Kilometern pro Stunde rauscht der 35 Meter breite Talzug Rotterdam entgegen. 220 Kilometer in 17 Stunden. Bis man Salzluft schnuppert. Im Dintelhaven schwimmt HERKULES II dann im Nordsee-Wasser und manövriert seine Leichter in die Parkposition. Mit lautem Poltern rauschen ihre Bug- und Heckanker in die aufschäumende trübe Brühe. Das Hafenbecken ist von Erz- und Kohlebergen umzingelt, über die Schonsteine von gigantischen Bulkcarriern ragen. Ihre Erzfracht mit bis zu 330.000 Tonnen wie von der PEENE ORE, dem größten deutschen Schiff, karren sie überwiegend aus Brasilien und Südafrika heran.

Ein Riese überragt schließlich alles: das holländische Kranschiff THIALF, größtes seiner Art mit 14.000 Tonnen Hebefähigkeit für den Offshore-Einsatz, schiebt mit Nordsee-Kurs vorbei. HERKULES II wirkt dagegen wie ein Zwerg. Der wächst aber im Dintelhaven auf immerhin 270 Meter Länge, 23 Meter Breite mit rund 10.000 Tonnen Erz und Kohle an. In nur zwei Stunden hat der bullige Hafenschuber den Bergzug zusammengestellt: sechs Bargen zu je zwei gekoppelt. »In jeder liegen normalerweise 2.600 Tonnen, aber jetzt sind's 1.000 weniger«, bedauert Kapitän Riesch, »der Pegel erlaubt nicht mehr.«

Der kleine Schuber-Kollege wird um Unterstützung gebeten, »wenn der nicht seitlich drücken würde«, ist Riesch froh, »kämen wir mit unserem Geschleuder nicht um die Ecke«. 28 Stunden mit 7,5 bis acht Kilometern pro Stunde, vorbei an wenig anziehenden

Industrieanlagen, gemütlichen Orten, einsamen weißen Stränden, auf denen sich auch Kühe und Pferde tummeln. »Schön war mal das Silvesterfeuerwerk in Dordrecht«, erinnert sich Riesch, »und wir haben mit alkoholfreiem Sekt angestoßen.«

Versorgung – alles im Fluss

6.000 PS leisten die Maschinen, die der fröhliche Elsässer Christoph betreut: »Die drei Deutz-Diesel laufen schon seit der Indienststellung 1982, und zwar einwandfrei. Verbrauch: 20.000 Liter pro Reise, 400 bis 500 pro Stunde.« Und er hat Spaß an seinem Job, »sonst wär das hier die Hölle«, lacht er und bereitet sich vor auf die Übernahme von 45 Tonnen Treibstoff. Der kommt mit einem Bunkerboot alle zwei Reisen längsseits, was »unsere schwimmende Tankstelle ist, denn das spart Zeit«. Anlegen kann man mit dem Riesenteil ohnehin nicht, also muss alles »im Fluss«, mithin während der Fahrt passieren. Auch die Proviantübernahme aus der Fähre RHEINFELS. Der Schiffsführer hat Verständnis für seine Ex-Imperial-Kollegen und kommt auf Seite, an Deck einen Lkw mit Lebensmitteln und Getränken: die Menage. »Wir machen Unmögliches möglich«, lautet sein Motto.

Alle packen zu, sodass das Geschäft in wenigen Minuten erledigt ist und der Fährmann seine Flussquerung und der HERKULES-II-Schubverband ihre Fahrt fortsetzen können. Für die übersetzenden Pkw-Fahrer eine willkommene Abwechslung mit Foto-Gelegenheit.

Für den Sonnenuntergang, der den Fluss und die brodelnde Hecksee geradezu vergoldet, hat niemand ein Auge, geschweige denn ein »romantisches Gefühl«. Die große Deutschland-Flagge, extra zur Fußball-Weltmeisterschaft zwischen den Abgaspfosten gesetzt, wedelt dazu träge im Abendwind.

Gemeinsam mit ihrer Schwester Nummer XVI ist Nummer II das stärkste Schubboot auf dem Rhein mit Abmessungen wie bei einem respektablen Seeschiff. »Mächtig gewaltig!«, wie Egon Olsen von der gleichnamigen Bande zu sagen pflegte. Nicht ohne Stolz nennen die sieben Männer »ihren Dampfer« auch »TITANIC des Rheins«. »Dass ich mal deren Kapitän werden würde«, schmunzelt Hans Riesch, schon lange in einem kleinen Westerwald-Dorf zu Hause, »hätte ich mir nicht träumen lassen.« Sein Jugendtraum indes war es, zur See zu fahren, »aber hier ist neben Navigation auch Fahrkunst gefordert, das hat mich gereizt«. Was man ihm ohne Weiteres abnimmt, wenn man ihn am Fahrpult beobachtet. Den Joystick bewegt er geradezu spielerisch mit leichter Hand und seine »Rhein-Titanic« folgt ihm willig. Wobei ihm immer noch ein lockerer Spruch über die Lippen kommt: »Einmal fuhr eine Rollator-Omi neben uns her und war immer noch schneller als wir mit unseren sieben Kilometern Bergfahrt.«

Arbeitsfamilie und ab nach Hause!

Schiff und Crew sind nur ein Steinchen im Mosaik der Imperial Shipping Holding, die zur südafrikanischen Imperial-Gruppe gehört, einem weltweit tätigen Logistik-Konzern mit über 51.000 Angestellten. Allein auf europäischen Binnengewässern bewegen die Imperial-Schiffe jährlich über 60 Millionen Tonnen Fracht. In Duisburg beliefert die Reederei unter anderem die Hüttenwerke Krupp Mannesmann mit Erzen und Koks vom Seehafen Rotterdam.

Dass aber Kohle aus Brasilien und Südafrika ins Ruhrgebiet verschifft wird oder Koks von Duisburg nach Brasilien, ist für den Laien schon verwunderlich, während der Fachmann sagt: »Die Ladung sucht sich ihren Weg.« Will sagen: Der Preis ist entscheidend, wie (fast) alles im Leben. Die HERKULES-II-Männer wundert das nicht.

Nach 14 Tagen ist Freischicht. Dann gibt's nur noch eins für die Schubboot-Fahrer – auf dem Rhein wird das Riesenteil trotz allem »Boot« genannt: ab nach Hause. Das haben sie zwischen Hiddensee, Duisburg und Straßburg. »Sich an den Landrhythmus zu gewöhnen«, meint Nils, »das dauert immer ein paar Tage, aber dann muss man auch schon wieder los.«

Irgendwie sind sie, die sich über Jahre kennen und ein eingespieltes Team »ohne viele Worte« bilden, schon so eine Art »Arbeitsfamilie«. Sie fühlen sich an Bord der bärenstarken HERKULES II fast schon wie zu Hause. So jedenfalls sehen es die Steuerleute Ricardo aus Freiberg bei Dresden und Denis aus Duisburg. Für beide Binnenschiffer eine Herausforderung. Aber mit den Partikulieren, die zum Wochenende an Land festgemacht haben, möchten sie nicht tauschen: »Die sind immer an Bord, während wir alle zwei Wochen zu Hause abschalten können.« Unterm Strich heißt das: ein halbes Jahr harte, aber gut bezahlte Arbeit an Bord – »immer mit Landkontakt und ohne Seegang«, so Denis zufrieden – und ein halbes Jahr an Land. Damit können sich die HERKULES-II-Crew und ihre Familien arrangieren.

Infos

MS HERKULES II; Baujahr: 1982; Bauwerft: De Biesbosch, Dordrecht/ Niederlande; Ex-Name: ALBERT AUBERGER (Compagnie National Fluvial, Strasbourg); Hauptmaschinen: 3 x Deutz, 3 Schrauben, KW/ PS: 4.410/5.997; Geschwindigkeit (max.) zu Berg: 8 km/h, zu Tal (max.) 18 km/h; Länge: 40 m; Breite: 13 m; Tiefgang: 1,90 m; Bergfahrt (28–35 Std.): 6 Leichter; Schubtonnage (max.): 17.500 t (Schubverband-Gesamtlänge 270 m, 23 m breit), Talfahrt: je 3 Leichter im Päckchen, Gesamtlänge 190 m, 35 m breit (normalerweise leer, Fahrtzeit 12–15 Std.); Ladung: Erz, Kohle; Besatzung: 7; Schichtbetrieb: je zwei Mann 6 Stunden, 14 Dienst an Bord, danach 14 Tage Freizeit; Aufbauten schwingungsfrei auf Gummisockeln gelagert; Flagge: Deutschland; Heimathafen: Duisburg

Von der Schlepp- zur Schubschifffahrt

Bis 1957 wurde die Binnenschifffahrt auf dem Rhein noch von der Schleppschifffahrt bewältigt. Mit sechs Schleppkähnen erreichte ein Verband eine Länge bis zu 1,5 Kilometern mit einer Ladungsmenge von rund 6.000 Tonnen. Damit waren die zunehmenden Transportmengen nicht mehr zu bewältigen. Gefordert wurden starre Leichterverbände nach US-Vorbild. Schon 1931 startete der Bayerische Lloyd einen Versuch auf der Donau mit dem Stoß- und Schubboot UHU. Auf dem Rhein war die französische Reederei CGNR 1957 Vorreiter mit einem zum Schubboot umgebauten Schlepper, der mit seinem Verband von Straßburg nach Rotterdam fuhr. Heute fahren Schubboote mit bis zu 17.500 Tonen Ladung (je nach Pegel) regelmäßig auf dem Rhein.

Flüsse-Glück zwischen Donau und Main

Fasziniert vom Wasser und seinen vielfältigen Möglichkeiten

Es ist weit von der Ostseeküste an die österreichische Grenze. Zumindest für ein Schiff. Das in Stralsund gebaute Flusskreuzfahrtschiff MS TUI ALLEGRA hat das erfahren.

Regensburg – die deutsche Donau-Metropole

Langsam gleitet das rote Kajak an ihrer himmelblauen Flanke entlang: ein Zwerg neben einem Riesen. Zumindest aus der wasseroberflächennahen Froschperspektive kommt einem das so vor. Mit ihrem hohen Steven und einer respektablen Seeschiffslänge von 135 Metern allemal. Dabei ist das MS TUI ALLEGRA eigentlich nur für die Binnenfahrt gedacht. Nach einem freundschaftlichen Klaps vom Autor hat sie sich, besonders ausgerüstet und mit Sondergenehmigung, bei ruhigem Wetter auf den Weg gemacht: rund um Rügen durch die Ostsee, den Nord-Ostsee-Kanal, quer über die Nordsee und schließlich den Rhein aufwärts. Am 14. April wurde sie dann in Frankfurt am Main von Stephanie Pauly offiziell auf ihren Namen getauft.

Kein Ausflugsschiff

Der Champagner ist längst abgewaschen. Jetzt gibt es – mit »Grüß Gott!« – ein Wiedersehen Ende Mai in Passau! TUI ALLEGRA ist klar zum Ablegen. »Wir sind kein Ausflugsschiff«, versucht eine uniformierte junge Dame den mit nur wenig Gepäck beladenen Autor am Eingang abzuwimmeln, »die Fahrt dauert eine Woche!« Genau das sei's aber, weswegen man die Elf-Stunden-ICE-Fahrt auf sich genommen habe. Rezeptionschefin Nicole Leipold klärt schließlich die Lage: »Herzlichen willkommen an Bord!« Die Situation ist gerettet und es wird gelacht über diesen witzigen Beginn der Premieren-Kreuzfahrt donauaufwärts nach Frankfurt am Main. Punkt 19 Uhr: Leinen los! Passaus Altstadt gleitet an Backbord vorüber. Aber auch Erinnerungen, die dabei wach werden. Blick zurück: Sommerferien 1964. Schon damals zog es mich auf die Donau.

Flussglück einst und jetzt

Doch da gab es weder Kreuzfahrtschiffe auf dem 2.800 Kilometer langen Fluss – heute sind es über 100! –, noch hatte ich Geld. Aber zumindest eine Idee: warum nicht als Decksmann anmustern? Die Reederei Bayerischer Lloyd erkannte den Drang und stellte mich ein – als »Kahnmatrose«, wie das hieß. Mit einem antriebslosen Leichter ging es, im Viererverband und von einem Schlepper gezogen, bis nach Jugoslawien zum Bauxitladen. Mit »Flüsseglück«, wie das Motto der aktuellen Reise lautet, hatte das nur bedingt zu tun. Tag und Nacht wurde gefahren, wobei ich, abwechselnd mit dem donauschwäbischen Schiffer, die Haspel, das riesige Steuerrad, drehen musste. Geschlafen wurde in einer winzigen, dunklen Kammer unter der Back auf einem Strohsack. Wasser zum Kochen, Waschen und Spülen holte man sich per Pütz aus dem Fluss (der war noch sauber), gekocht wurde selbst, und zwar auf einem kleinen Kohleherd. Licht spendete eine Petroleumfunzel. Das war Binnenschifffahrt wie im Schwarz-Weiß-Vorkriegsfilm, aber ein paar Tausend Kilometer Donau-Erfahrung wert. Südosteuropa – in den Köpfen meiner Klassenkameraden ein Buch mit sieben Siegeln.

Balkon für die Zehenspitzen

Heute möchte ich mir den nordwestlichen schiffbaren »Rest« der Donau zu Gemüte führen, allerdings unter gänzlich anderen Umständen als damals – mit einer strahlenden und glänzenden TUI ALLEGRA. Ihr modernes, helles, freundliches Interieur ist absolut einladend. Von wegen ein zentimetergroßes Bullauge und stickige Luft in einer dunklen Höhle! Die helle Kabine bietet »Wasserblick total« durch zwei Panorama-Fenstertüren, auch »french balcony« genannt: zwar kein richtiger Balkon, nur einer für die Zehenspitzen, meint der Tischnachbar schmunzelnd. Aber man kann die Kabine quasi dazu umfunktionieren, indem man die Scheiben weit aufschiebt. Sogar das geräumige Bad hat Tageslicht. Bad, Dusche, Toilette – an so einen »überflüssigen Luxus« wagte 1964 niemand zu denken. Wozu war denn der Fluss da?!

Die »Zehenspitzen«-Bemerkung greift ein anderer Tischgenosse auf und glaubt zu wissen, dass die TUI ALLEGRA »schon vor Jahren untergegangen« sei, und provoziert damit Protest. Gemeint hat er die BOLERO, die gerade an Backbord passiert wird. Der Name klinge doch so ähnlich, entschuldigt er sich und gibt klein bei, denn »so wie das hier alles aussieht – einfach viel zu neu!«

Menschlich-technisches Theater

Das zeigt sich auch bei der Crew-Vorstellung nach dem Gala-Begrüßungs-Abendessen (mit kross gebratenem Ostsee-Zander) in der Lounge. Kreuzfahrtdirektorin Gabriella Kiel kämpft mit der brandneuen Technik

Im Mai 2011 auf der Stralsunder Volkswerft

oder die mit ihr. Die Musik hakt, das Mikro setzt aus, aber alle geben ihr Bestes. Und – Hauptsache! – die Gäste sind entzückt. Menschlich-technische Pannen, den einen Leid, den anderen Freud. Erleichterung bei den internationalen ALLEGRA-Mitarbeitern, darunter einige aus Mecklenburg-Vorpommern, dem Heimatland der TUI ALLEGRA. Einige Gäste bitten sogar ernsthaft um eine weitere ähnliche Show. Die kommt bald: mit der Einfahrt in die nächste Schleuse. Alle Rang-Plätze auf dem Vorschiff – das Oberdeck ist wegen zu niedriger Brücken gesperrt – sind komplett belegt, besonders die unter der Heizsonne, denn es ist kühl. Da könnte man sich glatt für einen Saunagang erwärmen. Mit Livefilm ins Grüne hinterm Riesenbullauge. Anschließend kann man sich im Whirlpool »anblubbern« lassen und dabei herrlich entspannen.

Behutsam fädelt der Kapitän seinen »Dampfer« in die schiffsenge Kammer ein. Dass dabei auch mal leicht die Schleusenwände touchiert werden und Gläser ins Schwanken geraten, ist normal.

Doch danach herrscht Ruhe im Schiff, nur der mächtige Strom gluckert seine Fans in den Schlaf und einen neuen Urlaubstag entgegen. Da kann man nur träumen von einer »inspirierenden Zeit auf dem Wasser«, wie es die Kreuzfahrtdirektorin in ihrem Begrüßungsschreiben formuliert, und dass man mit jedem Flusskilometer mehr Abstand von der Hektik des Alltags gewinnen möge. Wenn »malerische Dörfer« erlebt werden, »pulsierende Metropolen, mittelalterliche Burgen und Landschaften« fast in einer ganz eigenen, naturgegebenen Geschwindigkeit mit der Strömung des Wassers vorbeiziehen.

Walhalla-Ameisen blicken herab

Nach dem Frühstück kündigt Gabriella Kiel das erste wirkliche Highlight des Tages an: Walhalla, ein deutsches Symbol. Hoch oben auf einem Berg thront der weithin sichtbare Marmortempel, dem Athener Parthenon-Tempel nachempfunden. König Ludwig I. ließ die legendäre Ruhmeshalle im 19. Jahrhundert errichten. Nach wie vor ist sie so etwas wie ein Wallfahrtsort, um 128 Büsten von Persönlichkeiten der deutschen und europäischen Geschichte zu bestaunen. Ameisenklein wimmeln Menschen um den Tempel herum und schauen von oben herab auf die kleine TUI ALLEGRA.

Voraus die zwei mächtigen grauen Türme des St.-Peter-Doms; an Backbord ein künstlicher Sandstrand. »Willkommen in Regensburg, dem größten Schifffahrtshafen Bayerns!«, begrüßt ein Schild in Riesenlettern die Kreuzfahrer. Noch vor einer Stunde haben sie die Walhalla bestaunt, jetzt liegt ihnen Regensburg zu Füßen, der nördlichste Punkt der Donau. »Die Stadt in der Oberpfalz«, doziert Gabriella Kiel mit sanfter Stimme, »hat eine klassische Pfortenlage an einer Übergangsstelle zwischen topografischer Enge und Weite. Die Donau verlässt hier das Hügel- und Bergland und fließt in die Gäuboden-Ebene.«

Eine *Schiffsschleuse* muss bei jeder Bergschleusung komplett mit Wasser gefüllt und bei jeder Talschleusung wieder entleert werden. Normalerweise wird das benötigte Wasser aus dem Oberwasser entnommen und läuft anschließend ins Unterwasser ab. Bei Schleusung an Flüssen, bei denen das fließende Gewässer selber für ständigen Nachschub an Wasser sorgt, ist dies kein Problem. Will man aber beispielsweise mit einem Kanal (Main-Donau) einen Höhenzug überwinden (Fränkischer Jura), an dessen Scheitelpunkt keine oder nur geringe Zuflüsse existieren, dann sind spezielle Maßnahmen nötig, da sich sonst der Kanal nach und nach entleeren würde. Dazu gehört die »Sparschleuse«. Neben der Schleusenkammer befinden sich zusätzliche offene Wasserbecken, die in der Höhe gestaffelt sind. Bei einer Talschleusung werden – nach dem physikalischen Gesetz der kommunizierenden Röhren – zunächst nacheinander diese Sparbecken gefüllt und nur der Rest des Wassers läuft talwärts ab.

Bei einer Bergschleusung wird umgekehrt die Schleusenkammer zunächst mit dem Wasser aus den Becken gefüllt und nur der Rest kommt aus dem Oberwasser. Zwar kann, im Gegensatz zum Auspumpen der Schleusenkammer, nicht die gesamte Wassermenge zurückgehalten werden, aber dafür läuft hier das Wasser durch den Höhenunterschied quasi »von selbst« in die Becken bzw. zurück in die Schleusenkammer. Man muss nur zum jeweils richtigen Zeitpunkt die Absperrventile öffnen und schließen. Trotzdem können Pumpen eingesetzt werden, um den Vorgang zu beschleunigen.

Gefängnis ist. Nürnbergs nahezu völlig erhaltene Stadtmauer hingegen zeugt von seiner Bedeutung als ehemals Freie Reichsstadt und bildet bis heute den Rahmen für die historische Altstadt, die bis zum Zweiten Weltkrieg die besterhaltene mittelalterliche Großstadt Deutschlands war.

Schöner Brunnen mit Ring

Eine weltoffene Stadt ist sie wieder, die man an einem Landgangtag bequem zu Fuß erkunden kann. In einem Faltblättchen lockt Oberbürgermeister Dr. Ulrich May: »Genießen Sie unsere Stadt. Es gibt viel zu entdecken!« Sie ist Kult, nicht nur dank Dürer, Wahrzeichen Kaiserpfalz-Burg, UNESCO-Welterbe, »Blauer Nacht« (Deutschlands größter Kulturnacht), Christkindlesmarkt, Bier und »Rostbratwürstle«. Die Reihe ließe sich mühelos fortsetzen. Noch nicht mal 1.000 Jahre alt ist sie, aber voll mit Geschichte(n). Zum Beispiel der vom »Schönen Brunnen« auf dem Rathausplatz. In

Die Burg (links) thront über der historischen Altstadt

Brunnen mit »Magie«

103

das eiserne Gitter ist nahtlos ein Messingring geschmiedet. Der Sage nach soll eine junge Frau, die dreimal am Ring dreht, sich ein Kind wünschen dürfen. Oder es heißt, dass eine Frau so viele Kinder bekäme, so oft sie am Ring dreht. Oder nach uraltem Volksglauben holt der Storch neugeborene Kinder aus dem Brunnen. Noch heute, behauptet Britta, gebe es Paare, die im angrenzenden Rathaus getraut wurden und anschließend am Ring drehen. Es gibt wohl keinen Touristen, der es – weil es Glück bringen soll – nicht genauso gemacht hat. Entsprechend blank poliert ist das legendäre Stück Metall am »Schönen Brunnen« zu Nürnberg.

»Leinen los Kurs Bamberg!«, heißt es am Abend.

Edelstein Deutschlands

Frühmorgens legt der himmelblaue »Dampfer« rückwärts im Hafen der 1.000 Jahre alten Kaiserstadt an. Gar nicht weit weg vom historischen Ludwigs- oder Donau-Main-Kanal, dem Vorläufer des modernen großen Bruders in der Innenstadt. Dort, wo heute eine restaurierte mittelalterliche Fischersiedlung liegt, eine Zeile romantischer Fachwerk-Wohnhäuser

mit Balkonen und winzigen Vorgärten. »Zwiebeltreter« werden denn auch die Bamberger wegen ihrer Vorliebe für das Gemüse genannt. Die Siedlung ruht auf Pfählen und wird daher liebevoll »Klein Venedig« genannt. Nicht nur per Kanu kann man sie erkunden, sondern sogar während einer Gondelfahrt. »Unsere Stadt«, sagt Fremdenführerin Britta, »hat sogar das Prädikat ›Venedig Nordbayerns‹, das hat sie ihrer Wasserstadt zu verdanken.« Sie setzt noch eins drauf, wenn sie vom »fränkischen Rom« spricht, »weil Bamberg wie die Stadt am Tiber auf sieben Hügeln liegt«. Auch wegen ihres Doms Sankt Peter von 1237 mit dem berühmten »Bamberger Reiter«, den Gräbern von drei Heiligen, bedeutenden Christusreliquien und zahllosen Heiligtümern in der Domschatzkammer war sie schon im Mittelalter ein Wallfahrtsziel. Heute für Touristen aus aller Welt.

Die sind aber auch fasziniert von einem der größten unversehrt erhalten gebliebenen historischen Altstadtkerne Europas. Das Gesamtkunstwerk mit seinen engen Gassen, mittelalterlichen und barocken Fassaden und verwinkelten Plätzen steht seit 1993 auf der Weltkulturerbe-Liste der UNESCO und wird, ein weiteres Prädikat, »Edelstein

»Klein Venedig« von Bamberg querab

Deutschlands« genannt. Romantik schwingt überall mit. Einer ihrer poetischen Protagonisten, E.T.A. Hoffmann, lebte und schrieb hier von 1809 bis 1813 und ließ sich von dem Flair zu Werken wie den biografischen »Lebensansichten des Katers Murr« inspirieren.

Wegzehrung aus Brautradition

Vielleicht auch im schon legendären Bierparadies »Schlenkerla«, urkundlich erwähnt erstmals 1405, in der Dominikanerstraße. Auch der Dichter schätzte die Brautradition und handfeste Trinkkultur der Regnitz-Stadt mit 50 ober- und untergärigen Bierspezialitäten. Noch heute wird das überlieferte dunkelbraune »Aecht Rauchbier«, dem irischen Guinness nicht unähnlich, dort ausgeschenkt, passend zur herzhaften fränkischen Küche. »Zur Entstehung des Gebräus«, erzählt Britta, »gibt es einige Legenden, so zum Beispiel diese: Bei einem Brand in einer Brauerei soll das gelagerte Malz von Rauch durchströmt worden sein. Der arme Brauer musste das verräucherte Gebräu dennoch verkaufen. Wider Erwarten schmeckte es vielen so gut, dass es schließlich als eigene Biersorte gebraut wurde.« Auf dem »Schlenkerla«-Bierdeckel liest man denn auch altdeutsch: »Dieweil aber das Gebräu beim ersten Trunk etwas fremd schmecken könnt, lass Dir's nit verdrießen, denn bald wirst Du innehaben, dass der Durst nit nachlässt, sintemalen Dein Wohlbehagen sichtlich zunimmt.«

So eingestimmt ziehe ich mit einem rauchigen Souvenir-Sixpack durch die Gassen und werde mehrfach grinsend angesprochen: »Das ist wohl Wegzehrung, oder was?!«

Ein flüchtiger Tag in der vielgepriesenen Stadt: viel zu kurz und schnell vergangen.

Fluss mit doppeltem Ursprung

Die Reise geht weiter. Bei Kilometer null dreht MS TUI ALLEGRA aus dem Main-Donau-Kanal in den Main. Das Stichwort für Kreuzfahrtleiterin Gabrielle Kiel: »So wie er fließt – in vielen Mäandern – wurde der Fluss auch von den Kelten genannt: Schlange. Für die Römer hingegen war er schlicht nur der Moenus.« Sein doppelter Ursprung liegt, wie man erfährt, als Roter Main in der Fränkischen Alb und als Weißer im Fichtelgebirge. Beide Quellflüsse vereinigen sich südwestlich von Kulmbach. Schiffbar ist er auf 386 Kilometer Länge zwischen Bamberg und Mainz. Die ALLEGRA hat noch 37 Schleusen vor sich, die zwar alle 300 Meter lang und zwölf Meter breit sind, aber dem Schiff seitlich kaum Luft lassen.

Das in die Regnitz gebaute Alte Rathaus

Eine Sicherheitsübung – fernab aller Schwarzmalerei – muss dennoch sein. Kapitän Nedkov hat sie fest im Griff und stellt sich im Anschluss einer »nautischen Fragestunde«. »Was ist, wenn …«, löchern einige Gäste ihn, und er pariert gekonnt. Auch der serbische Chief Goran Lijekic erklärt seinen hochmodernen Arbeitsbereich souverän: ob umweltfreundliche Abgasreinigung seiner 2.000-PS-Maschinen oder die saubere Abwasseraufbereitung. »Ein tolles Schiff!«, hört man in der Runde, womit auch die geschmackvoll dezente Inneneinrichtung gemeint ist. Den Flussabend auf dem Weg nach Würzburg beschließt eine gut besuchte Filmnacht in der Lounge.

Kirchen und Studenten

Überragend, Würzburgs Kirchturm-Skyline, vor allem der St.-Kilian-Dom aus dem 11. Jahrhundert. Irgendwie steht das der Hauptstadt des bayerischen Regierungsbe-

Festung Marienberg und der Ausblick von dort auf Würzburg

zirks Unterfranken auch zu. »Keine Angst«, empfängt Reiseleiterin Sabine ihre Gäste, »wir schauen sie nicht alle an, unsere 50 Kirchen!« Noch viel mehr Studenten zählt die Bischofsstadt: 50.000 kommen auf nur 130.000 Einwohner. Die vielen gemütlichen Kneipen profitieren davon, denn sie sind abends immer brechend voll.
Eine Stadt mit jungem Flair, aber mit langer Tradition. In den letzten Kriegstagen im März 1945 wurde das Zentrum zu 95 % in Schutt und Asche gebombt. »Die Bausünden der sechziger Jahre«, so Sabine, »sehe man leider noch heute.«

Dass man auf historischem Boden wandelt, erschließt sich dem Besucher spätestens dann, wenn er über die Alte Mainbrücke aus Römerzeiten geht. »Was hat man Ihnen in Regensburg erzählt?«, fragt Sabine, »dass ihre Steinerne Brücke die älteste sei? Falsch, das ist eindeutig unsere!« Allerdings, schränkt sie ein, sei sie zerstört und im 15. Jahrhundert wieder aufgebaut worden. Ihre charakteristischen Heiligenfiguren wurden ihr erst 1730 aufgesetzt. Auch so eine Frage für das beliebte Stadt-Land-Fluss-Quiz von Gabriella Kiel.

Beeindrucken und repräsentieren

Die Schönbornstraße führt schnurstracks vom Dom auf ein weiteres Würzburger Highlight zu: die Residenz, zu Recht ein UNESCO-Welterbe. Ihr erster Bauherr, Fürstbischof Johann Philipp Franz von Schönborn, setzte auch sich damit ein Denkmal. Kirchenfürsten waren damals eben auch ganz weltlich

Anti-Stress-Woche
von Passau nach Passau

Donau zu allen Jahreszeiten ein Flussvergnügen

Milde Oktobersonne taucht die an den Ufern vorübergleitenden Burgen, Schlösser und Ruinen in ein romantisches Licht. Die malerischen Städtchen und Dörfer werden umrahmt von einer wahren Farbsinfonie aus buntem Herbstlaub.

Anlegen in Dürnstein, der »Perle der Wachau«. Ein Stopp in diesem Weinbaustädtchen gilt als ein Muss während einer Donaukreuzfahrt. Diejenigen, die einmal durch die idyllischen Gassen, über Plätze und durch Innenhöfe geschlendert sind oder von der Terrasse vor dem markanten blau-weißen Barockturm der Stiftskirche den Ausblick genossen haben, wissen um diese optischen Leckerbissen. Ein ganzer Tag Liegezeit in Wien. Natürlich ist das viel zu wenig für jemanden, der zum ersten Mal in die Donaumetropole kommt. Aber es ist zeitlich durchaus möglich, ein paar der Sehenswürdigkeiten wie Stephansdom,

Hofburg, die Schlösser Belvedere oder Schönbrunn sowie das Hundertwasser-Haus und wenigstens einen der herrlichen Jugendstilbauten (z. B. die Sezession oder die Wagner-Pavillons am Karlsplatz) zu besichtigen.

Entdeckungstouren

So stehen neben den Stadtbesichtigungen von Wien, Budapest und Bratislava nicht nur das Kloster Melk, die Puszta und die Wiener Hofburg, sondern auch ein Renaissance-Konzert im großen Saal der Nationalgalerie in der (aufwendig restaurierten Altstadt) von

Krems in der Wachau

Die *Donau* ist mit 2.888 Kilometer Länge nach der Wolga der zweitlängste Strom Europas. Ihre Quellbäche Brigach und Breg entspringen im Schwarzwald und vereinigen sich zur Donau. Sie durchfließt neun weitere Länder: Österreich, Slowakei, Ungarn, Serbien, Kroatien Bulgarien, Rumänien, Moldawien, Ukraine und berührt vier Hauptstädte. In einem dreifach verzweigten Delta strömt die Donau ins Schwarze Meer.

Bratislava, ein Mozart-Konzert im Wiener Lichtensteinpalais und ein Orgelkonzert in der Dürnsteiner Barockkirche auf dem Ausflugsprogramm.

Die Landschaft – vor allem die wald- und weinbergreiche Wachau – bleibt ohnehin attraktiv. Selbst der Swiss-Tiara-Kapitän, seit 20 Jahren auf der Donau unterwegs, entdeckt immer wieder Neues: »Die Donau steckt voller Überraschungen.«

Blick von der Fischerbastei auf die Kettenbrücke in Budapest

Herbst, Winter oder kühler Vorfrühling auf der kalten statt blauen Donau – das muss nicht zu Schüttelfrost führen. Denn gerade in dieser Jahreszeit wird mit der Swiss Tiara eines der komfortabelsten und modernsten Schiffe der Scylla-Flotte auf dieser Strecke eingesetzt.

Wer sich eine der 40 geschmackvoll gestylten Oberdeck-Kabinen leistet, die zur Wasserseite voll verglast und mit einem französischen Balkon ausgestattet sind, fühlt sich auf diesem Schiff sehr wohl. Selbst wenn es draußen grau und kühl ist. Auch Restaurants, Salons und Atrium erinnern an die gediegene Atmosphäre eines Luxuskreuzfahrers. Keine Spur von einem Ausflugsdampfer mit Spitzendeckchen.

Sternestrahlen

Bliebe das Essen. Kein unwichtiges Thema auf See – pardon: dem Fluss –, zumal in der kalten Jahreszeit. Am gastronomischen Himmel von Hotelmanager und Chefkoch strahlen fünf Sterne – zur Freude der Passagiere. Und noch ein Vorteil bietet eine Herbst-, Winter- oder Frühjahrsreise auf der Donau: Anders als im Sommer, wo Niedrig- oder Hochwasser schon so mancher Kreuzfahrt ein frühes Ende bereitet hat, ist in dieser Zeit meist genug Wasser unterm Kiel.

Wenn das Bett mitschwimmt, die Kabine gemütlich warm und die Küche hervorragend ist, zugleich am Donaustrand Kunst, Kultur und Konzerte warten, dann kann ein Acht-Tage-Abstecher ins ehemalige k. u. k. Reich der Habsburger eine angenehme Abwechselung in der kalten Jahreszeit sein.

Weg als Ziel

Das finden offenbar immer mehr Deutsche. Und so ist der Klassiker der Flusskreuzfahrten Passau–Budapest–Wien–Passau fast immer gut gebucht, obwohl die Preise, je nach Kabine, durchaus gehoben sind. Aber die Mischung aus komfortablem Hotelschiff und Ausflügen auf Kaiserin Sisis Spuren macht es. Zumal sich die Routenexperten bemühen, die ausgetretenen Touristenwege entlang des blauen Flusses zu variieren.

Ein Tipp noch: Wenn Sie 55 Jahre und älter sind, treffen Sie mit der SWISS TIARA altersmäßig genau die richtige Wahl.

Eine erlebnisreiche Anti-Stress-Woche geht zu Ende. Gerade bei dieser Art des Reisens bewahrheitet sich der bekannte Spruch: »Der Weg ist das Ziel.«

Kein Wunder, dass Flusskreuzfahrten immer beliebter werden. Gespräche an Bord mit »Ersttätern« haben ergeben, dass sie mit Sicherheit auch zu »Wiederholungstätern« werden.

Muster-Fahrplan Passau–Passau

»Erleben Sie herrliche Landschaften wie die liebliche Wachau oder die Weite der Puszta, Schlösser, Burgen, romantische Ortschaften, Menschen verschiedenster Herkunft und eine bunte Variation gelebter Kultur!« So preisen die Prospekte. Nicht zu Unrecht!

Nirgendwo sonst, scheint es, liegen die Sehenswürdigkeiten so dicht beieinander, reihen sich die kulturellen Schätze wie Perlen an einer Schnur und das nicht nur in den bekannten Städten Wien, Bratislava und Budapest.

Passau – Einschiffung

Die Dreiflüsse-Stadt im äußersten Osten Bayerns ist Ausgangspunkt für die Reise auf der Donau. Am Nachmittag heißt es »Leinen los!« zu einer abwechslungsreichen Reise durch sieben Länder.

Stift Melk/Österreich

Die über dem Ort thronende gewaltige Benediktinerabtei ist ein Juwel des Barock und ein touristisches Muss.

Dürnstein/Österreich

Die Wachau ist eine der berühmtesten Regionen Österreichs. Glanzlicht ist die Kuenringerstadt Dürnstein. Besonders sehenswert ist das Augustiner-Chorherrenstift.

Passau, Dürnstein, Wien

Wien/Österreich

Der Tag steht ganz im Zeichen der Kaiserstadt Wien. Die schönsten Sehenswürdigkeiten der romantischen Barockstadt erwarten den Gast: Stephansdom und Staatsoper, Hotel Sacher und Kärntner Straße, Prater, Hofburg und das Denkmal für den Walzerkönig Johann Strauß. Ein weiterer Ausflug führt zum berühmten Schloss Schönbrunn mit seinen weitläufigen Parkanlagen. Da das Schiff

erst um Mitternacht ablegt, hat man außerdem Gelegenheit zu einem geselligen Abend beim Heurigen oder zum Besuch eines klassischen Konzerts.

Budapest bei Tag und Nacht

Esztergom/Ungarn

Wenn das Schiff morgens in Budapest zur Rückfahrt nach Passau ablegt, hat man die Möglichkeit, an einem Ausflug zum einzigartigen Donauknie und nach Esztergom teilzunehmen. Esztergom wartet mit den Überresten der ältesten königlichen Burg und mit der größten Kirche Ungarns, der weithin sichtbaren Basilika, auf. Auch wer an Bord bleibt, kommt von der »Seeseite« in den Genuss, einen Blick auf die malerische Landschaft des Donauknies werfen zu können.

Budapest/Ungarn

Unvergesslicher Morgen: die Einfahrt nach Budapest. Vormittags hat man bei einer Stadtrundfahrt Gelegenheit, die bedeutendsten Attraktionen der Donaumetropole kennenzulernen. Eindrucksvoll sind der Burgberg, die prachtvolle Matthiaskirche und die wunderschön anzusehende Fischerbastei. Nachmittags steht ein Ausflug in die Puszta mit Pferdekutschenfahrt auf dem Programm. Und abends rundet eine traditionelle Folkloreshow das Angebot ab.

Bratislava/Slowakei

Bratislava liegt zwischen ihren großen Schwestern Wien und Budapest direkt an der Donau. Die Spuren der österreichisch-ungarischen Doppelmonarchie sind in der idyllischen Altstadt noch immer unverkennbar.

Passau – Ausschiffung

Nach dem Frühstück endet in Passau die kleine Donau-Kreuzfahrt.

Porträt: MS Swiss Tiara

Steckbrief

An der Pier in Passau präsentiert sie sich »handlich«, kein 135-Meter-Flussriese, wie sie immer mehr auf den Flüssen und Kanälen auftauchen. MS Swiss Tiara bringt es »nur« auf 110 Meter Länge bei 11,40 Meter Breite, drei Decks und 1,35 Meter Tiefgang. Damit ist ihr Aktionsradius weniger beschränkt als bei den ganz Großen. Diese Maße haben für die maximal 146 Gäste und 35 Crewmitglieder einen

Platzvorteil: Es herrscht kein Gedränge an Bord, was sich wiederum positiv auswirkt auf den Erholungseffekt. Während unserer Reise war Kapitän Johann Magner an Bord, der normalerweise das noch handlichere 82-Meter-Scylla-Schiff MS Saxonia führt. Er zeigte sich sehr angetan von den navigatorischen Eigenschaften und Möglichkeiten des 2006 in Holland gebauten Kabinenschiffes. Auf der Brücke ist er auch Herr über die beiden Hauptmaschinen, die es auf 1.800 PS und über 20 km pro Stunde in freiem Wasser bringen.

Fluss-Pioniere

Die holländisch-schweizerische Reederei Scylla Tours AG, 1974 gegründet, betreibt mittlerweile von ihrem Basler Stammsitz aus eine beachtliche Flotte von 16 modernen Schiffen.

Ihr ursprüngliches Fahrtgebiet auf dem Rhein ist inzwischen europaweit ausgeweitet worden. Das Familienunternehmen leistete darüber hinaus Pionierarbeit mit dem jeweils ersten Flusskreuzfahrtschiff auf dem Main-Donau-Kanal und dem oberitalienischen Po.

Weitere Pläne für neue Routen und Schiffe liegen in der Schublade, kann doch der Flusssektor mit den höchsten Steigerungsraten (23 Prozent) im Kreuzfahrtgeschäft aufwarten.

Ein Schiff wie die Swiss Tiara trifft genau den Nerv der Zeit: beschaulich-komfortabel – bei gehobenen Gästeansprüchen – über die europäischen Flüsse zu reisen. Was natürlich auch seinen Preis hat.

Sonnige Atmosphäre

Großzügigkeit ist der erste Eindruck, wenn man das helle, weitläufige Foyer betritt, in dem auch Rezeption, Boutique und Bordreisebüro untergebracht sind. Ein lächelnd gereichter Willkommensdrink ist die beste Einstimmung auf einen Swiss-Tiara-Urlaub.

Wohlfühl-Atmosphäre kommt auf, wenn man die Kabine betritt: geschmackvoll in freundlichen, unaufdringlichen Sonnenfarben eingerichtet und mit einem französischen

Die 40 Oberdeck-Kabinen (lediglich in den 22 Kabinen auf dem »Smaragd«-Deck gibt es Fenster) geschmackvoll gestylten Außenkabinen sind so ausgestattet (nur die Suiten sind größer) und erinnern wie die öffentlichen Bereiche durchaus an die gediegene Atmosphäre eines luxuriösen Hochsee-Kreuzfahrtschiffes.

Sternstunden

Whirlpool, Sauna, Gymnastik und Hometrainer, aber auch Golf auf dem großzügigen Sonnendeck sorgen für ausgleichende Bewegung auf dem Schiff, aber auch wenn man der Fünf-Sterne-Küche wieder einmal zu sehr zugeneigt war. Wer nicht an allen Mahlzeiten (nur eine Tischzeit) teilnehmen möchte, kann sich bei kulinarisch leichten Portionen in der nach achtern geöffneten Panorama-Lounge (mit Hotelbar) auf der Außenterrasse verwöhnen lassen – mit Blick auf die schäumende Hecksee, Weinberge oder romantische Ortschaften inklusive. Ein Novum bei Flusskreuzfahrtschiffen.

Infos

MS Swiss Tiara; gebaut auf der Werft Hardinxfeld in Holland; Indienststellung: Dezember 2008; Flagge: Schweiz; Länge 110 m; Breite 11,40 m; Tiefgang 1,35 m; 2 Maschinen: 1.800 PS; max. Geschwindigkeit (in stehendem Gewässer): 20 km/h; Besatzung: 31; 3 Decks; 62 Außenkabinen (40 mit französischem Balkon) für max. 124 Gäste

Veranstalter: www.goldenbaytur.com
Literatur: Donau-Kreuzfahrt, Merian live! ISBN 978-3-8342-1049-4
Reisezeit: April bis November

Festlich eingedecktes Restaurant

MS Swiss Tiara in romantischem Abendlicht

Balkon versehen, das heißt zur Wasserseite voll verglast, aber zu öffnen, um den frischen Flusshauch hereinzulassen. Das Ambiente ist infolgedessen lichtdurchflutet und schafft eine »sonnige« Atmosphäre. Selbst wenn es draußen grau und kühl ist. Für die individuell passende Temperatur sorgt ohnehin die Klimaanlage.

Auf vier Flüssen in den goldenen Herbst

Familiär-leger von der Saar über die Mosel und den Rhein zum Neckar

»Herzlichen willlkommen an Bord!«, begrüßt Kreuzfahrtleiterin Jessica Engelhardt ihre Gäste. Völlig normal, wäre da nicht der besondere Einschiffungshafen: Saarbrücken. MS CASANOVA ist eines der wenigen Kabinenschiffe, die das Saarland mit Baden-Württemberg verbinden.

Steiniger Flussschleifen-Kurs auf dem Mittelrhein

Jessica Engelhardt reicht für ihre Gäste, als die Leinen losgeworfen werden, noch ein paar Zahlen nach: »Unsere Kreuzfahrt führt Sie auf vier Flüssen über 619 Kilometer weit durch vier Bundesländer und 34 Schleusen bis nach Stuttgart.« Für viele *der* herausragende Buchungsgrund.

Über das Brückengeländer hängende Saarbrücker Zaungäste halten den Atem an. Die Flussfahrer unter ihnen dagegen müssen nicht nur den Kopf einziehen, sondern auch

in die Hocke gehen – sozusagen ein sportliches Mittelstreckenschiff.

Nach oben bleiben vielleicht gerade noch zehn Zentimeter Luft. Zum Glück kann sich MS CASANOVA kleinmachen: Das Steuerhaus lässt sich absenken und der Mast umlegen, sodass das 4,60 Meter hohe Schiff ohne Kratzer passieren kann.

Von den Brückenzuschauern hört man Rufe wie »Mister CASANOVA, ahoi! Ich will mitfahren!« Gerne, denn Nicko Tours macht's möglich nach dem Motto: »Manchmal werden Träume wahr … auf den schönsten Flüssen der Welt!«

Französisch-deutsch hin- und hergerissen

Dazu gehört auch das beliebte Schleusentheater. Zwischen Beton- und Bordwand passt scheinbar nur noch eine Zeitung. Dem tschechischen Kapitän Jaroslav Drozdik darf man bei dem kniffligen Zentimeter-Manöver durch die hinteren Steuerhausscheiben auch gern mal über die Schulter sehen.

Bald bleibt die einzige saarländische Großstadt im Kielwasser zurück. Mit ihr Gäste-Erinnerungen an den ersten Stadtrundgang dieser Reise zwischen Ludwigskirche, Altem Rathaus und Schloss. 200 Jahre lang hin- und hergerissen zwischen Frankreich und Deutschland.

Als CASANOVA eine Autobahn unterquert, ist der Kapitän heilfroh, ein nur 18 Kilometer pro Stunde »schnelles« 1.360-PS-Gefährt steuern zu müssen. »Die da oben mit ihren 180 Sachen sind mir viel zu hektisch«, gibt er sich lachend mit einem Zehntel davon zufrieden. Ein Freund der fluvialen Langsamkeit und seit Jahrzehnten mit der Binnenschifffahrt verwachsen.

Rostiges Weltkulturerbe und vernebeltes Postkartenmotiv

Letztere verhalf auch der saarländischen Schwerindustrie zur Blüte. Nach wie vor recken rostige Stahlkochereien, dampfende Kühltürme und filigrane Fördertürme ihre Spitzen über die kommenden Flussschleifen. In Völklingen kündigt ein meterhohes Schild den saarländischen »Pütt« an. »Fast schon wieder schön«, findet jemand die historische Kulisse, »denn die gehört auch dazu!« und hat inzwischen sogar das Prädikat UNESCO-Weltkulturerbe erhalten. Beim Sundowner-Bier lässt sich das aus der Relingsperspektive doppelt genießen. Sie tun es den Scharen von Anglern gleich, die an kokelnden Lagerfeuern hocken und ihre

Leinen vor der heranrauschenden CASANOVA flugs einholen müssen.

Rolle rückwärts ins Mittelalter: Trutzig reckt sich die Saarburg als schwarzer Klotz gegen den rotglühenden Sonnenuntergangshimmel. Die spektakuläre Saarschleife bei Mettlach, das Postkartenmotiv Nummer eins der Strecke, hüllt sich nachts noch zusätzlich in frühherbstlichen Nebel. Sie ist sowieso am schönsten bei Tage von oben anzusehen.

Zwischen 22 und sechs Uhr herrscht entspannte Ruhe im Schiff am Anleger in Merzig. Schließlich sollen keine Kilometer gefressen werden.

2.000 Jahre Geschichte im Schnelldurchgang

6.30 Uhr: CASANOVA rüttelt die Gäste aus dem Schlaf und tastet sich durch den pottendicken Nebel. Waldgrüne Steilhänge verlieren sich in wolkenverhangenen Höhen.

Am Saar-Kilometer 201 gewinnen schließlich erste Sonnenstrahlen die Oberhand. Ein gutes Timing, denn bei Konz ergießt sich der

Gegensätze zu Beginn an Saar und Mosel

Die *Saar* ist ein 235 km langer Nebenfluss der Mosel. Sie entspringt in den elsässischen Vogesen und ist auf 201 km schiffbar.

Fluss in die Mosel. An Oberdeck herrscht Fotografier-Stimmung. Den Augenblick will jeder festhalten, ob im Kopf oder per Kamera. MS WAPPEN VON TRIER passiert an Backbord und kündigt das nächste Highlight an. Zuvor muss die fast zehn Meter breite CASANOVA sich noch durch das nur wenig breitere Nadelöhr der sandsteinroten Römerbrücke fädeln. Unglaublich: Seit 1.800 Jahren verbindet sie die Ufer von Trier, ohne jemals den modernen Dimensionen der Schifffahrt angepasst worden zu sein.

Viereinhalb Stunden für die Erkundung von Deutschlands ältester Stadt: über 2.000 Jahre Geschichte zwischen steilen, schon von den Römern angelegten Weinbergen, weitläufigen Kaiserthermen, dem romanischen Dom St. Peter, mit 900 Jahren älteste deutsche Kirche, und der weltbekannten Porta Nigra. Für das Geburtshaus des Revolutionärs Karl Marx bleibt keine Zeit mehr.

Wechselndes Riesling-Panorama

63 Kilometer romantische Moselfahrt – Deutschlands windungsreichster Fluss aus der genüsslichen Liegestuhl-Perspektive. Natürlich bei Moselwein, der sich sonnenbestrahlt im Glas wiegt: perfekt! Die Hänge mit ihren unzähligen Rebreihen animieren förmlich dazu. Hier ist der Riesling zu Hause, wieder entdeckt von Chinesen und Japanern. Nicht nur Trier scheint fest in ihrer Hand zu sein.

Von den steilen Lagen mit klingenden Namen wie »Zeller Schwarze Katz« oder »Pündericher Marienburg« winken Erntehelfer herab und gönnen sich damit eine kleine Pause von anstrengender Lesearbeit. Urlaub pur hingegen auf den flachen Uferregionen: Tausende von Campern belagern die Grasflächen mit ihren Wohnmobil-Siedlungen. Moderner Nomadismus, angezogen von der Weinlandschaft. Ihr Panorama wechselt mit jeder Flusswindung: kuschelige,

schiefergedeckte Fachwerkdörfchen, sanft gewellte Hügel, steile Felsabbrüche, eher selten flache Wiesen und Felder.

Vor Mitternacht: Wie ein Leuchtturm überragt eine angestrahlte Burgruine das Tal: Landshut. Für Kapitän Drozdik das Feierabend-Signal im rheinland-pfälzischen Bernkastel-Kues bei Stromkilometer 129. Für Nachtschwärmer der Start in weinselige Landgangsstunden, um dem berühmten »Bernkasteler Doktor« aus dem größten zusammenhängenden Weinberggebiet Deutschlands die Reverenz zu erweisen.

Eindrücke sammeln im Doppelort

Wer etwas früher aufsteht, kann auch noch – statt Morgengymnastik – die Burg erklimmen, wobei sich der malerische Weg durch beste Reblagen schlängelt. Belohnt wird der schweißtreibende Aufstieg durch einen fantastisch weitschweifenden 180-Grad-Blick über das Flusstal und den Doppelort.

Bis 11 Uhr hat man dann noch genügend Zeit, um Eindrücke zu sammeln zwischen malerischem Marktplatz mit achteckigem Brunnen, puppenstubigen Fachwerkhäusern, Renaissance-Rathaus und dem kuriosen, nur 2,20 Meter breiten, kopflastigen »Spitzhäuschen«.

In den Untergeschossen der mittelalterlichen Häuser haben sich Weinstuben, Gasthäuser und Souvenirgeschäfte etabliert. Nicht unbedingt zum Vorteil des Ortsbildes. Überall sieht man zu dieser frühen Stunde Angestellte, die Kippen aus den Kopfsteinpflaster-Rillen fegen. »Der Bürgermeister«, schimpft eine Geschäftsfrau verärgert die Situation, »will keine Behälter aufstellen.« Er hingegen fragt seine Untertanen, wer die ausleeren solle.

»Hier gedeiht der beste und bekannteste Wein«, erklärt eine Frau ungefragt. Sie lehnt aus dem Fenster in der Doktorberg-Gasse und liefert gleich die Erklärung mit: »Weil der Kurfürst ihn von seinem Leibarzt verordnet bekam und gesund wurde.« Und sie gibt eine Empfehlung mit auf den Weg: »Sehen Sie zu, dass Sie bis 11 Uhr wieder auf Ihrem Schiff sind! Dann fallen hier nämlich die

Touristen in Massen ein!« Erst im Winter habe man wieder etwas Ruhe. Der Bekanntheitsgrad von Bernkastel-Kues hat auch seine Kehrseiten. Eines ist sicher: Im 15. Jahrhundert genoss der Universalgelehrte Nikolaus von Kues hier noch garantiert seine Ruhe.

Weinprobe unterhalb der Reichsburg

Trecker tuckern an Back- und Steuerbord. Überall auf den steilen Hängen tobt die Weinernte-Schlacht. Noch 78 Kilometer bis Cochem, vorbei an der Doppelstadt Traben-Trarbach, über der die Ruine Grevenburg thront; der Marienburg an der mit 300 Metern Abstand schmalsten Stelle von zwei Flussmäandern; dem Calmont, mit 68 Grad Europas steilster Weinberg; dem Dorf-Schmuckstück Beilstein, das schon des Öfteren als Filmkulisse diente. Bis im abendlichen Gegenlicht die mittelalterliche Reichsburg vor dem Casanova-Steven auftaucht. Klar zum eineinhalbstündigen Landgang im malerischen Städtchen Cochem – oder zur Weinprobe. Das reichhaltige Vier-Gänge-Abendessen hat dazu die passende Stimmungs- und Magengrundlage geliefert. Alles natürlich ohne »Schlips und Kragen«, denn

familiär-leger ist angesagt. Ganz im Gegensatz zu Signore Casanovas höfisch-formellen Zeiten.

Mit Tüten beladen und weinselig-fröhlichen Gesichtern kehren sie kurz vor dem Auslaufen zurück und schwärmen vom Moselwein, mit dem sie sich eingedeckt haben. Die Reichsburg hebt man sich am besten für die nächste Reise auf, ebenso Burg Eltz, die – im Eifel-Wald versteckt – ohnehin nicht vom Schiff aus zu sehen ist. Wer je einen 1000-D-Mark-Schein in der Hand hatte, wird das romantische Prachtstück darauf wiedererkennen.

Casanova dreht in den Fluss, um die Übernachtungsstelle Alken vor der Schleuse Koblenz anzusteuern. Am Mosel-Kilometer 24 herrscht Ruhe von 2 bis 6 Uhr, gut bewacht von der Burg Tharandt.

Grenzenlose Rhein-Ouvertüre

Confluentes, Zusammenfluss – so nannten die Römer das spätere Koblenz. In aller Herrgottsfrühe wird die im Krieg völlig zerstörte Stadt passiert. Das bronzene Reiterstandbild Kaiser Wilhelms I. grüßt in der Morgendämmerung von seinem Sockel herab, die Festung Ehrenbreitstein von der hohen

Weinbau soweit das Auge reicht

gegenüberliegenden Seite. Mosel-Talfahrt adé bei Rhein-Kilometer 592.

MS Casanova hat ihre markante Dampfernase nach Süden gedreht. Es geht jetzt den Rhein zu Berg.

Mühsam kämpft sich die Septembersonne durch die Nebelschwaden und ein Mitpassagier beim Morgenlauf gegen den inneren Schweinehund. Froh über eine Unterbrechung fragt er: »Wissen Sie, was man über den Rhein sagte?«, und gibt die Antwort gleich selber: »Der Rhein – Deutschlands Strom, aber nicht Deutschlands Grenze, so die Deutschen. Er ist kein deutscher Fluss und Deutschlands Grenze, so die Franzosen.« Europa indes hat alles neu gemischt, auch diese Sprüche. Heute ist der Rhein eine internationale Lebensader.

Geschichtsträchtiges Mittelrheintal

Um 10.30 Uhr tönt es über alle Decks: Heinrich Heines rührseliges Lied »Ich weiß nicht, was soll es bedeuten …« An der 132 Meter hohen Loreley, ehemals eine gefährliche Durchfahrt an den Felsklippen der »Sieben Jungfrauen« bei Kilometer 555, ist es musikalisches Pflichtprogramm für alle Kreuzfahrtschiffe. An der berühmten Inselbefestigung Pfalzgrafenstein bei Kaub informiert Jessica:

Tages-Fahrtgastschiff passiert den Mäuseturm am Binger Loch

»An dieser Engstelle im Rhein wurden zwischen dem 14. Und 17. Jahrhundert von den Schiffern Flusszölle abkassiert.« Wie heute an Deck für den »Loreley-Cocktail«.

Die Namen der Schlösser- und Burgen, an denen Casanova vorbeigleitet, klingen wie historische Marksteine: Stolzenfels, Lahneck, Marksburg, Sterrenberg, Liebenstein, die Burgen Katz und Maus, Gutenfels, Pfalzburg, Stahleck, Fürstenberg, Heimburg, Hoheneck, Sooneck, Reichenstein, Festung Rheinfels. Der Mäuseturm am Binger Loch – gegenüber liegt am Eingangstor zur Burgenstrecke Ehrenfels – bildet den Schlussakkord in der geschichtsträchtigen Reihe über das Mittelrheintal des Schiefergebirges. Zu jedem Ort weiß Jessica eine kleine Geschichte. Und Musiker Gyuri untermalt die historische Szenerie mit »Warum ist es am Rhein so schön?!« Spätestens jetzt weiß es jeder.

Nicht nur »Mainz bleibt Mainz!«

Vom Niederwalddenkmal grüßt die von Baugerüsten umhüllte Germania herunter. Der Rüdesheimer Drosselgassen-Trubel und die gefährlich gurgelnden Stromschnellen am Binger Mäuseturm bleiben im Kielwasser zurück.

Am späten Nachmittag kommen an Steuerbord die Türme von Mainz in Sicht. Die Landeshauptstadt von Rheinland-Pfalz glänzt mit 2.000-jähriger Geschichte und ist mehr als nur das allseits bekannte Karnevalsmotto »Mainz bleibt Mainz!« oder die ZDF-Studios auf dem Lerchenberg.

Auf Schritt und Tritt wird hier beim zweistündigen Stadtrundgang Vergangenheit lebendig. Dazu gehören für Flusskreuzfahrer auch die römischen Schiffswracks aus dem ersten bis vierten Jahrhundert nach Christus, die man im Museum für Antike Schifffahrt bestaunen kann. Für einen Zweitbesuch bieten sich Gutenberg-, Fastnacht- und Römisch-Germanisches Zentralmuseum an.

Aber die Chance für einen Kneipenbummel bis zum nächsten Morgen um 2 Uhr besteht. Auch um sich dabei über die gelassene Lebensart der »Määnser« zu freuen.

Sehnsuchtsziel Heidelberg mit besonderem Flair

Frühstücksblick am nächsten Morgen nach 74 Fahrtkilometern zwischen Mainz und Mannheim: beidseitig auf flache Rheinauen, aber bewachsen mit Spitzenweinen aus rheinhessischem Anbau. Wer kennt sie nicht, die lieblichen Nackenheimer, Bechtheimer, Oppenheimer oder Niersteiner Lagen? Mannheim-Ludwigshafen – ihre berühmt-berüchtigte Chemie-Industrie bietet ein kontraststarkes, aber nur kurzes Zwischenspiel im »Fluss-Quartett«. Romantische Gefühle kommen an der Mündung des Neckar in den Rhein (km 428) allenfalls auf beim Anblick des stillgelegten KD-Dampfers MAINZ.

Nach 23 Kilometern und zwei Schleusen mit insgesamt 18,5 Metern Hub ist das Sehnsuchtsziel Heidelberg zum Greifen nahe. Angelegt wird am Marstall in Steinwurfnähe vor der berühmten roten Buntsandsteinbrücke

Die Ausflugsbroschüre an Bord wirbt für eine preiswerte 29-Euro-Stadterkundung: »Heidelberg ist bekannt für das berühmte Schloss und eine malerische Altstadt, eingebettet in eine wunderschöne Landschaft. In der Altstadt, die mit 1,6 Kilometer Länge eine der längsten Fußgängerzonen Europas hat, befinden sich auch die meisten der bedeutenden Bauwerke. Erleben Sie bei einem Spaziergang das besondere Flair in den Gassen und entdecken Sie die Schönheit der kurpfälzischen Kirchen, der Altstadtplätze

und der Alten Brücke. Selbstverständlich darf auch ein Besuch des Schlosses, des Wahrzeichens der Stadt, nicht fehlen, welches etwa 70 Meter über dem Neckar am Hang des Königsstuhls liegt. Dieses Wahrzeichen der Stadt, das schon Dichter und Künstler der Romantik inspirierte, können Sie bei einem Spaziergang durch die Schlossanlage kennenlernen.« Das geht natürlich in viereinhalb Stunden auch alles sehr bequem auf eigene Faust. Altstadt und Schloss sind sogar durch eine Bergbahn verbunden. Sportliche Naturen wollen sicherlich auch den berühmten Philosophenweg nicht auslassen. Dafür wird

Alte Brücke über den Neckar mit Stadttor

> Der *Neckar* ist ein 367 km langer Nebenfluss (von Plochingen bis Mannheim schiffbar) des Rheins. Er entspringt im Schwenninger Moos bei Villingen-Schwenningen auf 706 m Meereshöhe und mündet bei Mannheim in den Rhein (95 m).

man mit dem schönsten Blick auf Stadt und Schloss belohnt und ahnt, warum so mancher sein »Herz in Heidelberg verloren hat« …

Götz von Berlichingen lässt grüßen

Kaum bleibt die älteste Universitätsstadt Deutschlands achteraus, kurvt MS CASANOVA den Neckar zu Berg. Er gilt als einer der idyllischsten Flüsse Deutschlands. Der Auftakt kann nicht schöner sein: mitten durch das einzigartige Schutzgebiet des Naturparks Neckartal-Odenwald. Die Relingszuschauer

Blauer Turm von Bad Wimpfen in der historischen Altstadt

sind fasziniert von seiner Vielfalt aus tiefen Tälern, dichtem Wald, römischen Ruinen oder uralten Burgbergen. Ein Paradies für Wanderer – am bequemsten und beeindruckendsten sicher aus der Flussperspektive, vergoldet vom nachmittäglich milden Licht und gefärbt durch herbstlich buntes Laub. Durch das untere Neckartal schlängelt sich auch die europäische Burgenstraße. Ihr regionales Wahrzeichen sind die »romantischen Vier«: Neckargemünd, Neckarsteinach, Hirschhorn und Eberbach, vier mittelalterliche Städtchen von außergewöhnlichem Flair. Letztere erkunden können die Passagieren ab 21.30 Uhr, wenn MS CASANOVA dort zum Übernachten festmacht.

Der Reigen landschaftlicher Schönheiten und mächtiger Ritterburgen wird am nächsten Vormittag fortgesetzt mit der Zwingenberg und seiner Wolfsschlucht, die schon Carl Maria von Weber zu seinem »Freischütz« inspirierte; der Minneburg, Schloss Neuburg, Burg Guttenberg oder Burg Hornberg, dessen berühmtester Bewohner der Ritter Götz von Berlichingen im 16. Jahrhundert war. Mit seinem berühmten L.m.a.A.-Zitat hat sicherlich jeder schon mal einem Widersacher geantwortet.

Highligt im doppelten Sinn – Bad Wimpfen

Imposant die Silhouette, die sich am rechten Neckar-Hochufer im Gegenlicht abzeichnet. Jessica kündigt das Highlight des Nachmittags an: »Einst ein wichtiger strategischer Punkt am römischen Limes hatte Bad Wimpfen eine weitere Blüte zur Zeit der Kaiserpfalzen. Schon Kaiser Barbarossa hielt hier 1182 einen Hoftag ab. Von Kelten, Römern und Staufern zeugt die spannende Wimpfener Geschichte. Aus der Stauferzeit rührt das Baudenkmal, welches noch heute das Stadtbild bestimmt: die größte Kaiserpfalz nördlich der Alpen mit ihren markanten Türmen, dem Steinhaus, dem Hohenstaufentor, der Pfalzkapelle sowie den Arkaden des Palas. Die Gässchen des mittelalterlichen Stadtkerns sind geprägt von Fachwerkhäusern im fränkischen und alemannischen Stil. Am Marktplatz 6 steht das älteste Fachwerkhaus Baden-Württembergs von 1266.« Das verspricht Spitzweg-Idylle pur.

Wenn man die Treppen des 58 Meter hohen Blauen Turms, des westlichen Bergfrieds der Kaiserpfalz aus der Zeit um das Jahr 1200 und viermal abgebrannt, hinaufklettert, trifft

und Postkarten zu kaufen gibt. Die einstige Maleroase, bevorzugt wegen ihres weichen und gedämpften Lichts, kann man allerdings nur noch erahnen.

Paris voraus! Nach einem geruhsamen Flusstag wird es hektisch und die Seine immer stärker eingezwängt zwischen Steinböschungen, Straßen, Eisenbahntrassen, Wohn- und Industrieanlagen. Kapitän und Steuermann hangeln sich gelassen von Schleuse zu Schleuse. Zentimeterarbeit. Bis der Eiffelturm hinter Wolkenkratzern sichtbar wird.

»Ah!«, hört man die Oberdeck-Sehleute vielstimmig raunen. Landgang? Kein Wort davon. Das Schiff rauscht stattdessen ungerührt am Anleger vorbei. Zum Finale hat der Cruise Manager nämlich noch ein Überraschungs-Schmankerl parat: die Stadtrundfahrt mit der RENOIR – unter den Brücken von Paris.

Buchheim indes hat andere Erinnerungen (»Die Festung«) an die Gegend, in der auch Generalfeldmarschall Rommel 1944 sein Quartier bei Roche-Gyon hatte.

Wir jedoch wandeln weiter auf künstlerischen Spuren bis Vernon. In der Nähe liegt Giverny, das Mekka von Claude-Monet-Fans. Der Impressionist lebte und arbeitete hier in seinem selbst geschaffenen Blumen- und Wasserparadies von 1883 bis zu seinem Tod 1926. Sein Landhaus ist heute ein viel besuchtes Museum. Der Garten, durch den sich Menschenschlangen winden, lässt seine Motive wieder lebendig werden, die es als Drucke

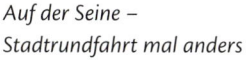

Auf der Seine –
Stadtrundfahrt mal anders

Mit einer Königin durch die Bourgogne

Durch hügeliges Weinland aufs Château la Chassagne

Unter ihm rauscht das Wasser in die Tiefe – und er steht breitbeinig oben und grinst. »Wie Mister Bean«, finden alle. Max, so heißt er. In Gesichtszügen und Mimik ähnelt er tatsächlich dem beliebten englischen Komiker.

Beliebt ist Max hier auch, aber eigentlich noch viel mehr: nämlich Herr über eine 38,5 Meter lange Königin. Es ist die LA REINE DE PÉDAUQUE und liegt ihm still ergeben zu Füßen.

Achtung, Revolution!

Entspannt lehnt Kapitän Max auf der Schleusenreling, während sein Schiff Fahrstuhl fährt. Ohne ihn. »Attention! Nicht so weit

Schleusen-Marathon

Kurz danach grummelt der 100-PS-Diesel heftiger und schiebt das Kabinenschiff aus dem kleinen Hafen Pont de Pany bei Dijon in den Kanal de Bourgogne. »Das mach isch 1.650-mal in der Saison«, keucht er nach dem Loswerfen der Achterleine und wirbelt das Steuerrad herum. Der Spross einer alten französischen Schifferfamilie kennt nicht nur das 200 Kilometer lange künstliche Gewässer aus

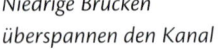
Niedrige Brücken überspannen den Kanal

Hübsch – die »Königin«

hinaushängen«, warnt er seine Zuschauer an Bord, »sonst ist euer Kopf futsch wie bei der Revolution!« Doch jetzt ist er dran, als sich langsam das hölzerne Tor öffnet. Das eine Bein auf dem linken, das andere auf dem rechten Teil drückt er das Tor eigenhändig auseinander – und springt im letzten Augenblick seiner Königin aufs Dach. Schleusenspagat, ein sportliches Training und natürlich Show. Für einen Mann, denn hier macht er alles allein: Kapitän, Festmacher, Schleusenmeister und Entertainer.

dem Effeff. Das und 220 Schleusen samt Tunnels gruben im vorigen Jahrhundert spanische Kriegsgefangene auf Befehl Kaiser Napoleons. Auftakt für ein über 6.500 Kilometer weites, umweltfreundliches Wasserstraßennetz im westlichen Nachbarland. Heute weitgehend touristisch genutzt. Führerscheinfrei übrigens.

Fuß- und radläufig

Nach dem üppigen Frühstück mit Grün- und Wasserblick ist für manch einen gut Ruhen.

Die ausladenden roten Ledersessel im Salon verführen dazu. Die bordeigenen Fahrräder jedoch verlocken andere zu geruhsamen Strampeltouren – mitten im Herzen der Weinprovinz Burgund. Oder, noch beschaulicher, auf dem kanalbegleitenden früheren Treidelweg: ganz schlicht zu Fuß. Übrigens bewegt man sich dabei flotter als unsere behäbige »Reine«, die Königin. Max Renau muss mit seinem Luxuskahn die Uferböschungen schonen, die stellenweise genauso hoch sind wie der Weg. Manchmal gehen auch zwei Minibusse »längsseits«, um mit den Passagieren die weitere Umgebung zu erforschen.

Seegangsfrei im Schneckentempo

Hohe Pappeln oder dichtes Gebüsch säumen den Pfad. Dazwischen immer wieder Blick auf ein Dörfchen aus heimischem Kalkstein, das manchmal von einem Château, zu Deutsch:

Schloss, oder einer Burgruine überragt wird. Die grüne Landschaft wellt sich hügelig dahin. »Du siehst, das ist der Grund für die vielen Schleusen«, erklärt Max und steuert zentimetergenau in die nächste hinein. Ohne auch nur einmal an den Seitenwänden entlangzuschaben. Das Schiff erscheint wie maßgeschneidert für den rechteckigen Trog. Vor dem Wärterhäuschen – Max bewohnt in der Nähe das gleiche mit seiner Familie – kläfft ein Hund und weckt damit Frauchen oder Herrchen, je nachdem, aus der Kanalidylle. Von der profitieren

heute überwiegend Sehleute von Bord – seegangsfrei natürlich! – oder von Land aus. Im Schneckentempo. Nur die manchmal in der Ferne vorbeiflitzende TGV-Zugschlange erinnert an schnellere Zeiten und lässt einen umso mehr die Freuden der Langsamkeit genießen.

»Geschenk« und mehr

Nachdem die REINE 1922 in Dortmund gebaut wurde, hatte sie jahrzehntelang nur Getreide, Kartoffeln oder Kohle im Bauch. »Dann wurde sie zu einem Geschenk für die Frankreich gemacht«, versucht Max das kriegsbedingte Reparationsschicksal des ehemals deutschen Binnenfrachters zu erklären. Vor zehn Jahren ließ sie Michael Dresen, deutscher Reeder und Schlossherr vom nahegelegenen La Chassagne, zu dem umbauen, was sie heute ist: ein komfortables Kabinenschiff mit sechs klimatisierten Kabi-

nen und fünf Besatzungsmitgliedern. Ähnlich wie ihre kleinere Halbschwester NIAGARA, ein ehemaliges Vermessungsschiff, das im Konvoi entweder voraus- oder hinterhertuckert. Auch aus logistischen und räumlichen Gründen: ein Koch versorgt aus der REINE-Kombüse die hungrigen Mäuler auf beiden »Dampfern« gleichzeitig. Mittags und abends liegen sie daher einträchtig »im Päckchen«, sodass die kulinarischen Höhepunkte des Tages unproblematisch verlaufen. Auch immer wieder eine gute Gelegenheit, um sich mit den

Luxus auf dem Wasser

Der *Canal de Bourgogne* ist ein Kanal in der französischen Region Bourgogne. Mit einer Länge von 242 km verbindet er die Yonne mit der Saône und damit – über weitere, anschließende Flüsse und Kanäle – den Atlantik mit dem Mittelmeer.

anderen Gästen zum Erfahrungsaustausch zu treffen.

Konzertierte Hechtjagd

Verzögerungen sind einkalkuliert. Denn es kann schon mal passieren, dass Max vor einer bereits geöffneten Schleusenkammer erst mal die Angel auswirft – weil er im Uferdickicht einen kapitalen Hecht erspäht hat. Und hinter ihm Koch Fabrice mit der Pfanne lauert. Aber das mehr symbolisch. Derweil flackern bereits stilvoll die Kerzen im gemütlichen Bordrestaurant. Maxens Frau Béatrice, Chefin des Innenteams, hat's gerichtet und sorgt fürs Wohlbefinden ihrer Gäste. Regionaltypische Gourmetfreuden und Weingenuss in kleinstem Kreis bei völlig lockerer

Einfahrt in eine Schleuse

Postkartenmotive überall

Atmosphäre. Was sich dann leicht bis in die Nacht hinein ausdehnen kann.

Sollte dennoch am nächsten Morgen jemand unsicheren Schrittes an Land wanken: Max ist nicht nur in solchen Fällen erprobter Retter, sondern ertaucht sogar eine fehlende Brille aus dem Kanalschlamm, wenn es sein muss.

Von der Königin aufs Schloss

Nur einmal schaukelt es auf dieser Reise: bei der Fahrt im 200-PS-Rolls-Royce-Oldtimer-»Schiff«. Von Bord der königlichen »L'Ambassade fluviale«, der »schwimmenden Botschafterin«, geht hinauf aufs Château la Chassagne. Im exotischen Wald versteckt liegt das liebevoll restaurierte Märchenschloss aus dem vorigen Jahrhundert, mit dem sich Allround-Hotelier Michael Dresen einen Lebenstraum erfüllt hat. Davon kann der Gast hier ein bisschen schnuppern: ob beim Tafeln, Tennis, Boulen, Schwimmen oder Golfen, auf Kutschfahrten, Rad-, Mofa-, Heli- oder Heißluftballon-Ausflügen. Alles ist möglich. Sogar

Infos

MS LA REINE DE PÉDAUQUE; Baujahr: 1922 (ursprünglich deutscher Binnenfrachter, dann mehrfach umgebaut und renoviert); Länge: 38,5 m; Breite: 5,5 m; Tiefgang: 1,45 m; Antrieb: 100 PS; Tonnage: 250 t; Passagiere: 8 in 4 Suiten; Crew: 5–6; Flagge: Frankreich

Veranstalter: www.chassagne.com
Reisezeit: Frühjahr bis Winter
Literatur: Taschner, »Wasserwege in Burgund«, ISBN 978-3-8922-5501-7

das Abheben mit der eigenen Maschine vom hauseigenen Flugplatz samt 800-Meter-Piste. Schlossverwalter Marc-Francis Bach, selbst ehemaliger Marine-Jet-Pilot auf dem französischen Flugzeugträger FOCHE und Hobbyflieger, gibt dabei professionelle Tower-Unterstützung. Das klingt abgehoben, ist aber genau das Gegenteil: ein außergewöhnliches Vier-Sterne-Schloss mit erfreulich unkomplizierter »Bodenhaftung«, Wasseranschluss inklusive.

friedlich dahinströmenden Flusses einfach nicht vorstellen.

Nach dem Dinner ist ein Spaziergang auf dem Qai de Bâteaux angesagt, immer am Fluss, still liegenden Booten und der beleuchteten Stadtmauer entlang. Irgendwann lockt dann eine der gemütlichen Altstadtkneipen zur Einkehr bei einem Glas Châteauneuf-du-Pape, dem Spitzenwein der Provence, in der zehn Prozent aller französischen Weine produziert werden.

Wasser-Brücke

Nur 25 Kilometer von Avignon entfernt zieht ein römisches Bauwerk die Gäste in seinen steinalten Bann: die »Pont du Gard«.

»Sie ist«, erklärt Reiseleiterin Marie-Noelle, »das größte noch erhaltene Stück des einst fünfzig Kilometer langen Aquädukts, welches von den Römern in der Mitte des ersten Jahrhunderts gebaut wurde, um die Stadt Nîmes mit frischem Wasser zu versorgen. Sie gilt als antikes Architektur-Meisterwerk.

Das dreigeschossige römische Aquädukt mit einer Länge von 275 Metern transportierte bereits vor über 2.000 Jahren eine Wassermenge von 20.000 Kubikmetern – täglich! Und versorgte damit weite Landstriche der römischen Provinzen im Süden mit Wasser.« Ein Schmankerl auf der Rückfahrt ist der Abstecher ins malerische Städtchen Uzes mit seinen engen Gassen und verträumten Plätzen. Zeit zum Bummeln, Schauen und Kaffetrinken auf dem geschäftigen Marktplatz. Die AMADEUS SYMPHONY zieht 75 Kilometer weiter nach Süden, ohne den größten Teil der Gäste. Sie möchten an diesem Sonnentag die Camargue kennenlernen.

Naturpark-Erlebnisse

Angelika, die deutsche Reiseleiterin, hält ihren Einführungsvortrag: »Die Camargue ist wie ein kleines Land für sich selbst. Sobald Sie sich ein paar Kilometer südlich von Arles begeben, tauchen Sie ein in die Atmosphäre dieses einzigartigen Gebietes. Um die natürliche Schönheit dieser Landschaft zu

erhalten, wurde das Gebiet in den Jahren 1927 und 1970 zum botanisch-zoologischen Naturschutzgebiet erklärt.

Die Camargue bietet einer erstaunlichen Palette von Tieren, wie zum Beispiel halbwilden Stieren, berühmten Camarque-Pferden und einer Vielzahl von Vogelarten, eine Heimat. Während des Ausflugs fahren Sie auch nach Sainte-Marie-de-la-Mer und besichtigen diesen wunderbaren Ort, der an der Mündung der Rhône in das Mittelmeer liegt.«

Die Hauptprobleme der Region verschweigt Angelika nicht: 150 Tage pro Jahr Starkwind, der mit über 100 km/h blasende Mistral, und bis zu 17 Meter hohe Überschwemmungen, ausgedehntes Sumpfland. Trotzdem könne erfolgreich Obst- und Gemüseanbau betrieben werden. Alle fünf Jahre müsse der Boden allerdings durch Reisanbau entsalzt werden. Salinen nutzen Meerwasser und Sonnenwärme, indem sie in flachen Verdunstungsbecken Salz produzieren, dessen große weiße Hügel das Flachland überragen.

Pont du Gard,
das berühmte Aquädukt

Überwiegend als »Kampfmaschinen« werden die schwarzen Stiere gezüchtet. Pferde, eine klimaresistente Rasse, leisten touristische Dienste, indem sie mit Touristen durch das amphibische Land zockeln. Camargue-Cowboys nutzen sie, um die Stiere zusammenzutreiben. Wildpferde bekommt man auch zu Gesicht. Nicht zu vergessen Flamingos, Reiher, Greifvögel und Störche.

Sogar für einen Sprung ins Mittelmeer an einem der Strände von Sainte-Marie-de-la-Mer ist noch Luft, auch für einen »Grande cème« danach. Staunend liest man in der Broschüre des lebendigen Ferienortes, dass schon um 600 v. Chr. Griechen an dieser Küste landeten und die Kolonie Massilia, Marseille, gründeten.

Gallo-Römisches

Mit römischem Erbe lockt das Alternativprogramm an diesem Nachmittag: »Nîmes ist eine Stadt voller Akzente. 2.000 Jahre lang haben die südliche Sonne, der Wind und andere verschiedene Einflüsse die Stadt geprägt. Nîmes ist eine designierte Stadt der Kunst und Geschichte, dynamisch und bewusst bewahrt sie ihre Schätze und hat es geschafft, die Schönheit und die Spuren ihrer reichen Vergangenheit zu behalten.

Die Geschichte der Stadt reicht zurück bis zum Römischen Reich. Nîmes war eine der reichsten und schönsten römischen Städte Galliens. Das Amphitheater von Nîmes, auch Arena genannt, wurde Ende des 1. Jahrhunderts nach Christus erbaut und zählt zu den größten Amphitheatern gallorömischer Baukunst. Im Inneren des Bauwerks konnten mehr als 20.000 Menschen als Zuschauer den dort stattfindenden Jagdspielen, Tier- und Gladiatorenkämpfen beiwohnen. Heute zählt das Amphitheater von Nîmes zu den am besten erhaltenen der römischen Zeit.«

Arles, einst mediterraner Seehafen und später versandet, gilt als das Tor zur Provence. Die Römer nannten sie »Provincia Gallia Narbonensis«. Bis heute heißt sie einfach Provence, berühmt durch ihre Weine und die Lavendelblüte.

Die letzte große Stadt am SYMPHONY-Weg kann mit einem imposanten Amphitheater punkten, in dem Gladiatoren vor bis zu 22.000 Zuschauern um ihr Leben kämpften. Ein Obelisk aus der Zeit erinnert an große Wagenrennen in dem steinernen Rund. Heute bejubelt die Menge hier Stierkämpfe. Das römische Portal der Kathedrale Saint-Trophime aus dem 11. Jahrhundert oder das Kloster anzusehen sollte man am Place de la République nicht versäumen. Pilger machten hier einst Rast auf ihrem Weg nach Santiago de Compostela in Nordspanien.

Untrennbar verbunden mit Arles ist der impressionistische Maler Vincent van Gogh. Während seines Aufenthalts 1888, der kreativsten Zeit seines Lebens, entstanden 200 Ölgemälde und 100 Zeichnungen: Stadtsilhouetten, Porträts, Stillleben und Landschaften.

Europa-Canyon

Apropos Landschaft: Die Schlucht der Ardèche – dafür lässt man das Schiff schon

Meeresgrund. Später wurden die Berge vom Eis geglättet, bis mit der Alpenfaltung das Wasser zurückwich und somit der Meeresboden ans Licht kam. Simone bringt die SYMPHONY-Fahrer zum Staunen und spricht von einem »Paradies für Kanu- und Kajakfahrer mit rund 320 Sonnentagen«. Aber nicht ungefährlich. »Nie«, warnt sie, sollte man am Ufer campen, denn nach starken nächtlichen Regenfällen kann das Hochwasser hier schnell bis zu 20 Meter Höhe erreichen.« Darauf einen Aperitif Ardèche: ein köstlicher Kastanienlikör, gemischt mit eiskaltem Chardonnay. Dazu wird am Info-Stand Olivenpaste auf frischem Brot gereicht. Ein echter regionaler Naturgenuss zum Abschluss!

mal gerne ein paar Kilometer vorausfahren – muss man gesehen haben, denn ausschlafen kann man zu Hause! Ein letzter Höhepunkt der Reise. Sie geht am nächsten Tag nach rund 800 Fluss-Kilometern zwischen Burgund und Provence zu Ende.

»Die Schlucht wird«, doziert Reiseleiterin Simone, »oft als Grand Canyon Europas bezeichnet. Die Ardèche hat sich im Laufe der Jahrmillionen bis zu 300 Meter tief in den Kalksandstein gefräst und damit eine der schönsten Landschaften Frankreichs geformt.

Die Schlucht beginnt nördlich mit dem Natursteinbogen des ›Pont d'Arc‹, der ca. 60 m hoch ist und die größte natürliche Brücke Europas sein soll. Hier hat man auch die Chauvet-Höhle im Jahr 1994 entdeckt, wo 32.000 Jahre alte Höhlenmalereien gefunden wurden. Sie fahren entlang der bizarren Schluchtenlandschaft und genießen atemberaubende Aussichten auf hervorragend angelegten Aussichtspunkten.«

Man wandelt hier im Südausläufer des Massif Central auf Kalkablagerungen, ehemaligem

Infos

MS AMADEUS SYMPHONY; gebaut 2003 in Holland; Eigner: Dr. W. Lüftner Reisen GmbH, Innsbruck; Charterer: Viking Flusskreuzfahrten GmbH; Tonnage: 1.566 t; Länge: 110 m; Breite: 11,4 m; Tiefgang: 1,40 m; Höhe: 5.85 m; Decks: 4; Antrieb: 2 x 1000 PS Caterpillar-Dieselmotoren; Geschwindigkeit (max.): 25 km/h; Crew: 40 (international); Passagiere: 146; Flagge: Deutschland; Heimathafen: Passau
Ausstattung: 73 Deluxe-Kabinen und Suiten (allesamt außen gelegen, Größe zwischen 15 und 22 qm, trennbares Doppelbett, Dusche/WC, Klimaanlage, Telefon, TV, Safe, Haartrockner); Bordeinrichtungen: Lobby mit Rezeption, Panorama-Restaurant, Panorama-Bar, Panorama-Café, Sonnendeck mit Lido-Bar, Schachspiel, Sonnensegel, Fun-Pool, Fitnessraum, Friseur, Amadeus-Club mit Internet-Café und Leseecke, Bordshop, Wäscherei

Veranstalter: Lüftner Cruises, www.lueftner-cruises.com
Reisezeit: März bis Oktober
Reiseführer: Rhône & Saône – Flusskreuzfahrten (wird mit den Reiseunterlagen zugeschickt); Polyglott on tour »Südfrankreich«, ISBN 978-3-493-55727-5; Flusskarte Rhône und Saône (im Bordshop erhältlich)

400 Kilometer über den Po

Durch die beruhigende Flusslandschaft Norditaliens

Nur vier Schiffe pendeln wöchentlich zwischen Venedig und Cremona rund 400 Kilometer Po-auf- und -abwärts. Von Massenbetrieb keine Spur. Im Gegensatz zu den gewaltigen Pötten, die den Adriahafen ansteuern. 1.300 gegen 130.000 Tonnen!

Der Campanile von San Marco

Unsere »Privatyacht« MS MICHELANGELO scheint sich neben ihnen zu ducken. »Wir könnten zwar ein Beiboot von denen sein«, sinniert Günther Paetzoldt, ehemaliger Seemann, »aber meine Frau und ich sind froh, nur in kleinem Kreis zu reisen.«
Ein Pinselstrich in reinem Weiß – der schnittige Flusskreuzfahrer hat am Rande der Lagunenstadt im Canale Della Giudecca geschlafen, farbenblasse Kulisse vor bunten Mauern. Die Flagge am Bug knattert im Morgenwind. Ungeduldig scharren fünf Dutzend Sehleute mit den Füßen. Wie einst Goethe in seinem »Tagebuch der Italienischen Reise 1786« schrieb, geht es im Frühsommer

2001 auch manchem Passagier: »So stand es denn in dem Buche des Schicksals, dass ich ... Venedig ... zum ersten Mal betreten sollte.« Schon damals stellte er fest: »So ist denn auch Gott sey Dank Venedig kein bloses Wort mehr für mich. Von Venedig ist alles gesagt und gedruckt, was man sagen kann.«

Doppelter Genuss

Meisterlich dosiert der Kapitän die beiden Hauptmaschinen seines Dampfers und dirigiert das schlanke Schiff von der Pier ins breite Fahrwasser. Reale Filmkulisse umrahmt das italienische Mittagsbüfett: an Backbord

Natürlich hat man auch Gelegenheit, die Stadt auf eigene Faust zu durchstreifen oder einen Einkaufsbummel zu unternehmen. Der Bus bringt einen über eine ausgedehnte, einsame Hochfläche mit Olivenbäumen und Korkeichen zurück zum Schiff, das an der portugiesisch-spanischen Grenze liegt. Feurig klingt der Tag aus – natürlich bei Paella und danach mit Flamenco. Dieser Abend steht ganz im Zeichen des spanischen Nachbarlandes.

5. Tag: Ferradosa – Pinhão

Am Morgen dampft das grün-weiße Schiff wieder flussabwärts. Den Vormittag sollte man unbedingt auf dem Oberdeck verbringen, denn die Fahrt führt durch die sonnenverwöhnte »Região do Vinho de Porto« – das Anbaugebiet des berühmten Portweins.

Die Schieferböden, die entlang des Flusses steile, gewundene Terrassen bilden, speichern die Wärme besser als alle anderen Böden und tragen so zur Bildung des hohen Zuckergehalts bei.

Die hier angebauten, widerstandsfähigen Rebsorten bohren ihre bis zu sieben Meter langen Wurzeln auf der Suche nach Wasser in den Boden.

Nach dem Mittagessen macht MS Vasco Da Gama in Ferradosa fest, einer kleinen Stadt inmitten der Portweinregion.

Diesmal führt der Ausflug durch die imposanten Weinhänge des Anbaugebiets Rio Torto. In einem schön gelegenen Landhaus – inmitten von Weinbergen natürlich – kann man bei einer Probe die hiesigen Tröpfchen kennenlernen.

Das Schiff ist währenddessen nach Pinhão weitergefahren, eines der Zentren portugiesischer Weinkultur.

Wer vor dem Abendessen noch Lust zu einem Bummel hat, sollte dem reizvollen Bahnhof von Pinhão einen Besuch abstatten. Er liegt nur ein paar Fußminuten vom Anleger entfernt und ist bekannt für seine »Azulejos« – bemalte blau-weiße Keramikkacheln, für die der Norden Portugals berühmt ist.

Fahrt durch eine alte Kulturlandschaft

*Ponte Dom Luís I
in Porto*

Vor der herrlichen Kulisse der Weinberge wird zum festlichen Galadinner geladen.

6. Tag: Lamego – Porto

Nach dem Frühstück verlässt man das Schiff in Pinhão und erreicht nach kurzer Fahrt die alte Bischofsstadt Lamego, gekrönt von der barocken Kirche Nossa Senhora dos Remédios. 700 Stufen führen hinauf zur blau gekachelten doppeltürmigen Kirche – eine Wallfahrt, die jährlich Hunderttausende auf sich nehmen.

Man hat schließlich Gelegenheit zu einem Bummel durch die uralten Gassen der Stadt, die schon im 2. Jahrhundert n. Chr. als eine der schönsten Städte Iberiens gelobt wurde. Zum Mittagessen fährt der Bus zurück zur VASCO DA GAMA, die zwischenzeitlich flussabwärts nach Régua weitergefahren ist.

Am Nachmittag kann man ein letztes Mal die Fahrt durch die faszinierende Landschaft des Douro-Tals genießen und die insgesamt fünf beeindruckenden Schleusenanlagen auf dem Weg nach Porto bestaunen.

Nach einer abendlichen Stadtrundfahrt zu Schiff bis an die Hafenausfahrt – eine Überraschung des Kapitäns, in der Ferne sieht man sogar mächtige Atlantikbrecher an der Mole hochsteigen – wird wieder in Porto angelegt.

Was wäre ein Abend in Portugal ohne Fado? »Fado« heißt Schicksal. Es ist reinster Ausdruck von »Saudade«, der bittersüßen Lust am Traurigsein: traditionelle portugiesische Lieder zu zwei Gitarren.

7. Tag: Porto

Vormittags steht, wenn man nicht auf eigene Faust losziehen möchte, eine Stadtrundfahrt auf dem Programm. Portos Altstadt wurde ins Weltkulturerbe der UNESCO aufgenommen. Von der farbenprächtigen Cais de Ribeira, wo täglich ein kleiner Markt stattfindet, geht es zur alten Alfândega, einem ehemaligen Zollamt. Weiter geht es zur gotischen Kirche Igreja de São Francisco, die zu Portos schönsten Bauwerken gehört, zum Börsengebäude Bolsa, zum Platz der Kathedrale mit dem Bischofspalast und zu den herrlichen Kachelarbeiten im Bahnhof São Bento und der Bronzestatue von Heinrich dem Seefahrer, dem berühmtesten Sohn der Stadt.

Vier Brücken führen zur Nachbarstadt Portos, nach Vila Nova de Gaia. Die beeindruckendste ist die Auto- und Fußgängerbrücke Dom Luis I, die ein Assistent Gustav Eiffels geplant hat. Sie sieht aus wie ein quer liegender Eiffelturm, ist von monumentaler Eleganz und führt direkt vom Zentrum nach Vila Nova de Gaia. Der Blick von dem weltbekannten Bauwerk über den Douro nach Porto ist geradezu atemberaubend schön. Gaias Uferpromenade ist gesäumt von den Ständen und Bars der Portweinfirmen, die hier ihre Keller haben. Natürlich verlässt man Vila Nova de Gaia nicht, ohne ein oder zwei Gläschen Portwein genossen zu haben. Nachmittags kann man mit einem »Rabello« (einem traditionellem Weintransportschiff) vom Liegeplatz der VASCO DA GAMA zur Altstadt und zum Mittagessen wieder zurück an Bord fahren.

Nach dem Abendessen ist ein farbenprächtiger portugiesischer Folklore-Abend angesagt.

8. Tag: Porto – Heimreise

Abschied von der sympathischen VASCO DA GAMA und Bustransfer zum Flughafen Porto. Eine *alternative Möglichkeit*, noch einmal das malerische Douro-Tal – für manch einen der »etwas kleinere Gran Canon« – aus einer völlig anderen Perspektive zu erleben, ist die 1887 fertiggestellte »Linha do Douro«. Sie verbindet auf einer Strecke – der schönsten des Landes! – von rund 200 Kilometern die Orte Régua und Tua. Es ist eine Fahrt nicht nur in eine andere Welt, sondern auch in eine andere Zeit: Gemächlich schlängelt sich der Zug immer entlang des Flusses, oft aber in atemberaubender Höhe auf steilen Abhängen. Oft führt die Bahnlinie sogar an Flussabschnitten entlang, wo noch nicht einmal eine Straße hinführt. Wie eine Reise in die Vergangenheit muten auch die Bahnhöfe an: liebevoll verziert mit den berühmten blauen Motivkacheln, den Azulejos.

Noch authentischer wird die Reise in die Vergangenheit, wenn man den Dampfzug nimmt. Bis zum 20. Oktober bietet die portugiesische Eisenbahn jeden Samstagnachmittag die Fahrt mit einem historischen Zug an: sicher ein ganz besonderes Erlebnis! Man reist in uralten Holzwagen, die von einer in

Kassel gebauten Henschel-Dampflokomotive gezogen werden. Abfahrt ist jeweils um 14.46 Uhr in Régua. Der Zug fährt bis Tua und kommt schließlich wieder abends um 18 Uhr in Régua an. Karten für diese Sonderfahrten kosten 43 Euro und sind an den großen Bahnhöfen erhältlich. Weitere Informationen zum Dampfzug-Angebot an der »Linha do Douro« auf der Seite der portugiesischen Eisenbahn (nur Portugiesisch). Preiswerter geht es aber auch. Es fahren noch ganz normale Nahverkehrszüge auf der Strecke. Die Fahrt von Régua nach Tua ist hier für zehn Euro (Hin- und Rückfahrt) zu bekommen.

Infos

MS VASCO DA GAMA; Baujahr: 2002; Bauwerft: Meuse & Sambra in Beez, Belgien; Kennung: STR 1076 F; Schwesterschiffe: 2; Reederei: CroisiEurope, Strasbourg/Straßburg; Charterer: Anton Götten Reisen; Tonnage: 1.200 t; Länge: 75 m; Breite: 11,40 m; Tiefgang: 1,60 m; Höhe: 7,40 m; Antrieb: 3 Cummins-Dieselmotoren je 600 PS (Dieselbunker: 25 t, Wasserbunker: 136 t), 3 Propeller (Schottel); Geschwindigkeit (max.): 11,5 kn/21 km/h; 4 Decks, 71 Kabinen, Fahrstuhl, Panorama-Salon, Bar, Sonnendeck. Wein, Bier und Softdrinks zu den Mahlzeiten gratis; Flagge: Frankreich; Heimathafen: Strasbourg/Straßburg

Gesamtstrecke (Kreuzfahrt): 420 km
Reisezeit: April bis Oktober
Literatur: Eine Broschüre wird vorab zugeschickt; darüber hinaus kann man in der Bord-Boutique eine sehr informative Fluss-Faltkarte kaufen (10 €). Weitergehende Infos über Portugal: Polyglott go: »Portugal«, ISBN 3-493-60456-4
Veranstalter: Anton Götten Reisen, www.goetten.net

Der Nil – Geschenk wie 1001 Nacht

Unter fünf Sternen durchs weltgrößte Freiluftmuseum

»Hallo, ich bin Osama«, wird der Gast an der Gangway vom Maître d'Hotel fröhlich auf Deutsch begrüßt. Unter den Planken gurgelt es grün hindurch. Angekommen auf dem Nil, mit 6.671 Kilometern nicht nur längster Fluss Afrikas, sondern auch der Welt.

Ruderboot mit Feluken in der Libyschen Wüste

Vor den nur 56 Passagieren liegt eine achttägige Reise mit dem Fünf-Sterne-de-luxe-Schiff NILE EXCELLENCE. Die Suiten sind stilvoll und komfortabel eingerichtet und bieten einen französischen Balkon.

Auf 530 Kilometern fährt man durch das weltweit größte Freiluftmuseum mit vieltausendjähriger Geschichte.

Ein 180-Grad-Flusspanorama, untermalt von heiseren Muezzin-Rufen, liegt einem zu Füßen, wenn man aus dem Fenster schaut. Bis zum westlichen Horizont mit wüstengelben Bergen schweift der Blick. Irgendwo vermutet man das Tal der Könige. Am

gegenüberliegenden Ufer Lehmhütten, Palmen und ein Wald aus Masten einheimischer Segelfeluken.

Amr El Deeb hat jetzt das Sagen. Der 32-jährige Ägyptologe aus Kairo nimmt die Gruppe unter seine fachkundigen Reiseleiter-Fittiche. Leise hört man erste Informationen: Luxor, arabisch el-uksur, bedeute so viel wie »die Paläste« oder »Tempel der Götter«. Die beiden Großanlagen, verbunden mit den berühmtesten Pharaonen-Namen, widmeten sie dem Gott Amun. Die heutige Nil-Metropole, später griechisch Theben genannt, erhebt sich auf den Fun-

damenten der früheren ägyptischen Hauptstadt Waset.

»Wussten Sie eigentlich«, fragt er, »dass der
Nil nur 1.300 Kilometer durch Ägypten fließt?«
Aber: »Auf seiner ganzen Länge durchströmt
er sechs Länder mit nur einer gemeinsamen
Kultur!« Amr ist stolz darauf.

Kreuzfahrt-Pionierin Kleopatra

Links und rechts der Straße gedeihen Obst
und Gemüse, natürlich unübersehbar auch
leuchtend rote Tomaten. Pumpen heben
Nil-Wasser aus Bewässerungsgräben und
sorgen für intensive Fruchtbarkeit der Fluss-
oase. »Das ist unsere Lebensader«, erklärt
Amr das sattgrüne Band zwischen den
lebensfeindlichen Wüsten, »Ägypten ist ein
Geschenk des Nils!«

Problemlos erreicht der Bus den Hathor-Tempel bei Dendera, die »Kultstätte der Him-
mels- und Liebesgöttin«. Die NILE-EXCEL-
LENCE-Gruppe hat sie zu dieser frühen
Stunde für sich allein.

»Eine Besonderheit«, zeigt Amr auf ein
Relief an der rückwärtigen Außenfassade, »ist
die Darstellung von Kleopatra, Gaius Julius
Cäsar und ihres gemeinsamen Sohnes Cäsa-
rius Ptolemäus. Diese Darstellung gibt's nur
hier!« Und noch etwas: eine in den Sandstein
gemeißelte Nil-Barke. 49 vor Christus ließ
sich die Dame – »gar nicht mal hübsch, aber
klug und dadurch attraktiv«, so die Einschät-
zung des Ägyptologen Amr – von Sklaven

flussaufwärts nach Assuan rudern. Mit von
der Bootspartie ab Kairo: Julius Cäsar.

Seit dieser Fahrt vor 2.060 Jahren trägt der
längste Fluss der Welt auch das Prädikat:
ältestes Binnenkreuzfahrtrevier der Erde.
Abends fällt die Entscheidung zugunsten eines romantischen Ton-Licht-Spektakels im
Karnak-Tempel. Das Labyrinth der Säulen
ist gigantisch, die Show erlebenswert. Einzelne Bauphasen werden durch dramatisches
Scheinwerferlicht hervorgehoben. Dazu raunt
die Lautsprecherstimme geheimnisvoll von
königlichen Legenden um Liebe und Leid,
untermalt von farbigen Sequenzen. Die
Überlieferungen der Vergangenheit werden
vom Dunkel der Nacht gnädig verschluckt.
Etwas auch für Romantiker.

Lesen wie im Geschichtsbuch

Sonnenaufgang: das Signal zum Aufbruch in
die Unterwelt von Theben-West. Doch zuvor
gilt es den noch müde dahinfließenden Nil
mit der kleinen, landestypischen Barkasse
NILE STORY zu bezwingen.

In Serpentinenfahrt werden die Kreuzfahrer hinauf in die kahlen Sandsteinberge des
Tals der Könige gefahren. Kleine Löcher
hoch oben sind Eingänge zu Gräbern, die
so vor Plünderern geschützt werden sollten.
Auch der inzwischen im Kairoer Ägyptischen
Museum ausgestellte berühmte Pharao
Tutanchamun wurde hier 1922 unversehrt
aus seiner Ruhestätte geborgen. Durch steile

Relief am Hathor-Tempel
bei Dendera

Nil-Barke

Gänge geht es hinab zu Ramses I. und II. Fantastisch erhaltene farbenfrohe Felszeichnungen – die figürlichen Buchstabensymbole können selbst Laien entziffern und »lassen sich«, so Amr, »wie ein aufgeschlagenes Geschichtsbuch lesen« – schmücken die fahl beleuchteten Gänge.

Am Totentempel der Königin Hatschepsut begegnen sich internationale Besucher. Allein der Blick auf die dreistufige Terrassenanlage am Fuße einer rötlich-goldgelb schimmernden Sandsteinwand ist äußerst lohnend. Für Ägyptologen ist das Bauwerk noch voller Rätsel, und Romanautoren ließen sich durch sie und die Königin inspirieren.

Lebensnahe Ein- und Ausblicke

12.45 Uhr: Pünktlich klatschen die Leinen ins Wasser. Die beiden 460-PS-Diesel springen an. Auf der Brücke steht Kapitän Mohammed: in dunkelbraune Haut gebrannte Lachfalter, darüber ein weißer, lässig ins Genick geschobener Turban, flatternder dunkelgrauer Kaftan, barfuß.

Auftakt zum Abenteuer Nil! Auf der weitläufigen Sonnengalerie werden Liegestühle gerückt, einige testen schon mal den türkis lockenden Pool, dazu werden Drinks geordert und entspannt geschlürft. Es gilt die erholsamen Freuden der Langsamkeit zu entdecken.

Sattgrüne Gemüse- und Baumwollfelder, Dattelpalmenhaine, Zuckerrohr- und Bananen-Plantagen kontrastieren zu den immer enger den Fluss einschnürenden rosagelben Sandsteinbergen und Dünen. Von Deck aus lassen sich allerlei Einblicke in das geruhsame Leben der Bauern und Fischer erhaschen. Qualmende Feuerstellen würzen die Luft.

Steuermann hält die Wacht

Immer wieder ruft der Muezzin aus flächendeckenden Minarett-Lautsprechern, untermalt von rauen Eselsschreien. Auch Kapitän Mohammed und seine Flussmatrosen nehmen die Gebetsstunden wahr. Dazu bedarf es nur eines Teppichs, der auf der Brückennock

Bazar-Impressionen:
Gewürz-Kreationen

Obstverkauf mit
Wasserpfeife

Rechte Seite:
Alabaster Manufaktor
in West-Theben

ausgerollt wird. Knieend vollziehen sie ihre Koran-Übungen. Doch ein Steuermann hält nach wie vor die Wacht.

Nach der Natur- nun wieder eine Kulturpause in der Stadt Edfu 50 Kilometer stromaufwärts.

»Der Horus-Tempel ist das besterhaltene Heiligtum Ägyptens«, lässt sich Amre über Kopfhörer vernehmen. Ein meterhoher granitener Horus-Falke wacht im Hof am Eingang zur gewaltigen Säulenhalle. Mit frühen Kreuzfahrtspuren: Göttin Hathor ließ sich in zwei Wochen hierher zur Hochzeit mit Horus rudern. So erzählt es ein Relief. Das lassen sich die modernen Kreuzfahrer genüsslich auf der Zunge zergehen.

Vor der tiefer sinkenden Sonne geraten die Palmwedel am Ufer zu Scherenschnitten. Im Zeitlupentempo dahinsegelnde Frachtfeluken recken ihr charakteristisches Dreieckstuch gegen den vergoldeten Abendhimmel. Vor dem zeichnet sich an Backbord der angestrahlte wuchtige Doppeltempel von Kom Ombo ab, gewidmet Horus und dem Krokodilgott Sobek.

> Der *Nil* (arabisch: an-Nīl) ist der längste Strom Afrikas. Mit 6.671 Kilometer Länge ist er auch der längste Fluss der Erde.

Zum Tagesabschluss ein Glas ägyptischen Weins bei Kerzenschein unterm Sternenhimmel. Das ist Nil-Romantik pur.

Assuan – Technik und Schönheit

In unserer Zeit bekannt geworden ist die oberägyptische Stadt Assuan durch den gleichnamigen Hochdamm. Das umstrittene Bauprojekt wurde zwischen 1960 und 1971 von sowjetischen Ingenieuren hochgezogen und gilt mit dreieinhalb Kilometer Länge, einem Kilometer Breite und 111 Meter Höhe als das gewaltigste Bauwerk Ägyptens seit den Pyramiden.

Während einer Fahrt per Ausflugsboot erschließen sich dem Betrachter die landschaftlichen Schönheiten wie ein Bilderbuch: glattgewaschene Felsen in dunkelblauen Wasserwirbeln, auf dem die weißen Segel der Feluken schwimmen, in Treibgut stochernde weiße Ibisse, goldgelbe Sanddünen mit Kamelen, wogende Palmwipfel, dazwischen immer wieder Blüten-Farbtupfer auf roten, weißen und violetten Bougainvilleen-Sträuchern. Alles überragt vom festungsartigen Mausoleum des Aga Khan. Auf der Rückfahrt passiert man das legendäre Old-Cataract-Hotel, in dem Agatha Christie 1937 den Roman »Tod auf dem Nil« verfasste.

Steinernes Chamäleon am Nassersee

Per Boot tuckert man auch zum Tempel von Isis, der beliebtesten ägyptischen Göttin, der im Stausee zwischen altem und neuem Damm auf der Insel Neu-Philae thront. Das Kunstwerk wurde vor der Überflutung gerettet, während die Insel versank.

Einblicke ins Leben: Felder im Nilschlamm und Kleinbauern-Hütten

MS Puijo – 116 Jahre und vier Leben

Auf Kanal- und Seen-Kreuzfahrt mit Finnlands Hurtigruten

Karelien, das sagenumwobene Grenzland zwischen Finnland und Russland, gehört zu den ältesten Kulturlandschaften. Eine Weltgegend, die ich noch als »Sibirien Europas« aus dem Geografie-Unterricht kannte.

Das blaue Seen-Mosaik im Südosten des Landes, genauer gesagt: Westkarelien, wird offiziell Saimaa genannt, am Ende mit doppeltem »aa«, weil lang ausgesprochen. Er ist der viertgrößte See Europas mit knapp 15.000 Kilometer Uferlänge. Das ist so viel wie ein Drittel des Erdumfangs.

Noch vor 6.000 Jahren hobelte ein fast zwei Kilometer dicker Gletscherpanzer den Urgesteinsrücken aus Granit, Gneis und Schiefer glatt. Als das Eis mit beginnender Warmzeit geschmolzen war und sich das Land allmählich hob, blieb ein Gewässerpuzzle zurück. Sozusagen als Erbstück aus der Eiszeit und ein verlorener Teil der Ostsee: das »Finnische Meer«. Doch die rund 400 Kilometer lange und 200 Kilometer breite Seenplatte gibt sich nicht als Meer zu erkennen, sondern versteckt sich zwischen Tausenden (genauer gesagt: 13.710) Inseln. Ein Land der unendlichen Wälder, wilden Flüsse und verträumten Seen.

Drei-Kilometer-Holzfloss auf dem Saimaa

Statisten im Labyrinth

Die Heinävesi-Kanalroute von Savonlinna nach Kuopio ist eine der schönsten Schiffsrouten Finnlands. Sie führt nicht nur durch einzigartige Landschaften, sondern dient auch seit dem 19. Jahrhundert sowohl der Berufsschifffahrt als auch dem Ausflugs- und Freizeitverkehr. Schwerstarbeit war der Kanalbau infolge von schwierigem Fels- und Sumpfgelände. Zwischen 1903 und 1906 entstand der jüngste von vier: der Kerma-Kanal. Die Statisten in diesem Labyrinth sind jetzt zu Hauptdarstellern geworden: graue Felsbuckel, mit Birken, Kiefern und Fichten gesprenkelte Inseln. Über dem torfbraunen Wasser ein sommerlich hitzebedingter,

Dampfer SAVONLINNA in Savonlinna

Ganz knappe Passage der Uferfelsen

erklärt. Das Einlaufmanöver ist spannend: Passt es oder passt es nicht? Es passt immer! Trotzdem ist man als Zuschauer gebannt: Nur Zentimeter trennen die Bord- von den Schleusenwänden auf jeder Seite. Das Heck schließt genau mit dem hinteren Schleusentor ab. Zum vorderen bleibt noch ein halber Meter Luft. Das ist Steuerpräzision pur. Die Kammer kocht, als das Wasser einströmt. Im Fahrstuhltempo senkt sich der Schiffskörper.

Atem anhalten am Koukku-Knie

Um 14.30 Uhr heißt es endlich »Leinen los!« Über 65 Kilometer oder rund fünf Stunden hat die PUIJO mitten durch Karelien, sozusagen über Land, bis zu ihrem Ziel- und Hei-

mystisch-milchiger Dunstschleier. Finnland-Träume werden hier zur Wirklichkeit. An einem Saimaa-Nadelöhr, auf halbem Weg zwischen Kuopio und Savonlinna, von wo der Zubringerbus gestartet ist, liegt die Schleuse Kerma. Die Zusteigepassagiere warten gespannt auf »ihren« Dampfer. Bis er strahlend weiß vor der dunkelgrünen Waldkulisse aufkreuzt.

Es ist die PUIJO, benannt nach einem Berg in Kuopio, wie der Schleusenmeister in Kerma

mathafen Savonlinna zu dampfen. Und das schon seit über 100 Jahren!

Entlang der von Kuopio über Heinävesi nach Savonlinna führenden insgesamt 170 Kilometer oder zehneinhalb Stunden langen Schiffsroute präsentiert sich die echte Wasserlandschaft des Savo-Seengebietes. Quasi in Slalomfahrt steuert Kapitän Kari, der auch ein Hochsee-Steuermannspatent besitzt und außerhalb der Saison Frachter fährt, seinen Dampfer durch die oft schiffsschmalen, kurvenreichen Gewässer, die durch zwei weitere Schleusen unterbrochen sind. Stellenweise so haarscharf an Felswänden entlang oder direkt darauf zu, dass man glaubt, den Rumpf daran kratzen zu hören. Am Koukku-Knie (Koukunpolvi) möchte man seinen Atem anhalten, als Puijo kunstvoll eine 300-Grad-Wende vollführt. Hohe Steuermannskunst! Bis sich der Blick wieder entspannt weitet auf eine von Inseln gesprenkelte Seenlandschaf, die durch alte Kanäle und zwei weitere Schleusen verbunden sind. Zusammengenommen macht all dies die Route einzigartig, nicht zuletzt auch, weil sie durch eine der schönsten finnischen Landschaften führt. Die waren schon vor 5000 Jahren bekannt. Felszeichnungen aus der Gegend berichten von steinzeitlichen Bootsfahrern.

Mit der Heinävesi-Route untrennbar verbunden sind die Nationalparks Kolovesi und Linnansaari. In ihren Gewässern tummeln sich noch etwa 300 Saimaa-Robben, die auf der roten Liste der bedrohten Tiere stehen.

Hurtige Heinävesi-Route

Erst zu Beginn des 18. Jahrhunderts wurde diese Fels-, Wald- und Wasserwildnis besiedelt. Die Kanalisierung der Route begann Ende des 19. Jahrhunderts.

In dieser schönen Kanal-Landschaft arbeitete sogar mal ein Eisenhüttenwerk, für Ostfinnland damals so etwas wie ein industrieller Aufschwung.

Folge der Kanalisierung war ein lebhafter Schiffsverkehr auf der Heinävesi-Route, die sich bald zu einem beliebten Reiseziel entwickelte. Die zwanziger und dreißiger Jahre des 20. Jahrhunderts gelten denn auch als das »goldene Zeitalter des Tourismus«. Die Dampfer waren brechend voll. »Gleichzeitig musste man sich auch um die berechtigten Beförderungsbedürfnisse der örtlichen Anwohner kümmern, denn es gab damals kaum Bahn- oder Straßenverbindungen«, hört man über den Bordlautsprecher. Die Anwohner der Schifffahrtsroute wollten aber auch mal eine Reise in die nächste Stadt

oder gar eine Kreuzfahrt zu Mittsommernacht unternehmen, um sich von dem oft harten, eintönigen Alltag zu erholen. Oft befanden sich unter den Passagieren Paare auf Verlobungsreise. Für die jungen Leute blieb das oft die einzige Begegnung mit der Stadt, denn die Mühen des Alltags ließen ihnen damals keinen Spielraum.

Daneben nahmen die Dampfer aber auch Studenten- und Schülergruppen an Bord. Der Vergleich mit der norwegischen Hurtigruten und ihrer küstenverbindenden Rolle liegt nahe. Bis heute, wenn man die unterwegs aus- und zusteigenden Passagiere mit Koffern und Taschen beobachtet. Manche wollen auch »einfach nur mal den Nachbarn auf der nächsten Insel besuchen«, wie man hört.

Typische Saimaa-Seezeichen am felsigen Ufer

Puijo-Film abgespult

Gegen den Wald am gegenüberliegenden Ufer heben sich weiße oder gelb-rote rechteckige Tafeln ab. Beleuchtet geben sie auch nachts Peilhilfe und zeigen den Kurs an: wie lange geradeaus gefahren, wann gedreht werden muss. Plötzlich schiebt sich eine scheinbar undurchdringliche Regenwand dazwischen. »Mit unserem hochmodernen Radar kein Grund zur Panik«, lächelt Kapitän Kari. Er

oder Flugzeug genutzt werden. An manchen Schiffsschornsteinen prangen nach wie vor die blankgewienerten Symbole Hammer und Sichel der verflossenen Sowjetmacht.

Erste russische Impressionen

Berüchtigt war sie auch wegen ihrer strengen, langwierigen Einreisekontrollen. Die Flusskreuzfahrer aus Deutschland, der Schweiz, Österreich und Chile sind jedoch angenehm überrascht, wie reibungslos – unkomplizierter als in den USA – alles läuft. Weniger die Fahrt vom Flughafen über eine von sechs zehnspurigen Ringautobahnen, die wie ein Spinnennetz die Metropole umklammern. Zweieinhalb Stunden zockelt der Bus in Wochenend- und Feierabend-Staufahrt bis zum Hafen. Wobei die vielen Einblicke in russisches Auto-Innenleben für muntere Unterwegs-Unterhaltung sorgen.

Die Moskauer feiern den Sommer und genießen die seltenen tropischen Temperaturen von bis zu 40 Grad. Auf der Uferpromenade und in den angrenzenden Parks wimmelt es von Menschen, die am Fluss ein wenig Abkühlung suchen. Amerikanische Musik dröhnt aus Lautsprechern, Bierflaschen klirren mit ihr um die Wette. Der Vollmond lächelt milde dazu über dem roten Stern des Hafenbahnhofs. Getreu dem vielsagenden Tagesmotto: »Das Leben schwer zu nehmen ist leicht. Das Leben leicht zu nehmen ist schwer.«

Zwei Tage haben die Gäste von früh bis spät nutzen können, um sich trotz Hitze in der pulsierenden Elf-Millionen-Metropole mit Weltstadt-Ambitionen umzusehen: Kreml-Besichtigung, Stadtrundfahrt, Moskau bei Nacht oder unter Tage in der Metro, im Nordosten das Dreifaltigkeitskloster von Sergijew Possad oder aber das Kaufhaus GUM, wo die Neureichen die Einkaufstüten von Gucci und Prada füllen – Russlands Hauptstadt und Umgebung bieten so einiges.

Länger als Panama- und Nord-Ostsee-Kanal

Den Kanal, erklärt Kreuzfahrtleiterin Claudia Stabik in ihrem Einführungsvortrag, gruben Sträflinge auf Befehl Stalins zwischen 1932 und 1937. Was sie damals unter größten Strapazen leisten mussten, ist beachtlich: In der Rekordbauzeit von knapp sechs Jahren bewegten sie 154 Mio. Kubikmeter Erdreich, verarbeiteten 2,9 Mio. Kubikmeter Beton und Stahlbeton, errichteten elf Staudämme, ebenso viele Schleusen, 15 Brücken, acht Wasserkraftwerke und Sperrtore, fünf Pumpstationen und zwei Tunnel unter dem Kanal. Außerdem wurden zahlreiche Anleger gebaut, drei Binnenhäfen angelegt, 203 Siedlungen und Ortschaften umgesiedelt, neben dem Schiffahrtsweg ein doppeltes Röhrensystem für den Trinkwassertransport sowie Telefon-, Telegrafen- und Stromleitungen verlegt. »Das haben wir bisher nicht

Russisches Wappen

Uferpromenade in Moskau

Moskau

*Der Kremel am
Moskwa-Ufer (rechts)*

Basilius-Kathedrale (unten)

Nowodewitschi-Kloster

*Russland-Souvenir:
Matroschka-Puppen*

Lehnfürsten des Moskauer Großfürstentums und Tante Ivans des Schrecklichen.

Per Bus lässt sich die Mehrheit an den Souvenirständen vorbei in das zehn Kilometer entfernte Kirillow-Beloserski-Kloster schaukeln, eines der berühmtesten Russlands. Begründer war 1397 der Moskauer Mönch Kirill, der hier ein neues, bußfertiges Leben beginnen wollte. Seine Blütezeit erlebte das Kloster im 16. und 17. Jahrhundert als größtes feudales Zentrum des Nordens.

Eine willkommene Chance jedoch für individuelle Erkundungen, um ein paar Streiflichter vom russisch-ländlichen Leben zu erhaschen. »Klöster zeigen nur die Vergangenheit«, meint Helmut, ein Mitfahrer, »auch wenn hier nicht alles nur eitel Freude und Sonnenschein ist.« Soziale Einblicke sind nicht so gern gesehen, aber sie beleuchten die Gegenwart, die durch Regenwolken verfinstert ist. Auch die Gesichter der Menschen, die sich auch durch ein freundlich gewünschtes »priwjet« oder »Hallo!« nicht erhellen lassen. Schüchternheit, dörfliche Scheu oder Angst vor Fremden? Wer weiß? Bettelnde Kinder wie früher erlebt man nicht mehr, auch weniger schlammige Schlaglochpisten. Asphalt hat inzwischen die Oberhand gewonnen.

Aus den Vorgärten der zahlreichen grellbunt angestrichenen Holzhäuschen, auch dies überraschend, weht ein würziger, appetitanregender Hauch aus Dill-, Kohl-, Kartoffel- und Blumendüften über die Zäune. An einer Straßenecke bieten zwei Frauen goldbraun geräucherte Scheksna-Fische an. Hart wie Bretter, aber preiswert. Gorizy sieht noch so aus, wie Gogol einst ein russisches Dorf beschrieb.

Kratzige Küsse vom Kloster-Abt

Aus dem Dorfmagasin, der Kaufhalle, schwanken ein paar verwilderte Gestalten mit Bierflaschen. Der Stoff ist wie auch Wodka erschwinglich und vernebelt die harte Realität, die inzwischen wieder von der Sonne warm bestrahlt wird.

Sonnenblumen hingegen zu fotografieren kann Zorn erregen. Im Vorhof des eingerüs-

Gorizy – Frauenkloster, herzlicher Abt und bunte Holzhäuser

173

teten Klosters »Christi Auferstehung« zetert eine kopfbetuchte Frau. Nur so viel ist ihrem erregten Wortschwall und den abwehrenden Gesten zu entnehmen, dass so ein Unterfangen an diesem heiligen Ort unerwünscht sei. Abschließend bekreuzigt sie sich, flucht aber unchristlich hinterher: »Paschol k tschortu!«, zu Deutsch: »Geh zum Teufel!«

Ein Mischlingshund indes erweist sich als treuer, aber scheuer Begleiter durch das verfallene Gelände. Er wird ähnlich schlechte Erfahrungen mit den Menschen gemacht haben.

Der schwarzgewandete, bärtige Mann mit Käppi, der einem klapprigen Mercedes entsteigt, macht alles wieder wett, als er von uns freundlich gegrüßt wird. Seine hübsche, junge Begleiterin, Kunstgeschichte-Doktorandin aus Sankt Petersburg, stellt ihn auf Deutsch vor als Abt Michail, der auf Inspektionsreise durch »seine« Klöster in der Region sei. Himmlisch-herzliche Verabschiedung mit vierfach kratzendem Wangenkuss und Hupkonzert.

Wodka – ein traditioneller russischer Genuss

Vier Russen fragen nach dem günstigsten Weg ins Kloster. Da fühlt man sich gar nicht mehr als Fremder.

Überleben in der Gegenwart

Über die sandige, ausgefahrene Dorfstraße schwankt – wie eine Erscheinung – die ausgemergelte, zahnlose, völlig verschmutzte und zerlumpte Gestalt eines älteren Mannes und winkt: »Pozalujsta, bitte, kommen!« Soll man oder soll man nicht? Eine intensive Wodka-Fahne umweht den Gebeugten, der uns schon von einer früheren Reise her irgendwie bekannt vorkommt, wir ihm anscheinend nicht. Ein Foto? Er lehnt ab und kehrt uns den Rücken zu.

In seiner windschiefen Hütte – alles noch wie kurz nach der Wende – herrscht am helllichten Tag Finsternis wie einst. Hinter schiefen Pappwänden noch der wacklige Stuhl, der dreibeinige Tisch und das zerwühlte Lager, dessen zerfetzter Bezug seit damals offenbar nie gewechselt worden ist, darauf eine Schicht von vertrockneten Brotkrümeln und

Tabakresten. Kein Wasser, kein elektrisches Licht. Sein letztes Fläschchen »Lebenselixier« umgestürzt und leer. An den schwarzgeräucherten Wänden noch die vergilbten, kaum noch sichtbaren Zeitungsbilder. Igor, so heißt der um Jahre gealterte Mann, entblößt wieder seinen Oberarm und präsentiert im Licht des einzigen Fensters schief grinsend die Tätowierung: »Cuba libre«. Wir kennen das schon. Mit seinen vor Dreck schwarz glänzenden Fingern zerrt er mühsam ein abgegriffenes Album unter seiner Schlafstätte hervor: ein paar Foto-Erinnerungen. Sein besseres Leben führte er als Marinesoldat der Rotbannerflotte auf der karibischen Zuckerinsel. Letzter, anscheinend einziger Stolz, der ihm in seinem armseligen Leben ohne Arbeit und Geld, bis auf ein paar erbettelte Touristen-Rubel, noch geblieben ist. Bis heute. Wie überlebt so ein Mensch hier, stellt sich uns die Frage. Müde und schwankend winkt er: »Dozwidanja!« Auf Probleme wie dieses über aktuelle Fragen zu Russland weiß

niemand eine schlüssige Antwort bis auf die, dass vieles noch wie früher oder gar schlimmer geworden sei.

Wodka-Probe auf dem Weißen See

Noch ist Zeit für zweieinhalb Stunden Landgang mit einem schnellen Bad in der warmen Scheksna und Einkäufen. Vor dem Schiff werden Honig, Stachelbeeren und eingelegte Gurken angeboten. »Dazu Wodka – ein traditioneller russischer Genuss!«, wirbt der Händler gestenreich, der mit dickem Geländewagen vorgefahren ist.

Während des Abends – mit Wodka-Probe vor dem Essen – passiert die PRINZESSIN in zwei Stunden den Weißen See. Wahrzeichen am südlichen Eingang ist die ehemalige Christi-Geburts-Kirche von 1673, die zum überschwemmten Dorf Krochino gehörte.

»Der See hat«, wie Claudia zuvor informiert hat, »eine Ost-West-Ausdehnung von 46 und eine Breite von 33 Kilometern. Seine

Fläche beträgt 1.290 Quadratkilometer und die maximale Tiefe sechs Meter.« Auch er ein Teil des legendären Wolga-Ostsee-Wasserweges, der erst 1964 eingeweiht wurde. Sein Vorgänger war das »Mariensystem«, ebenfalls ein Plan von Zar Peter I. Seit 1810 konnten kleine Schiffe von Sankt Petersburg bis zur »Hauptstadt der Treidler« Rybinsk fahren; heute sind es respektable Binnen-Seeschiffe, die durch die sattgrüne Waldkulisse dampfen. An diesem Abend wettert eine Flotte von rund 20 Frachtern und Tankern – sie sind auch auf der Ostsee und im Schwarzen Meer zu Hause – im Norden des Weißen Sees vor Anker einen Kuhsturm ab, der die PRINZESSIN nur sanft in achterlicher See rollend voranschiebt. Glück gehabt mit der Windrichtung! Am linken Ufer zweigt der 67 Kilometer lange Beloserker Kanal ab, der Mitte des 19. Jahrhunderts gegraben wurde, um schwächeren Schiffen den oft sturmgepeitschten gefährlichen Weg über Onega- und Ladogasee zu ersparen.

Wytegra-Viagra, B-440, Puschkin

Nach weiteren sieben Schleusen mit 86 Metern nächtlicher Abwärtsfahrt und Kurs über die Kowsha geht diese in den schmalen Flusslauf der Wytegra über, Teil des 359 Kilometer langen Wolga-Ostsee-Kanals. Beide Flüsse waren schon durch das System der Marienkanäle miteinander verbunden.

Als Claudia Wytegra ankündigt, fragt ein Gast sie allen Ernstes: »Viagra heißt der Ort?« Heute ist die quadratisch angelegte 13.000-Einwohner-Stadt, in die einst Verbannte geschickt wurden, Sitz der Kanal-Hauptverwaltung. Ihr Name ist finno-ugrischen Ursprungs, klärt Claudia auf, und bedeutet »Fluss, der vom See stammt«.

Stau auf dem gestauten Fluss: Auch hier rund zwei Dutzend Schiffe vor Anker, die wegen des Sturms nicht weiterfahren dürfen.

Ein Hundewetter, um abzutauchen – in den Rumpf eines russischen U-Bootes. Das gilt als Wahrzeichen von Wytegra, wie das über den gesamten Flussbahnhof gespannte Banner verkündet. In der Stahlröhre ist man jedenfalls sicher vor Nässe. »Hier, mitten im Land, so ein Kriegsschiff?«, fragen einige und lassen sich vom U-Boot-Fieber packen, denn alle kennen den legendären Film »Das Boot«. Anja, ein blondes »Girly« in hautengen Jeans und Kunstlederjäckchen, führt gemeinsam mit Dolmetscherin Lena durch das im Süßwasser schwimmende Museum, das hinter einem Schilfgürtel aufragt, dunkelgrau und bedrohlich wie der Himmel. Anja spult zwischen Torpedos, Dieselmotoren, Rohrleitungen und Handrädern ihr Programm ab. Man erfährt, dass das Boot B-440, NATO-Klassifizierung »Foxtrot« – »weil es so beweglich war« – 1969 auf der Leningrader Werft zusammengeschweißt wurde. Seine beeindru-

90 Tage blieb die 80-köpfige Mannschaft auf See, ohne versorgt werden zu müssen. Unter harten U-Boot-Fahrer-Bedingungen wie in allen Marinen der Welt. Hut ab vor den Männern!

Bei der Frage allerdings, ob jemals einer der zehn Torpedos (22 konnten insgesamt geladen werden) vom Kaliber 533 Millimeter auf ein feindliches Ziel scharf abgeschossen wurden, muss die blonde Anja passen. Das Gemälde der unter mysteriösen Umständen vor ein paar Jahren in der Barentssee gesunkenen KURSK lässt sie links liegen.

Mafia-Kampf und Puschkin-Romantik

Ein Vergleich der Lebensverhältnisse auf B-440 mit denen an Bord des Kreuzfahrers fällt eindeutig zugunsten der PRINZESSIN ANNABELLA aus. Als technische Meisterleistung sei zwar so ein Tauchboot zu betrachten, er wirkt aber auch sehr bedrückend.

Doch dann wird die Enge wirklich beängstigend real, als sich eine endlose Passagierschlange des Nachbar-Passagierschiffes in die Röhre schiebt. »Die Russen kommen!«, ruft jemand entgeistert und flüchtet in den Regen: zu »Aljoscha«, dem meterhohen weißen Soldaten mit umgehängter Kalaschnikov. Ohne jeglichen Respekt vor ihm fahren plötzlich zwei Nobelkarossen mit quietschenden Reifen vor, drei bullige Stiernacken-Figuren in glänzenden Trainingsanzügen springen heraus und dreschen brüllend, offenkundig von Wodka angestachelt, aufeinander los. Ein Mafia-Kampf – direkt vor dem Gefallenen-Denkmal?

Quasi zur Entspannung für den Nachmittagsschrecken steht das Abendessen unter dem kulinarischen Motto »Smatschnogo«: ukrainisch für »guten Appetit!« – Borschtsch und pilzgefüllte Pirogen satt stehen auf der Speisekarte. Auch ein Glas Blaubeeren, das eine Babuschka am Anleger für 40 Rubel verkauft hat.

Sozusagen als geistiges Dessert servieren Olga und Lena einen »romantischen Puschkin-Abend«. »Sie entführen Sie«, so das

Leben auf engstem Raum

ckenden Maße, größer als jedes deutsche U-Boot: 91,3 Meter Länge, 8,5 Meter Breite und fünf Meter Tiefgang, 16,8 Knoten Geschwindigkeit, Wasserverdrängung bei Fahrt über Wasser 1.945, unter Wasser mächtige 2.472 Tonnen.

19 Jahre lang diente es im 4. Geschwader der Nördlichen Flotte, durchpflügte Ost- und Nordsee ebenso wie Atlantik, Schwarzes und Mittelmeer.

Seine Reichweite betrug bei Überwasserfahrt unglaubliche 30.000, unter Wasser aber nur 240 Seemeilen. Normalerweise tauchte es bis zu 240 Meter tief, aber maximal sogar bis zur 400- Meter-Marke.

Programm, »in die Welt dieses Lieblingspoeten der Russen mit tiefer Seele und bringen Ihnen seine Persönlichkeit unter Begleitung unseres Duos Iwuschka auf entspannende und fesselnde Weise näher.« Im bordeigenen Abendproramm läuft das Historiendrama »Katharina die Große«.

Kapriolen passen zu Kobolden

Nach 20 sturmbedingten Wartestunden – der locker gestrickte Fahrplan lässt es zu – legt die PRINZESSIN am nächsten Morgen um acht Uhr ab und stoppt nur noch einmal in der Schleuse Nr. 1, die unter schwierigsten Klima- und Bodenbedingungen als erste gebaut wurde.

Geduldig warten auch auf der anderen Seite ganze Frachterkolonnen auf ihre Schleusung. Die PRINZESSIN genießt als Passagierschiff die bevorzugte Behandlung. Anders wäre auch kein Fahrplan zu halten.

An den Ufern türmen sich abgeholzte Birkenwälder, fertig zum Verladen in die Papierfabriken, auch ins finnische Karelien. Das ist wie Eulen nach Athen tragen, aber Holz ist in Russland preiswerter.

Der Birkenwald wird lichter, weicht sumpfigen Wiesen, bis sich die Wytegra nach zwei Stunden bei Kanalkilometer 943 ab Moskau ins scheinbar Unendliche weitet. Steuerbord achteraus verschwimmen die gelben, von Kiefern festgehaltenen Dünenkämme im Regendunst.

Die meterhohen Wellen vom Vortag haben sich klein gemacht, aber es gibt reichlich »Wasser von oben«. Tief hängende graue Wolken deckeln den gleichfarbigen See. Das Außenthermometer zeigt kühle 13 Grad, Schauer waschen das Schiff, später umhüllen es Nebelschwaden. Ein meteorologisches Kontrastprogramm mit Wetterkapriolen, dazu tanzen auf der Steinmole bunte, hölzerne Kobolde um einen gestrandeten Segler. »Hoffentlich ist das keen schlechtes Omen«, unkt Dieter in breitestem Sächsisch, »wenn wir auf der Rückfahrt ooch so een Wedder ham, na dann gude Nacht, nu!« Dann schweigt er, »ein Pessimist, der das Schlimmste erhofft und auf das Beste gefasst ist« gemäß dem Tagesspruch von Karl Kraus. Claudias Lautsprecher-Vorlesung über russische Geschichte, die sie anschließend mit einem Film illustriert, übertönt Dieter schließlich. PRINZESSIN ANNABELLA indes nimmt leicht rollend Kurs auf Petrosawodsk, Hauptstadt der Republik Karelien im Nordwesten Russlands.

Geheimnisvoller Onega

Von 61 bis 63 Grad Nord dehnt sich der Onega, übersetzt der »stürmische See« – auf der gleichen geografischen Breite wie das sibirische Jakutsk und der Nordteil von Kamtschatka. Mit rund 10.000 Quadratkilo-

Onegasee: 248 Kilometer lang, 89 Kilometer breit

metern (zum Vergleich der Bodensee: »nur« 539 Quadratkilometer) ist er, der die Umrisse eines Krebses mit einer Schere hat, größer als alle westeuropäischen Seen: 248 Kilometer lang, 89 Kilometer breit, mit einer Uferlinie von 1.500 Kilometern und einer mittleren Tiefe von 30, maximal 120 Metern. Schiffsneubauten, sogar von den Werften an der Wolga, absolvieren hier gern ihre Probefahrten unter Hochseebedingungen.

MS PRINZESSIN ANNABELLA steckt ihre schlanke Nase in den hier dünengesäumten Onegasee. Eine schier uferlose Fläche, über den ein kräftiger Südwind Regenschauer jagt und ihr Schaumköpfe aufsetzt. Bis zu fünf

Flagge Kareliens

Die Flagge Kareliens symbolisiert die Schönheit des Landes (rot), den Wasser- (blau) und Waldreichtum (grün).

Spurensuche: Zar Peter, Lenin, Stalin

Nach neun Stunden Seefahrt kommen die Schornsteine und Hochhäuser der 270.000-Einwohner-Stadt Petrosawodsk am westlichen Seeufer in Sicht: Auf 25 Kilometer Länge und fünf Kilometer Breite, terrassenartig angelegt und eingepasst in die hügelige Landschaft wie ein Amphitheater, wobei der Onegasee die Bühne gibt. Im Uferpark begrüßt Natascha die Gruppe, aber auch Zar Peter der Große von seinem birkengesäumten Denkmalsockel herab. Per Befehl ließ er 1703 mehrere Gusseisenwerke zur Kanonenherstellung und eine Werft errichten, nachdem reiche Erzvorkommen in Karelien entdeckt wurden. Das war die Geburtsstunde »seiner« Stadt. Fortan hieß sie Petrosawodsk, aus »Petro« (Peter) und »sawod« (Werk). Fertig war der Name – und »Peters Werk« im wörtlichen Sinn.

Das wurde im Zweiten Weltkrieg, so Natascha, von den Finnen fast dem Erdboden gleichgemacht. »Daher gibt es bei uns fast nur neuzeitliche Gebäude und kaum noch traditionelle karelischen Holzhäuser.« Es dominieren schmucklose Ziegelblocks aus der Stalinära, einige wie der leuchtend gelbe Bahnhof im Zuckerbäckerstil. Über dem Wissenschaftszentrum prangt immer noch die sowjetische Inschrift »Akademia Nauk SSSR«; auch Lenin ist nach wie vor in monumentalem Granit und als Straßen- und Platzname präsent. »Wo sollen wir auch hin mit ihm?«, fragt sie rhetorisch. Das Gleiche gilt für seinen Kampfgefährten Michail Kalinin, »der aber beim Volk sehr beliebt war und auf Befehl Stalins ermordet wurde«. Er und seine Vorgänger, einschließlich der Zaren, verbannten auch gern politische Gegner nach Karelien, ins »kleine Sibirien vor der Haustür«. Das raue Klima – feucht, 200 Tage Winter mit bis zu minus 44 Grad und hohem Schnee – machte ihnen beim Bau der Murman-Bahn und

Meter (!) hoch können sich hier die Wellen auftürmen – wie auf hoher See. MS Anton Tschechow, die große Schwester der Prinzessin Annabella, hat dies tatsächlich erleben müssen: während ihrer zweimonatigen gefährlichen Überführungsreise Anfang 2000 vom Jenissei durch das Nordpolarmeer, den Atlantik, die Nordsee in die Ostsee nach St. Petersburg. Dabei hat ihr ein wilder Skagerrak-Sturm, so Barmanager Slava, eine Reihe von Fenstern zerschlagen und sie in arge Bedrängnis gebracht. Ein Schutzhafen war, wie er berichtet, weit und breit nicht in Sicht. Das ist auf dem Onegasee zum Glück anders. Eiszeitliche Gletscher hobelten das gewaltige Becken in den Granit und Gneis des viereinhalb Milliarden Jahre alten Baltischen Schildes und hinterließen auch 1.650 Inseln. Die Entlastung vom Eis vor 4.500 bis 5.000 Jahren bewirkt noch heute, dass sich das nördliche Ufer hebt und das südliche absinkt.

Karelische Taiga, die Hälfte der Landesfläche, umgibt den Onega. In den riesigen Birken- und Kiefernwäldern des hügeligen Flachlandes, das sich bis zu den Küsten des Weißen Meeres erstreckt, tummeln sich Bären, Elche, Wölfe und Füchse, aber nur vier Einwohner pro Quadratkilometer. Die grenzenlose Landschaft mit ihren rund 66.000 Seen setzt sich nach Westen fort und bringt es in Finnland sogar auf 188.000 Seen. 40 Flüsse und über 1.000 kleinere Zuflüsse speisen sein einzigartig reines, dunkles Wasser, das mit nur 35 Milligramm Salz pro Liter destilliertem Wasser gleichkommt, tausendmal weniger als im Meer.

Wenig später wird es wieder spannend, als hinter einer Kurve die erste von elf weiteren Schleusen sichtbar wird. In der Mitte der Brücke bleiben einige stehen, um Bilder zu schießen. Das passt dem ergrauten Wärter nicht, der offenbar nur darauf gewartet hat, seine Macht zu demonstrieren, böse Worte herüberzubrüllen und mit erhobener Faust zu drohen. »Fotografieren verboten!«, weiß Lena, »das geht noch auf ein Stalin-Gesetz von 1938 zurück. Seit 1991 ist das komischerweise wieder verschärft worden, niemand weiß warum.« Obwohl heute Satelliten aus dem All sogar das Nummernschild eines Autos fotografieren können. Lena schüttelt verständnislos den Kopf und meint nur: »Eta glupa!« – so was Dummes! Der uniformierte Rote-Armee-Veteran fuchtelt drohend mit seiner Kalschnikov hinter den Passagieren her, die in friedlich-touristischer Absicht unterwegs sind. Den »kalten Privatkrieger« und »seine« Schleuse haben sie trotzdem im Bild festgehalten. Diesen »Vorfall« muss er an eine der nächsten Schleusen weitergemeldet haben: Wenn weiterhin fotografiert werde, darf nicht weitergefahren werden, heißt es. Auf späteren Schleusen patrouillieren manchmal sogar bis zu drei »Flintenweiber« mit frei herumlaufenden Wachhunden. Sowjetisch-Absurdistan lässt vielmals grüßen. Im müllübersäten Birkenwald – Lenas Erklärung: »Gestern, am Samstag, ist hier gefeiert worden« – erfüllt Rauschen und Tosen die Luft, bis sich der Blick am Fuß einer Klippe öffnet. Gurgelnde, schäumende und spritzende braun-weiße Wassermassen stürzen über eine harte Granitschwelle herab. Sie bildet die Wasserscheide im Belomorkanal. Ab hier geht es nur noch bergab, insgesamt 112 Meter durch die Schleusen acht bis 19 dem Weißen Meer entgegen. Von dem bläst schon eine kühle Brise herüber, und der Vollmond verheißt gutes Wetter für die Überfahrt von Kem nördlich Belomorsk zu den Solowezki-Inseln.

Vögel des Glücks – ein Orakel?

Um sechs Uhr in aller Herrgottsfrühe starten die GULAG-Ausflügler zu ihrem 14-stündigen Mammutprogramm gemäß dem Tagesmotto: »Die Hauptsache ist, nicht früh aufzustehen, sondern den Tag gut auszunutzen.« Claudia hat den Spruch ausgesucht und verspricht, ihn auch vollständig zu erfüllen. Am Anfang steht ein kurzer Fußmarsch vom Anleger Sosnowietz (Kiefernbaum) zum Bus, für den die splittübersäte Zufahrt zu steil und rutschig ist. Mystische Frühherbst-Nebel wabern über den Kanal und das unendliche Grünmeer. Schrille Trompetenschreie durchschneiden die Stille: zwei Kraniche im Tiefflug. Die »Vögel des Glücks«, ein Orakel? Sechs Uhr vorbei, kein Bus in Sicht. Nur das dumpfe Horn einer Lok der Murman-Bahn blökt in der Ferne. Bei fünf Grad fängt die Gruppe an zu bibbern. Ein grellbunter

Wasserscheide neben dem Belomorkanal

russisch-orthodoxer Waldfriedhof bietet nur kurzzeitig Foto-Abwechslung. Einige packt das Sammelfieber, als sie Birkenpilze entdecken. Dann der erlösende Ruf: »Er kommt!« Der Fahrer gibt sich wortkarg, eine geschlossene Bahnschranke habe ihn aufgehalten. Wer's glaubt?

Das dunkle Rüschen- und Gardinen-Ambiente des Busses veranlasst jemanden zu dem Kommentar: »Komm mir vor wie in einem Leichenwagen!«

Der Fahrer will die Schlappe wieder gutmachen und brettert los: mit 100 Sachen über die Taiga-Piste, knallt durch Schlaglöcher und fliegt über Felsbuckel, untermalt von unerträglichem Werbegeplärr aus dem Bordradio. 80 Kilometer Schüttel-, Rüttel- und Schaukelpartie im Halbschlaf, bis der marode Hafen von Kem nach knapp zwei Stunden endlich erreicht ist. Bus-Maut für 200 Meter Privatstraße: saftige 500 Rubel.

An der Pier ein hellblaues, museumsreifes Bötchen, die ALEKSANDER SCHABALIN aus Archangelsk, gerade mal 20 Meter lang und eineinhalb Meter eintauchend, höchstens geeignet für Hafenrundfahrten. Es wurde

Das Weiße Meer

benannt nach einem »verdienten« Marineoffizier der Nordmeerflotte, wie eine Fototafel erläutert.

Das Innere des »GULAG-Transporters« sieht auch nicht gerade vertrauenerweckend aus: Ölfässer an Deck, Toilette und »Salon«, bei dem nur die Eingangsschilder stimmen, im offenen Maschinenraum blubbert ein verschmierter Lkw-Motor. Das Wetter verspricht eine ruhige Überfahrt, die die meisten lieber an Bord der um ein Vielfaches größeren und stabileren PRINZESSIN unternommen hätten. Doch die hat als Flussschiff keine Sondergenehmigung bekommen.

Über das »Banditenmeer«

Voraus eine in der Morgensonne weiß glänzende, glitzernde Fläche: das Weiße Meer, dessen Farbe eher schwarz erscheint, aber durch besondere Lichtverhältnisse und langanhaltende Vereisung am Polarkreis zu seinem Namen kam. Der polnische Journalist Mariusz Wilk, er lebte längere Zeit auf den Solowezki-Inseln, erlebte es auch »rosa, zinnoberrot oder golden«. Er machte aber auch

Sankt Petersburg

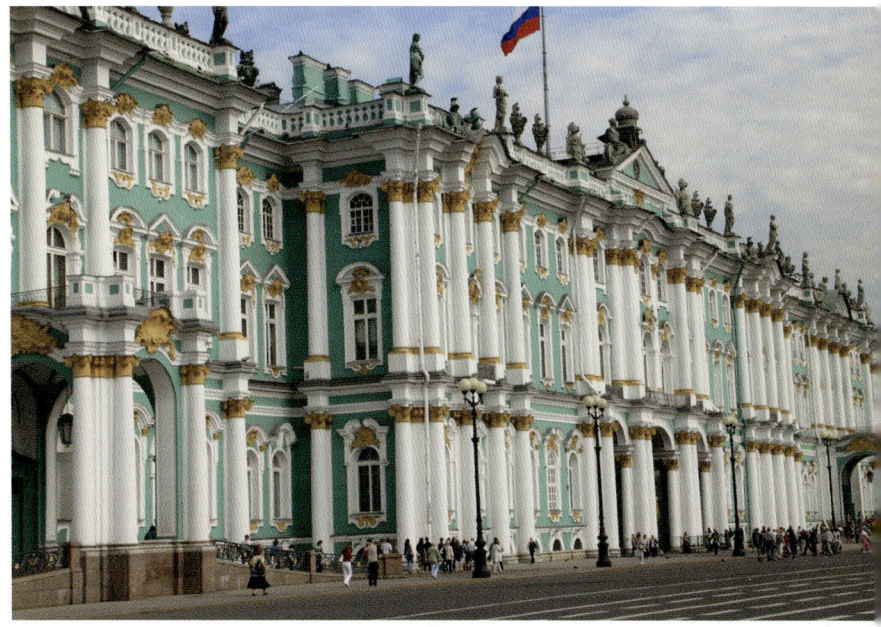

Der Winterpalast

Kathedrale
Sankt Peter und Paul

Unten: Auferstehungskirche (l.),
St. Isaaks-Kathedrale

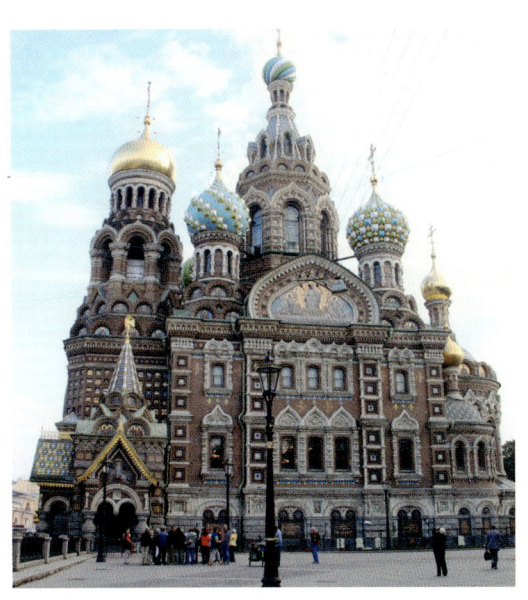

43 Schleusen erreicht. Das »Venedig des Nordens« mit seinen ausklingenden »Weißen Nächten« und unzähligen Sehenswürdigkeiten zieht die Gäste unwiderstehlich in seinen Bann: ob durch eine Stadtrundfahrt – nicht nur über den Newski-Prospekt –, die Eremitage, den Katharinenpalast in Puschkin oder die abendliche Kanalrundfahrt bis zum »Revolutionskreuzer« AURORA. Sankt Petersburg ist der letzte Höhepunkt der in vielerlei Hinsicht bewegenden Reise. Sie sollte kein Endpunkt sein! Nur eins bleibt: die Erinnerung. Deshalb: »Do skórawa!« – »Bis zum nächsten Mal!«

Bei Robbenfängern und Rentierzüchtern

Schier unübersehbar ist die Armada von Hubschraubern, die auf dem Militärflugplatz von Archangelsk geparkt ist. Einer davon mit den blauen Lettern AEROFLOT steht allerdings für unsere Touristengruppe bereit.

Solotica – Einwohner warten auf die Ladenöffnung

Extra aus Moskau angereist ist die dunkelhaarige Russin Mascha mit perfekten Englischkenntnissen, Tochter eines Parlamentsabgeordneten. Sie soll uns während der kleinen Expedition entlang der Küstentaiga fachkundig betreuen. In russischen und ausländischen Medien hat sie, Vorsitzende der russischen Tierschutz-Liga und Greenpeace-Kontaktfrau, allerdings kritisch über die barbarischen Tötungsmethoden an Robbenbabys berichtet. Das schafft ihr jetzt Probleme. Ein »Zivilist« erkennt sie und verbietet ihr den Mitflug – oder unsere Gruppe dürfe nicht starten, wenn sie darauf beharre. Mascha verzichtet. Zumindest eins haben die Offiziellen erreicht: eine internationale Gruppe hellhörig zu machen, darunter sechs Journalisten. Der 15er-Trupp ist per Eismeer-Express in 28 Stunden von St. Petersburg nach Archangelsk an der Sewernaja-Dwina-Mündung gereist, um als erste eine Region Nordrusslands kennenzulernen, die – bis vor Kurzem noch Sperrgebiet – als touristisch unerschlossen gilt. Nach einein-

190

Kaviar in rauen Mengen – und preiswert

umgekehrt gereist ist, hat gerade mal schlappe 350 von insgesamt 3.690 Kilometern erlebt, bekommt aber Appetit auf den »langen Rest«, wie jemand sagt.

Über die kilometerlange Uferpromenade – »einmal an der Wolga spazierengehen …«, schwärmte schon Lenin während seines Züricher Exils – bummeln junge Russen. Sie feiern laut- und promillestark das beginnende Wochenende. Wie überall auf der Welt. Zar Peter der Große, Förderer Astrachans, schaut von seinem Denkmalssockel großzügig über das Treiben hinweg in die Ferne. »Wolga, Wolga, matj rodnaja …«, wimmern an Oberdeck Balalaika-Klänge die bekannte Volkslied-Melodie über Stenka Rasin, den russischen Robin Hood, und animieren zum Mitsummen. Pure Romantik, und die sogar bei Neumond, wie sie sich Maria, die »Nachbarin zur Linken«, gewünscht hat.

Kaviar-Hauptstadt zwischen Verfall und Aufstieg

Wasserreiches Astrachan, gegründet als Tataren-Khanat Mitte des 15. Jahrhunderts auf Inseln zwischen elf Nebenarmen der Wolga. Noch über hundert Kilometer sind es von hier bis zum Kaspischen Meer. Landwirtschaft, Industrie und Verdunstung trugen dazu bei, dass der Wasserspiegel zwischen 1929 und 1977 um 27 Meter sank und Astrachan ins Binnenland an den Rand des Wolga-Deltas verbannt wurde. Die Halbmillionenstadt floriert dennoch: weniger als Wächter am alten Handelsweg über das Kaspische Meer in den Iran und nach Aserbeidschan, dafür umso mehr als Standort von Werften, Fischindustrie und Ölraffinerien. Die Erdöl- und Erdgasreserven des Gebietes zählen zu den größten der Welt. Dennoch fehlen die Mittel, um den Altstadtkern zu sanieren. Wertvolle historische Holzhausviertel rotten eingefallen vor sich hin und bieten einen deprimierenden Anblick. Andererseits gibt man sich Mühe, um Lichtblicke zu schaffen wie Parks, Promenaden, Geschäfts- und Wohnhäuser. Das Stadtensemble beherrscht jedoch die vollständig restaurierte mittelalterliche Kreml-

Festung, in den Dutzende von Hochzeitspaaren strömen: um sich innerhalb der von sieben Türmen bewachten eineinhalb Kilometer langen Wehrmauern ablichten zu lassen. Ausgelassen feiern sie mit Verwandten und Freunden – natürlich bei Champanskoje. Auch einigen der WOLGA DREAM-Gäste wird ein Glas angeboten: »Na sdarowie!«

Alltagseinblicke auf dem Fischmarkt. Wels und Stör, frisch oder goldbraun geräuchert, dominieren, aber auch getrocknete Kleinfische wie Stinte, die wie Chips gern zum Bier geknabbert werden. »Kaviar«, erklärt Ludmila, »stammt heute überwiegend von Zuchtfischen und kostet rund 300 Euro das Kilo.« Unkundige Touristen werden oft mit schwarz gefärbten Lachseiern übers Ohr gehauen, warnt sie vor einem schnellen Kauf. Niemand greift deshalb zu und lässt es daher beim bloßen Anschauen bewenden. Die »Hauptstadt des Kaviars«, überall in Büchsen präsent, kann mit ihnen kein Geschäft machen. Wohl aber die Markthändler mit der Besatzung, die für den Eigenbedarf berge- und säckeweise Melonen, Zwiebeln, Tomaten, Gurken und Äpfel einkauft. Die Vitaminbeute wird im Gang rings um das Hauptdeck gelagert. Für die Gäste nur ein Augenschmaus.

Taj Mahal am Goldenen Ufer

Astrachan gilt nicht nur als wasserreiches »Venedig an der Wolga«. Mit einem krassen

Gegensatz wird man dort konfrontiert, wo das Stadtgebiet ausfranst in die zentralasiatische Steppe. Ein Werk des Kontinentalklimas: heiß im Sommer und strenge Kälte im Winter, kombiniert mit großer Trockenheit und heftigen Winden. Das Thermometer zeigt Anfang September noch 35 Grad im Schatten, »in der Sonne klettert das Quecksilber manchmal bis auf 60 Grad«, worunter Ludmila leidet, wie sie sagt. Auch bei minus 30 Grad im Winter.

Der Bus rollt über mehrere Wolga-Arme und holprige Straßen durch gelbes, leicht gewelltes Grasland, nur hin und wieder von Buschvegetation unterbrochen. Kühe weiden den kümmerlichen Rest ab. Der Horizont scheint endlos zu sein. Aus dem ragt plötzlich ein weißes Gebäude, das Horst, den weitgereisten »Nachbarn zur Rechten« und früheren Russischlehrer, an eine Miniaturausgabe des indischen Taj Mahal erinnert. »Hier kann man Menschen Gedanken machen«, reizt Ludmila ihre Zuhörer zum Lachen.

Das Ensemble entpuppt sich als Gedenkstätte mit »Internationalem Kulturzentrum« am Rande des Dorfes Kurmangaz (»Goldenes Ufer«). Kasachen, Kalmücken und Tartaren – Christen, Moslems und Buddhisten – leben hier einträchtig beieinander.

Zwei junge Kalmücken-Frauen in Tracht bieten Brot und Salz zur Begrüßung an. Im kleinen Nationalmuseum wird die Geschichte der Region präsentiert. Daneben flattert ein rundes, knallbuntes Plastikzelt im heißen Steppenwind – es soll die traditionelle Behausung der früher nomadisierenden Hirten symbolisieren.

Im Restaurant biegen sich die Tische unter kasachischen Spezialitäten. Natürlich wird auflockernder Wodka zur Folklore gereicht, ein Hochzeitstanz vorgeführt und der Gesang des Steppenvolkes stimmstark von asiatisch anmutenden Dorfkünstlern zu Gehör gebracht. Über der Szene flimmert ein riesiger Flachbildschirm mit Filmsequenzen aus vergangenen »ruhmreichen« (Sowjet-)Zeiten. Kontraste auch hier. »Wir sind zwar im tiefsten Süden Russlands«, erklärt Ludmila, »aber die Kultur ist asiatisch.« Das übertrage sich auch auf die Russen, »die sogar Angst vor dem berühmten bösen Blick haben«.

Das unermessliche Delta

Was wäre eine 3.044-Kilometer-Kreuzfahrt von Moskau nach Astrachan, ohne das ge-

waltige Wolga-Delta erfahren zu haben oder wenigstens einen kleinen Teil davon?

Wieder machen sich 43 WOLGA DREAMER auf den Weg: 60 Kilometer auf Schüttelpisten nach Südosten durch die salzige, braune Wüstensteppe der unter dem Spiegel der Weltmeere liegenden Kaspisenke. Warntafeln weisen auf das Grenzgebiet zu Kasachstan hin und die Pflicht, stets den Pass dabeizuhaben. Ein KGB/FSB-Plakat tut in Dutzenden Paragrafen kund, was alles verboten ist.

Mit kleinen, uralten Motorbooten flitzen sie im 50-Kilometer-Tempo – Ohropax ist angeraten! – durch das Schilfdickicht der Nebenarme. 800 große und unzählige kleine sind es insgesamt, verteilt auf unglaubliche 120 Kilometer Länge und 200 Kilometer Breite. »Det is ja viermal so jroß wie Brandenburg!«, ruft ein Mitfahrer aus diesem Bundesland ungläubig aus. Angekommen an der nördlichen Peripherie des größten Binnensees der Welt, auf dem ausgewachsene Seeschiffe verkehren. Seine Länge entspricht der Entfernung vom skandinavischen Skagerrak bis zum österreichischen Innsbruck.

Allein 300 Arten von Wasservögeln sind in dieser von Wasserflächen durchsetzten Steppenlandschaft aus Wiesen, Weiden und Schilfwäldern heimisch – ein in Europa einzigartiges Biotop. Ende April wird alles überschwemmt, wenn der Fluss seine Schmelzwassermassen bis zu eineinhalb Meter hoch im Delta staut und sich dann ins Kaspische Meer verdrückt. Der behäbige, schwerfällige Binnenfluss – er gleicht damit dem an seinen Ufern wohnenden Menschenschlag –, der in kein offenes Meer mündet, verschwindet quasi im Nichts. Nur über Kanäle ist er mit den Weltmeeren verbunden. Wie später ein Schleppzug beweist, der mit einem für die kaspischen Ölfelder bestimmten Schiffsneubau von Norwegen nach Baku unterwegs ist.

Ohropax zur Fotosafari

Erhaschen können die Fotosafari-Schnellbootfahrer einen majestätisch über ihnen kreisenden Seeadler, allenfalls noch Kormorane oder Graureiher. Das kleinere Federvieh flüchtet vor der knatternden Kavalkade. Bis voraus rosa Punkte aufleuchten: die sehnlichst erwarteten schwimmenden Teppiche aus legendären Lotosblüten. Die Boote gleiten behutsam hinein, bis ihre Motoren verstummen. Blankes Staunen vor dieser Pracht lähmt sogar kurzzeitig die Fotografen.

Gelbe und weiße Seerosenfelder lösen die Lotosblüten ab. Sogar zu knabbern gibt es: Wassernüsse. Der Bootsführer zieht ein paar sternförmige Blattrosetten ins Boot, dreht die Früchte ab und schält sie in Sekundenschnelle. »Köstlich«, strahlt Horst, »wie Kohlrabi!« Im urigen Inselrestaurant wird eine andere Spezialität serviert: Stör. »Der Fisch«, erklärt Ludmila nach dem ersten Toast, »kann bis zu sieben Meter lang werden und eineinhalb Tonnen schwer, im Schnitt aber nur 40 bis 70 Kilogramm. Sogar Kaspirobben kann er verschlingen.« Viereinhalb Kilo Kaviar produziert ein Weibchen nach zwölf Jahren. Fangquoten schützen den Fisch, dem aber immer noch Wilderer nachstellen. Wladimir Putin nannte sie bei seinem Besuch im Delta wütend »Fisch-Terroristen«.

Bootsausflug ins Wolga-Delta

Nach zwei prall gefüllten Seh-Tagen im Astrachaner Gebiet heißt es endlich am Spätnachmittag: »Auslaufen nach Norden!« »Zu Berg« einer nur schwachen Strömung entgegen: Zwischen Quelle und Mündung bringt es der gebändigte 3.690-Kilometer-Fluss-Gigant gerade mal auf 256 Meter Gefälle. Sein Wasser braucht heutzutage ein Jahr für die Strecke, früher, ohne Schleusen, Stauseen und Kraftwerke, waren es nur 30 Tage.

Grüner Anleger mit Gedröhn

Wolga-Landschaft nach dem Aufwachen: schneeweiße Strände und Dünen, brandrote steile Kliffs und grünes Uferdickicht, mal hügelig, mal flach. Maxim Gorki, 1868 in Nischni Nowgorod geboren, das 1932 auch seinen Namen erhielt, und an der Wolga aufgewachsen, beschrieb sie: »Du siehst die allmählichen, kaum merklichen Veränderungen des hügeligen Ufers, die immer gleichen Weiten der Wiesen, den grünen Reigen der Wälder; sie kommen dicht ans Wasser heran, und nachdem sie sich darin gespiegelt haben, weichen sie still wieder zurück. Du siehst das und denkst, dass es auf der ganzen Welt keinen Ort von so einfacher und zarter Schönheit mehr geben könne wie die schweigenden Ufer dieses Flusses.«

Mit Letzterem ist es ab 15 Uhr vorbei. Bei Flusskilometer 2.837, südlich der Salz- und Gemüsestadt Achtubinsk, soll an einem »grünen Anleger«, »also mitten in der Pampa«, wie das Horst nennt, festgemacht werden. Für drei Bade-, Wander- und Grillstunden am Wolga-Strand vor einer endlosen Waldwand. Einsamkeit und Ruhe versprechen sich die Gäste von dem Naturausflug. Stattdessen liegt die ALEXANDER NEVSKIJ schon dort, ein 1959 in Wismar gebauter Zweischornsteiner (»Qualität gutt, gemacht in GDR«, sagt die Reiseleiterin des großen Schiffes). Der hat jedoch seine Disco-Anlage voll aufgedreht und beschallt das ansonsten idyllische Plätzchen kilometerweit. Zwei Wasserscooter drehen unaufhörlich hochtourige Runden mit alkoholisierten, kreischenden Passagieren, die sich auf der angehängten Gummibanane durchschütteln lassen. Sekt- und Bierflaschen stecken im Sand. Ballermann-Atmosphäre. Die WOLGA DREAM-Gäste flüchten so schnell sie können und tauchen ab im badewannenwarmen Fluss oder schwärmen aus in den Steppenwald. Überraschung: Im »Wüsten«-Sand ein wiederkäuendes Kamel, vor dem sich ein »Araber« in Positur gesetzt hat. Natürlich ein geschäftüchtiger Russe, der Geld für die Fotos verlangt, sich ansonsten aber wegdreht.

Stiller Abend auf der Wolga

Elite-Soldaten bewachen die ewige Flamme des Mahnmals von Wolgograd

Bis zum Grillen schafft es Ludmila jedoch, ihre Kollegen von der NEVSKIJ zum Abdrehen der »Musik« zu bewegen: »Russen mögen es gern laut«, versucht sie das ohrenbetäubende Gedröhn zu rechtfertigen.

Schauer über den Rücken

Punkt acht Uhr am nächsten Morgen macht MS WOLGA DREAM nach 494 Kilometern am rechten Hochufer in Wolgograd fest – neben dem »Disco-Schiff« ALEXANDER NEVSKIJ. Die Anlage schweigt jedoch, denn seltener Regen – dagegen helfe nur »sto gramm«, empfiehlt Helmut und meint ein Glas mit 100 Gramm Wodka – pladdert aus tiefhängenden Wolken auf die im Zweiten Weltkrieg schwer geprüfte »Heldenstadt«. Die Dächer einiger Häuser in Kainähe sind gespickt mit Verdienstorden und Porträts von Lenin samt »verdienten Kämpfern«, weil man hier, wie die lokale Reiseleiterin Anna begründet, im »roten Gürtel« liege. Damit ist eine der letzten stalinistischen Hochburgen im Land gemeint.

Wolgograd, von 1925 bis 1961 Stalingrad (zuvor hieß sie Zaryzin, tatarisch für »gelbes Wasser«), wurde zwischen August 1942 und Januar 1943 zu 90 Prozent dem Erdboden gleichgemacht. 200 Tage dauerte die erbitterte Schlacht um Stalingrad. »Die Sondermeldungen hab ich noch im Ohr«, so Horst über seine Kindertage in Berliner Luftschutzbunkern.

Straße um Straße, Haus um Haus, Stockwerk um Stockwerk wurde erkämpft. Allein 53 Tage, so Anna, hielt der sowjetische Unteroffizier Pawlow die Stellung in der »Roten Mühle« gegen eine bedrückende deutsche Übermacht. »Es muss die Hölle auf Erden gewesen sein«, bemerkt jemand nachdenklich. Noch immer jagt einem das zerschossene Backsteingebäude, die einzige übrig gebliebene Kriegsruine, mit den schwarzen Fensterhöhlen und dem niedergemähten halben Fabrikschornstein Schauer über den Rücken. Die Reste des Gebäudes »bewachen« an der ehemaligen Kampflinie Geschütze, Panzer und Flugzeuge, auch aus Nachkriegsproduktion. »Das ist ein Museum«, erklärt Anna diese martialische Waffenschau.

Mutter Heimat auf Höhe 102

Erst die Niederlage von Hitlers 6. Armee unter General Paulus brachte die Wende des Krieges. Nachdem über eine Millionen Rotarmisten, Wehrmachtssoldaten und

Zivilisten – erfroren, erschossen oder verhungert – diesem Wahnsinn zum Opfer gefallen waren; nicht gerechnet 90.000 Landser, die in Gefangenschaft gerieten, nach Sibirien deportiert wurden und zu einem großen Teil umkamen.

Wehrmachts-Oberst Luitpold Steidle, der an vorderster Linie dabei war, notierte in seinen Erinnerungen »Es begann an der Wolga«: »Rings um uns stehen die Ruinen und die rauchenden Trümmer einer unübersehbaren Stadt, und dahinter, tief unten, fließt die Wolga.« Er stand offenbar auf der am heftigsten umkämpften »Höhe 102«, die auch von der WOLGA DREAM-Gruppe über 200 Treppenstufen – Symbol für die Dauer der Schlacht – »erstürmt« wird, mit Schaudern vor dem Grauen von einst. Daran erinnern ein Museum und gewaltige Skulpturen, aber auch die Ehrenhalle mit dem ewigen Feuer. Zwei Gardesoldaten stehen unbeweglich Wache, eingerahmt von roten Sowjetsternen aus Blumen. Schumanns verkitschte »Träumereien« säuseln dazu unentwegt. Horst hält den Besuch auf Russisch im Gästebuch fest. Der Mamajew-Hügel wird heute überragt von der schwertschwingenden »Mutter Heimat«. 82 Meter reckt sich die 8.000 Tonnen wiegende Monumentalstatue in den trüben Himmel. Weit schweift der Blick von diesem schwer umkämpften strategischen Hügel über die in viel Grün eingebettete, geschäftige Industriestadt. Sie wurde im Stalin-Stil komplett wieder aufgebaut.

Am Ausgang, neben den Wasserreservoirs, die der Wehrmacht als Stabsquartier dienten, werden Souvenirs verkauft. Darunter auch Stalin-Porträts und -Büsten, obwohl wie Anna sagt, alle seine Denkmäler entfernt wurden. Der »große Führer« war im Übrigen nie in Stalingrad, das nach seinem Parteinamen benannt wurde. Aus der Ferne verbot er sogar 1942 die Evakuierung der Zivilbevölkerung, weil die Rotarmisten sonst, so dachte er, keinen Grund gesehen hätten zu kämpfen.

Schleusen-Theater mit Folgen

Aus dem Regendunst grüßt noch einmal »Mutter Heimat« mahnend ins Flusstal herunter, bis sie abgelöst wird von einer kilometerlangen Phalanx aus qualmenden Industrieschloten.

Gespannte Aufmerksamkeit macht sich breit, als MS WOLGA DREAM in einem Kanal die Fahrt drosselt. »Wolschski, die ersten

Zwischen Wolgograd und Saratow in der gewaltigen Wolschskij-Schleuse

beiden von sechs Schleusen auf unserer Reise mit einem Gesamthöhenunterschied von 66 Metern«, kündigt Ludmila an, als voraus ein riesiger Betonklotz in Sicht kommt. Das Schiffsvolk versammelt sich zum »Schleusen-Theater« an Oberdeck. Der ständige WOLGA DREAM-Begleiter ALEXANDER NEVSKIJ ist in dem gewaltigen Trog auf Beibootgröße geschrumpft. Der Kapitän bugsiert seinen Oldtimer auch ohne Bugstrahlruder behutsam und ohne Kratzer in die erste Kammer. An der von Algen glitschigen, schwarzen Betonwand gleitet das Schiff in beinahe rasantem Fahrstuhltempo in die Höhe: zwölf Meter. Blick frei auf eines der mächtigsten Wasserkraftwerke der Welt mit einer Leistung von 2,5 Millionen Kilowattstunden. Die 700 Meter lange Turbinenhalle protzt mit der Höhe eines 13-stöckigen Wohnhauses, der Staudamm mit einer Länge von fünf Kilometern. Endlose Güterzüge und Autokolonnen donnern über ihn hinweg, auch über die Schleuse. »Wenn das Schiff gerade unter einem Zug fährt«, lächelt Katja, Ludmilas Assistentin, »darf man sich etwas wünschen.« Zum Beispiel viele gute Fotos von der Doppelschleusen-Passage. Doch es kommt anders.

Spionageverdacht überdeckt Farbtupfer

»Nix fotografieren mich!«, herrscht der junge Steuermann böse zwei harmlose Hobby-Fotografen an, die hinter dem Ruderhaus stehen und völlig verstört zusammenzucken. »Man hat hier immer noch das ungute Gefühl«, beklagt sich Helmut, auch er ehemaliger Russischlehrer, »als Spion verdächtigt zu werden, wenn man filmt oder fotografiert.« Kapitän Alexandrowitsch versucht hinterher »diplomatisch« die Wogen zu glätten, indem er von »Missverständnissen mit dem Schleusenwärter« spricht.

Nach einer weiteren Anhebung um zwölf Meter steckt WOLGA DREAM ihre Nase in den Wolgograder Stausee, dem ersten von sieben Riesengewässern. Unglaubliche 524 Kilometer erstreckt er sich zwischen den Schleusen von Wolschski im Süden und Balakovo im Norden, dehnt sich bis zu 14 Kilometer Breite und ist zwischen zehn und 32 Meter tief. Die Wolga gerät zum Binnenmeer, dem ein stürmisch von vorn blasender Nordwind Schaumköpfe aufgesetzt hat. Die wie eine Torte verschiedenfarbig geschichteten und gewellten Steilufer aus Kalkstein, Lehm und Humus spiegeln sich im Wasser und geben reizvolle Fotomotive ab. Eingesprenkelt in grüne Steppentäler sind hin und wieder Farbtupfer aus bunten Dächern von Datschen- oder Sommerhaussiedlungen. Dann wieder Schilfwälder, die sich unter der Bugwelle krachend und rauschend biegen. Im Hinterland dehnen sich endlose goldgelbe Weizenfelder. Einer der schönsten Streckenabschnitte.

Kurz vor Saratow, 385 Kilometer nach Wolgograd, informiert Ludmila wieder einmal ihre Gäste: »Meine Damen und Herren, wir passieren gerade am flachen linken Ufer das Dorf Smelowka. 20 Kilometer landeinwärts markiert ein 27 Meter hoher Obelisk die Stelle, an der Kosmonaut Jurij Gagarin nach dem ersten bemannten Weltraumflug am 12. April 1961 landete. Er stammte aus der Region Smolensk, kam aber zum Studium nach Saratow und verunglückte 1968 bei einem Flugzeugabsturz tödlich.«

Gefaltete Uferformation an der Wolga bei Saratow

Begegnung in der Fußgängerzone

»3,5 Kilometer misst sie, eine der längsten Brücken Europas. Sie verbindet Saratow mit Engels/Pokrovsk, der früheren Hauptstadt der sowjetisch-deutschen Wolgarepublik«, erklärt Reiseleiter Wladimir in monotonem Singsang über einen plärrenden Lautsprecher beim ersten Stopp am Hafen.

Erst zum Schluss der – wie üblich – mit Informationen vollgestopften Tour, in der zwei Kilometer langen Fußgängerzone mit beinahe Weststandard, wird es lebhaft. »Guten Tag!«, wünscht ein bärtige Zopfträger auf Deutsch und strahlt über sein wettergegerbtes Gesicht, weil er per Zufall Landsleute getroffen habe. »Ich heiße Alexander Baumann und lebe auf der anderen Wolga-Seite in Pokrovsk.« Man kommt ins Gespräch und erinnert sich an den Artikel »Deutsche Sowjetrepublik« in der »Welt am Sonntag« (28.8.2011) von Kathrin Spoerr (ein Jahr lang verbrachte sie im Siedlungsgebiet der Deutschen als Gastredakteurin einer deutschsprachigen Zeitung): »Über kaum eine Einwanderungsgruppe ist so wenig bekannt und wird so viel Falsches verbreitet wie über die Russlanddeutschen. Das beginnt schon bei ihrer Bezeichnung ›Deutschrussen‹.« Und in Russland seien sie »die Deutschen«, sagt Straßenmusiker Alexander in hartem Tonfall, stellt die Gitarre ab und bittet uns, auf einer Bank Platz zu nehmen, um »etwas über sein vertriebenes Volk zu erzählen«.

Vertriebenen-Schicksal stimmt nachdenklich

Seine hessischen Vorfahren waren 1764 dem Ruf der deutschstämmigen Zarin Katharina II. als Kolonisten an die Wolga gefolgt. Sie besiedelten und bebauten das Land, um einen Vorposten gegen die Kosaken und Nomadenstämme im Süden zu bilden. 700.000 waren es zu Beginn des Ersten Weltkrieges, und die überaus fleißigen Menschen galten – trotz ihrer herausragenden landwirtschaftlichen, handwerklichen und kulturellen Leistungen für Russland – fortan als »innere

Feinde«. 1924 wurden sie in der »Autonomen Sozialistischen Sowjetrepublik der Wolgadeutschen« zusammengefasst. Weil Paranoiker Stalin in den Wolgadeutschen potenzielle Verbündete der Wehrmacht vermutete, wurde die Republik nach dem Nazi-Überfall im August 1941 aufgelöst. Eine Million Deutsche ließ der grausame Diktator »prophylaktisch« als »Kollaborateure« nach Sibirien, Kasachstan, Tadschikistan und Kirgisien verbannen. Erst seit 1964 stufte man sie nicht mehr als »Staatsfeinde« ein, eine Rückkehr in ihre alten Siedlungsgebiete wurde ihnen jedoch verweigert. Ab 1970 konnten sie im Rahmen der Familienzusammenführung nach Deutschland ausreisen, 1972 erhielten sie sowjetische Bürgerrechte. »Erst 1991«, so Alexander am Ende seines historischen Kurzvortrages, »durften wir hierher in unsere alte russische Heimat zurückkehren und wieder einmal von vorne beginnen.«

Falkenberg-Blick auf Marx und Engels

Zum Abschied greift er in seinen Rucksack, um uns seine CD mit selbst komponierten Liedern zu schenken. Wir sind beschämt, weil wir uns nicht revanchieren können, und trennen uns nachdenklich. Während der Stadtrundfahrt durch die gepflegte Stadt Saratow (tatarisch-mongolisch für »Gelber Berg«), die 1590 als Grenzfestung und Sicherungsposten der Wolga-Schifffahrt gegründet wurde, kreisen die Gedanken immer wieder um die Worte von Alexander, »dem Deutschen«. Besonders dann, wenn an einigen Geschäften deutsche Bezeichnungen wie »Askese«, Café Elfe, »Edelweiß« oder »Bierbar Brüderschaft« auftauchen.

Der 250 Meter hohe Falkenberg wurde zu einer Gefallenengedenkstätte mit Waffenschau umgestaltet. Am Turm eines T-34-Panzers liest man in großen weißen Lettern: »Auf nach Berlin!« und »Es lebe Stalin!«. Vom Mahnmal blickt man über die bis zur Wende für Ausländer gesperrte Rüstungsindustriestadt und die Wolga-Brücke nach Engels (Marx liegt nur wenige Kilometer nördlich),

Eisverstärkte Arktis-Spezialfrachter laden Holz für Japan von längsseits liegenden Flößen oder löschen Versorgungsgüter. Forschungsschiffe warten auf ihre nächsten Einsätze im Packeis.

Nach übergenauen Kontrollen – die Küste gilt als Grenzgebiet, immer noch – gehen wir an Land. Das eintönige Bullern eines gewaltigen Dieselgenerators zur Stromerzeugung überzieht mit seinem Lärm- und Abgasteppich die öde Betonstelzen-Stadt, dazu himmelhohe Staubwolken, gegen die Wassersprengwagen vergeblich ankämpfen. Ein Kapitän der russischen Polarflotte führt uns durch seine Stadt. Im Vorraum zur Post wird uns Wodka angeboten, am Schalter zu unserem größten Erstaunen bis dato streng geheime Satellitenfotos vom Lena-Delta. Am Hafen wird das ungewöhnliche Schiff von fröhlichen Kindern umlagert, Erwachsene halten sich scheu abseits. Aus einem Militärkrankenwagen verkauft ein Offizier in Zivil Souvenirs – eine rasche marktwirtschaftliche Reaktion auf touristische Bedürfnisse. Der junge jakutische Soldat wartet derweil geduldig.

Auslaufen am Abend. Vielarmiges Winken, spiegelglatte See und, wie schon seit Beginn der Reise, Traumwetter.

Größer als die Schweiz

Dann die Nachricht, dass die Polarwetterstation Sokol im Bykowskaja-Nebenarm der Lena nicht wie geplant angelaufen werden kann. Ein gestrandeter Schleppzug blockiere die Anlegestelle.

Zeit für ein ausgedehntes »Frühstück« beim Kapitän, das sich von morgens bis abends hinzieht und schließlich in der Sauna endet. Wir werden im russischen Dampfbad, der Banja, weich gekocht – inklusive »Auspeitschen« mit Birkenreisig durch den nackten Kapitän. Der Arzt übernimmt die Massage des geschundenen Rückens.

Als Alternative wird Ust-Lenskij angesteuert, eine Delta-Insel mit biologischer Station. Wolodja, oberster Naturschützer und Freund des Kapitäns, lädt ein paar von uns

in sein Haus. Kommentar seines Sohnes beim Anblick der MICHAIL SVETLOV: »Ich wusste gar nicht, dass Onkel Wladimir so ein großes Motorboot hat.« Größere als die seines Vaters hat er vorher noch nicht zu Gesicht bekommen.

Wir erfahren, dass das von Wolodja und seinen Helfern zu beaufsichtigende Delta-Gebiet umfangreicher ist als die Schweiz und die Benelux-Staaten zusammengenommen. Das gehe letztlich nur per Motorboot und Hubschrauber, der einmal pro Woche von Tiksi herüberkomme und auch Versorgungsgüter bringe. Ansonsten fühlen sich alle hier draußen sehr wohl.

Zander zum Abendbrot

Der Imbiss ist reichhaltig und demonstriert, wie man sich weitgehend selbst versorgen kann: roher und gekochter Zander, frisches Brot, Butter, Kaviar, eingelegte Tomaten, Rentierleber und -fleisch, beides roh, Tee; Wodka hilft nach, wenn wir uns nicht zur arktischen »Rohkost« überwinden können, zu der man uns drängt.

Die Tundra-Wiese rings um die Hütte steht in voller Blüte, dazwischen eingesprenkelt von schneeweißen Wollgrasbüscheln umkränzte tiefblaue Auftauseen, die zum Baden locken. Vor einem Monat waren sie noch eisbedeckt. Eine urige Saunahütte verspricht heiße, winterliche Polarnächte. Der Boden der Insel ist zerfurcht von einem Gittermuster in Vieleck-Form, auch Riesenpolygone genannt. Die geballte Kraft von Hochwasser und Treibeis haben die Küste aufgeschlitzt. Überhängende, tiefbraune Torfschollen kippen ab und gleiten auf blankem Bodeneis an den (Bade-) Strand, den wir auch hier auskosten.

Wolodja spendiert frisch gefangenen Zander zum Abendbrot als Dank für unseren Besuch, der Abwechslung für ihn und seine Familie gewesen ist. Dreimal lang dröhnt das Typhon zum Abschied über die Tundra. Das Häuflein Menschen schrumpft armeschwenkend auf einen Punkt in der Einöde zusammen.

Russisch-jakutischer Märchenabend

Sangar, die Siedlung im jakutischen Donbass, liegt auf den mächtigsten Kohlelagerstätten des Landes. Umgerechnet 200 Euro verdienen sie im Tagebau, so ein paar Kumpel, die mit ihrem klapprigen Moskwitsch vor dem Schiff auf Kunden lauern: Wodka gegen Aufkleber und andere West-Souvenirs. Ja, der Lohn sei zwar gut, aber dafür kaufen könne man kaum etwas. Ihren Frust ertränken die kräftigen Männer mit Händen wie Kohlenschaufeln im Alkohol. Sie arbeiten in sechsstündigen Schichten, fördern 1.000 Tonnen am Tag und können sich mit 50 Jahren pensionieren lassen. Finnland bemühe sich um den Aufkauf der Kohle, auch wenn sie eisbedingt nur drei Monate im Jahr verschifft werden kann.

Unterwegs nach Süden tauchen wir noch einige Male ab in der grandiosen Natur, sammeln Mengen von wilden Johannisbeeren als Vitamin-C-Spritze, Pilze, durchstreifen den Urwald, angeln oder genießen das arktische Badevergnügen an Dünenufern. Ein russisch-jakutischer Märchenabend darf dabei nicht fehlen, ebenso wenig ein Museumsdorf und Volkskunst.

Schwimmend passieren wir bei der Agrafena-Insel den Polarkreis und feiern die »Taufe«. Zu den Akkordeonklängen von Boris tanzen wir um ein Freundschaftsfeuer und genießen Gegrilltes.

»Ein letzter Blick durchs Hafenbecken könnte Abschiedsschmerz und Wehmut wecken«, formuliert eine Schweizer Mitpassagierin in einem Gedicht ihre Gefühle am Ende dieser außergewöhnlichen Reise. Kultur und Natur haben sich dabei ideal ergänzt, denn das eine ist ohne das andere nicht denkbar. Undenkbar auch ohne die Möglichkeit, dies alles mit einem Schiff zu erkunden und dabei ein echtes Stück Jakutien kennenzulernen.

Infos

MS Michail Svetlov; 1985 in Korneuburg/Österreich gebaut. Allein der Transport nach Jakutien quer durch Russland und durch das Nordmeer war abenteuerlich und hat fast 1,5 Jahre gedauert.
Länge: 90 Meter; Breite: 15 Meter; Höhe: 11 Meter; Tiefgang: 1,61 Meter; Antrieb: 3 Maschinen mit insgesamt 1300 PS; Ausrüstung: Bugstrahlruder, Automatik-Steuerung, Radar, Funktelefon und eine besondere Eisverstärkung; Reisegeschwindigkeit rund 14 Kilometer pro Stunde.

Die Kabinen sind auch westlichen Gästen angemessen: insgesamt 60 Zweibettkabinen, 4 Einzelkabinen und zwei Suiten (alle liegen außen); 1 Restaurant, 1 Bar, 1 Kino, 1 Sauna, 1 Friseursalon. Arzt ist an Bord.

Veranstalter: Lernidee Erlebnisreisen, www.lernidee.de
Reisezeit: Juli bis August
Literatur: Edeltraut Maier-Lutz: »Flusskreuzfahrten in Russland«, ISBN 3-928409-52-2; Anke Rüsch: »Unterwegs auf russischen Flüssen«, Selbstverlag, Tel./Fax: 06085-801

Auf nach Sibirien!

Durchs »schlafende Land« zwischen GULAG und Eismeer

Metallisch schlagende Achsen, hell klirrende Teegläser, schwankende Schachfiguren. Die 500 Meter lange Wagenschlange poltert bei Krasnojarsk über die Brücke. Tief unten ein erstarrtes Flussbett: der zugefrorene Jenissei, mächtigster Fluss Sibiriens.

Die Fantasie wird bei diesem Anblick beflügelt: Wie wäre es, wenn man die 12,5-Millionen-Quadratkilometer-Weite nicht nur von West nach Ost mit der »Transsib« erfährt, sondern auch gen Norden per Schiff? Damals 1976, 9.000 Kilometer unterwegs auf der längsten und berühmtesten Eisenbahnstrecke der Welt, reifte zwar schon ein solcher Wunsch, aber er blieb über Jahre unerfüllbar. »Sibir«, wie die Tataren ihr »schlafendes Land« einst nannten, war Sperrgebiet. Nur in wenigen Städten und am Baikalsee durfte man aussteigen, »wohlbehütet« vom staatlichen Reisebüro Intourist.

Mit der Wende 1990 kamen Lockerungen, nicht nur Abenteurer, sondern auch Urlaubsreisende. 1992 startete die erste Charterfahrt für Devisentouristen in den hohen Norden. Erst in der nächsten Saison stellte sich ökonomischer Erfolg ein. Dieser Teil Sibiriens war kein weißer Fleck mehr auf der touristischen Landkarte.

Im grünen Meer

Umgestürzte Baumgiganten recken ihre Wurzeln in die von Mücken schwirrende Luft. Wegloses Urwalddickicht ringsum. Im

Tiefe Wolken über dem abendlichen Jenissei

*Holzwirtschaft in der
waldreichen Taiga*

Schlepper mit Holzflößen

sumpfigen Boden entdecken wir frische Tierfährten. Aus dem weichen Moospolster leuchten Pilzkappen in allen Farben. Ein Paradies für Sammler. Ohrenbetäubende Stille. Da knackt es im Unterholz. Wir erstarren, halten den Atem an: etwa ein Bär, Luchs oder Elch? Alles möglich hier, mitten im unendlichen »grünen Meer« der sibirischen Taiga. Auf leisen Sohlen treten wir vorsichtshalber den Rückzug an, schleichen hinunter zum Jenissei, der silbrig durch die Blätter blitzt. Verlockende Düfte steigen in die Nase. Wildhüter haben für die Taiga-Wanderer eine Fischsuppe gekocht. Plötzlich ein tiefes Dröhnen – ANTON TSCHECHOW, schwimmendes Domizil für zwölf Flusstage, ruft. Unser Transsib-Traum ist Wirklichkeit geworden, 25 Jahre später.

»Wir Sibirier«, doziert Reiseleiterin Mila am Ufer vor ihrer internationalen Gästeschar, »haben eine geradezu mythische Beziehung zu diesem Wald, der in vielen unserer Erzählungen verherrlicht wird. Er symbolisiert die Freiheit, und seine Bewohner sind wahre Helden.« Auch heute noch geht von der Taiga eine Faszination aus. Mit fünf Millionen Quadratkilometern ist sie größer als Indien. 25 Prozent der weltweiten Holzvorräte wachsen hier. »Wo endet sie?« fragte schon vor über hundert Jahren der russische Dichter

Anton Tschechow und gab selbst die Antwort: »Nur die Zugvögel wissen es.«

Gigantomanie unter alten Symbolen

Um einen Hauch dieser Weite zu erfassen, bietet sich eine Flussreise auf dem Jenissei geradezu an. Mit 4.860 Kilometern, wovon 2.860 schiffbar sind, ist er von allen seinen sibirischen Stromkollegen am längsten. Nicht umsonst nannten ihn die Ureinwohner »Joanessi« – großes Wasser. Anton Tschechow war einer seiner glühendsten Bewunderer. 1890 schrieb er: »In meinem ganzen Leben habe ich keinen großartigeren Fluss gesehen.« Der Strom wurde von den Kosaken zur Eroberung und Besiedlung genutzt, denn: Wer die Flüsse beherrscht, beherrscht auch das ganze Land. Heute dieseln überwiegend kräftige Schubverbände mit Holz, Öl und Containern über die Wasserstraße. An den Schiffsschornsteinen glänzen vielfach noch die blank gewienerten Sowjetsymbole Hammer und Sichel. Große Seeschiffe dampfen bis Igarka, das rund 700 Kilometer von der Jenissei-Mündung entfernt liegt. Beim Eismeerhafen Dickson am legendären Nordsibirischen Seeweg öffnet sie sich zu einem 50 Kilometer breiten Trichter.

dass dies keine Luxuskreuzfahrt sei und man ein Land im Umbruch bereise. »Bitte haben Sie Verständnis dafür und bringen Sie die nötige Toleranz mit.«

Die sommerliche Reise auf dem Jenissei kontrastiert zu einer Wolga-Fahrt: kaum Spuren von großer kunsthistorischer Bedeutung, dafür aber Natur pur – Flora und Fauna in ungeahnter Fülle. Dazu unendliche Weite und Einsamkeit. Bei warmen bis heißen Temperaturen (Bademöglichkeiten inklusive), die allerdings auch schnell umschlagen können. Völlig neue Erfahrungen für die meisten Reisenden, von denen jeder seine eigenen Motive hat. Eddi aus dem österreichischen Burgenland ist schon 20-mal im Land gewesen und beherrscht die Sprache: »Russland ist meine zweite Heimat – weil ich Russland so liebe. Warum, das weiß ich nicht.« Bei der Schweizerin Irma liegen die Wurzeln in ihrer Kindheit: »Musik, Märchen und Landschaft haben mich schon immer fasziniert.«

Bislang kein Reiseführer

Wir lernen auch, Respekt zu haben vor dem »schlafenden Land«, in dem Deutschland 35-mal Platz finden würde und das größer ist als jedes Land der Erde, aber nur 25 Millionen Einwohner zählt. Für Ausländer nach wie vor geheimnisumwittert und mit Stereotypen behaftet. Hier gehen heute noch die Uhren anders, was in einem sibirischen Sprichwort zum Ausdruck kommt: »100 Kilometer sind keine Entfernung, 100 Jahre kein Alter und 100 Gramm Wodka kein Alkohol.« Über Sibirien, ein riesiges Gebiet von 7.000 Kilometer Länge und 3.500 Kilometer Breite mit allein 53.000 Flüssen und über einer Millionen Seen, gäbe es einige Bände zu füllen. Dennoch existiert bislang kein umfassender Reiseführer über ein Drittel des asiatischen Festlands. Nicht zuletzt auch deshalb, weil die Tourismus- und Verkehrsinfrastruktur nach wie vor völlig unterentwickelt ist. So muss zum Beispiel die Basisversorgung der ANTON TSCHECHOW, des einzigen Kreuzfahrtschiffs auf dem Jenissei, vor Saisonstart per Container-Lkw von St. Petersburg

15 museumsreife, aber liebevoll gepflegte Fahrgastschiffe, die meisten in den 50er-Jahren auf DDR-Werften an der Elbe gebaut, wie zum Beispiel die KAPITAN RODIN, pendeln regelmäßig zwischen Küste und Binnenland. Sie transportieren Menschen und Versorgungsgüter in die entlegenen Siedlungen. So war es auch schon vor rund 130 Jahren. Flugmöglichkeiten sind dünn gesät und teuer. Wenn der Jenissei 120 bis 200 Tage zugefroren ist, wird er zur Straße umfunktioniert. Dann übernehmen Lkw den Job der im Eis festliegenden Schiffe.

Toleranz und Liebe

Von Krasnojarsk legt im kurzen Sommer zwischen Juni und September das von Viking Catering AG in Basel gemanagte 3.000-BRZ-Kreuzfahrtschiff ANTON TSCHECHOW zu elf- bis zwölftägigen Reisen ab. Der 2.200-Kilometer-Kurs führt süd- und nordgehend etwa parallel zum 90. Längengrad: über den Polarkreis nach Ust Port und Dudinka auf 70 Grad nördlicher Breite, knapp vor der ständig eisbedeckten arktischen Kara-See. Mit maximal 184 Passagieren in bequemen Zweibettkabinen samt Dusche und Toilette. Davon können die Flussanwohner nur träumen. Im Bord-»Reise-ABC« heißt es dazu, nach Krasnojarsk gekarrt werden: elf Tonnen Lebensmittel. »Die abenteuerlicher Fahrt durch den ›Wilden Osten‹ Russlands dauert fast zwei Wochen«, weiß Exkursionsleiter Oleg Juskov, ein waschechter Sibirier. Gemüse und Fisch kaufen Hotelchef Christoph Pöschl und Küchenchef Michael Spieldiener, beide Österreicher, am Fluss frisch dazu. »So hat auch die Bevölkerung ihren bescheidenen Anteil am Tourismus«, meinen sie.

Freiwillig verbannt

Im alten Kosakendorf Worogowo mit seinen charakteristischen Nordbauten begegnen wir auf der Straße einem Sibirien-Deutschen. Soziale Einblicke in den harten Alltag: »Dobre dien, guten Tag!«, stellt sich Artur Schmidt zweisprachig vor. Deutsch schreiben und lesen kann der 62-Jährige nicht mehr. Seine Familie wurde von Stalins Schergen 1940 aus Saratow an der Wolga hierher verbannt. Noch ein paar deutsche Familien leben in dem 2.000-Seelen-Dorf von Ackerbau,

Viehwirtschaft und Fischerei, »aber deutsche Bücher oder Zeitungen gibt es nicht, auch keinen Deutsch-Unterricht in der elfklassigen Schule«.

Artur lebt allein in einer windschiefen Blockhütte, die schon bis zu den Fensterrahmen im aufgetauten Dauerfrostboden versackt ist. Der Rentner bekommt 1.200 Rubel im Monat, umgerechnet rund 50 Euro. »Nun, es reicht gerade so zum Leben«, lächelt der ehemalige Kolchos-Arbeiter zufrieden aus zahnlosem Mund, »aber weg will ich hier nicht mehr, das ist meine Heimat.« Und nach Deutschland? »An euer Leben dort könnte ich mich wohl nicht mehr gewöhnen.« In seinem Gärtchen baut er Kartoffeln und Gurken an. Dafür bleiben nur zehn Wochen Zeit. Von Oktober bis März herrscht nämlich Väterchen Frost. Mit bis zu 60 und mehr grimmigen Minusgraden, Dunkelheit und zwei Meter hohem Schnee. Im Frühjahr zur Eisschmelze steht nicht nur Worogowo zu 95 Prozent unter Wasser. »Wenn die meterdicken Schollen zusammengeschoben werden

Russische Impressionen ...

des Jangtse steigern auch den touristischen Durst«, titelte die Zeitung »China Daily« zur Jungfernfahrt.

Den Passagier erwartet an Bord komfortable Entspannung bei exzellenter Vollpension mit einem gemischten Angebot aus der chinesischen und internationalen Küche. Das animiert dazu, sich treiben zu lassen und das Leben als langen, ruhigen Fluss zu begreifen. Urlaubsgenuss in freundlicher Fremde auf einem Schiff, das immer wieder vergessen lässt, wo man sich eigentlich befindet.

Der sechsstündige Bootsausflug in die fjordähnliche Emerald-Schlucht des Daning-Flusses gilt als Ausflugshöhepunkt. Die Schlucht ist für das Kreuzfahrtschiff nicht schiffbar. Per Sampan knattert man vorbei an bis zu 1.000 Meter steil aufragen Felswänden, die überwuchert sind von Bambus, Tungöl-Bäumen, chinesischen Weiden, Eschen und Ahorn. Dazu zwitschern unzählige Vogelstimmen, Stumpfnasen- und Rhesusaffen hüpfen von Ast zu Ast. Eine am Fels klebende Pagode wird per Fußmarsch über schmale Treppenstiegen angesteuert.

Atemberaubender Spannungsbogen

In Chongqing, dem Bauort der luxuriösen CENTURY PARAGON und zweieinhalb Flugstunden von Peking entfernt, geht es von Bord. Den Gast erwartet, sofern er es gebucht hat, das weitere touristische Landprogramm mit allem, was man in China gesehen haben muss – von der alten Kaiserstadt Xian mit der Terrakotta-Armee bis Peking mit der Verbotenen Stadt und der Großen Mauer. Man taucht weiter ein in das alte China und sieht, was trotz Kulturrevolution, Technikwahn und Olympia die Zeiten überdauert hat.

Fazit in Kurzform: China – ein Land im faszinierenden Spannungsbogen zwischen boomenden, chromblitzenden Superlativen und traditioneller, archaischer Ländlichkeit. Sicherlich wird Lin Yutang dies nicht im Entferntesten erahnt haben, als er schrieb: »Ein guter Reisender ist ein Mensch, der nicht weiß, wohin die Reise geht.« Der Start ist schon mal gelungen. »ZHU NI YI FAN FENG S HUN« kann man deshalb nur wünschen, übersetzt etwa: »Ein Segel voll günstigem Wind«.

Mao und »Helden der Arbeit« sind im Stadtbild gegenwärtig

227

Muster-Reise-Fahrplan

1. Tag: Schanghai

Begrüßung am Flughafen, Hotel-Check-in und Zeit zur freien Verfügung. Falls man Anreisepaket oder den Transfer vom Flughafen zum Hotel gebucht hat, so ist dieser inbegriffen und beinhaltet eine Fahrt mit dem Transrapid.

2. Tag: Schanghai

Vormittags Rundfahrt durch Chinas größtes Handels- und Wirtschaftszentrum, u. a. die legendäre Prachtstraße Bund und das pulsierende Herz von Alt-Schanghai. Nach dem Mittagessen in einem örtlichen Restaurant besucht man das berühmte Schanghai-

Museum mit seiner 120.000 Exponate umfassenden Sammlung altchinesischer Kunst, ehe am Abend eine Vorstellung chinesischer Akrobatik geboten wird.

3. Tag: Schanghai – Wuhan

Nach dem Hotel-Check-out besichtigt man am Vormittag eine Seidenteppichwerkstatt, in der kostbare Teppiche von Hand geknüpft werden. Und gleich nach dem Mittagessen fliegt man nach Wuhan, wo zunächst das Hubei-Museum besucht wird. Zu seinen vielen Prunkstücken zählen u. a. die einzigartige Sammlung antiker Glocken und Glockenspiele sowie 16 sogenannte Nationalschätze. Am Schluss des Rundgangs erfolgt der Transfer zur Einschiffung unweit des Zusammenflusses von Han und Jangtse. Noch am Abend beginnt die Jangtse-Kreuzfahrt.

4. Tag: Yueyang

Besuch einer Grundschule während des Landgangs am Morgen. Man kann sich auf einen besonders herzlichen Empfang durch die Schüler und Lehrer freuen. Zurück an Bord beginnt die Panorama-Kreuzfahrt durch schroffe Felslandschaften, die der Fluss in

des Daning-Flusses mit üppiger subtropischer Vegetation, an Steilwänden klebenden Holzstegen und den berühmten, hoch über dem Wasser hängenden Särgen, in denen das Ba-Volk seine Toten zur letzten Ruhe bettete. Nachdem man

Jahrmillionen aus dem porösen Kalkstein gewaschen hat.

5. Tag: Drei-Schluchten-Damm – Xiling-Schlucht

Der Tag steht im Zeichen von Natur auf der einen und technischer Meisterleistung auf der anderen Seite. Erster Höhepunkt: die Passage der Xiling-Schlucht. Sie ist die längste und tiefste der sich über 200 km erstreckenden Großen Drei Schluchten und wird von bis zu 1.300 m hohen Steilfelsen beherrscht.

Nach diesem Erlebnis verlässt man frühnachmittags das Schiff, um den gewaltigen Drei-Schluchten-Damm zu besichtigen. Bei einer Führung erfahrt man viel Wissenswertes über das derzeit größte wasser- und energiewirtschaftliche Projekt der Welt – wobei die ehrgeizigen Ziele, die mit dem milliardenschweren, erst 2009 komplett fertiggestellten Bau verfolgt werden, im Mittelpunkt stehen. Nach der Rückkehr an Bord wird man dann Zeuge, wie das Schiff die gigantische fünfstufige Schleusentreppe passiert und dabei einen Höhenunterschied von gut 110 m überwindet.

6. Tag: Drei Schluchten

Den Auftakt der Panorama-Fahrt markiert die Wu-Schlucht, die einer uralten Legende nach von Hexen bewohnt ist und von zwölf bis zu 1000 m hohen Gipfeln gesäumt wird. Später am Vormittag erkundet man per Ausflugsboot die Kleinen Drei Schluchten

mittags auf den Jangtse zurückgekehrt ist, passiert das Schiff die Qutang- oder Blasebalg-Schlucht, in der sich der Strom bei rasant wachsender Fließgeschwindigkeit noch einmal spürbar verengt.

7. Shibaozhai

Ziel des vormittäglichen Ausflugs ist der im 18. Jh. erbaute Shibaozhai-Tempel, die »Edelstein-Festung«. In zwölf Stufen wächst die rote Felspagode, die vor dem gestiegenen Wasserpegel des Jangtse gerettet wurde, entlang eines Steilfelsens in den Himmel, und von ihrer Spitze bietet sich ein weiter Blick über den Fluss und seine Ufer.

show teilnehmen. Während des Essens werden traditionelle Gesänge und Tänze dargeboten.

9. Tag:
Rückflug nach Deutschland oder Nach-programm.

Infos

MS Century Paragon; Baujahr: 2013; Länge: 142 m; Breite: 20 m; Tiefgang: 2,80 m; Höhe: 25 m; Tonnage: 12.516 t; Antrieb: ca. 3.000-KW-Dieselmotor; Schrauben: 2; Geschwindigkeit (max.): 24 km/h; Passagiere: 398; Crew: 150; Kabineninfo: Die 156 Delux-Kabinen sind erst-klassige Hotelzimmer mit geschmackvoller Einrichtung und verfügen alle über einen Balkon mit Sitzgelegenheiten, Dusche/WC, SAT-TV, Haartrockner, Safe, Telefon und regulierbarer Klimaanlage. Sie sind 28 qm

8. Tag: Chongqing und Xian

In der Millionenmetropole Chongqing, der größten Stadt Westchinas, steht nach der Ausschiffung am Morgen ein Besuch des bekannten Zoos auf dem Programm. Hier kann man nicht zuletzt den nur in China vor-kommenden Großen Pandabär bewundern. Danach Flug zum nächsten Reisehöhepunkt nach Xian, das während der Tang-Dynastie (618–907) zu den größten und reichsten Hauptstädten der Welt zählte. Nach dem Einchecken im Hotel isst man entweder dort zu Abend oder man kann an der fakultativ angebotenen Tang-Dynastie-Dinner-

Die Kreuzfahrtschiff MS Century Paragon

Das modern gestaltete Restaurant (rechts)

groß (inklusive Balkon) und sind mit zwei getrennten Hotelbetten ausgestattet, die auch zusammen-gestellt werden können.

Veranstalter: Nicko Tours, www.nicko-tours.de
Reisezeit: März bis Dezember
Literatur: Polyglott APA Guide »China«, ISBN 978-3-8268-1910-0

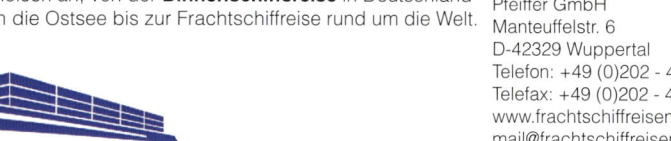

Lotosblüte

Mit Stil auf dem drittlängsten Strom Asiens

Er gilt in Asien als die »Mutter (Me) aller Flüsse (Kong)«. Mit fast 5.000 Kilometer Länge ist er einer der ganz großen dieser Erde; immerhin rangiert er an zehnter Stelle. In sieben Tagen lässt sich eine attraktive Teilstrecke davon erkunden: zwischen dem »Neunköpfigen Drachen« – die vietnamesische Bezeichnung für das neunarmige Mündungsdelta – und dem kambodschanischen Tonle-Sap-See.

Zwischen Mittelalter und Neuzeit

Fischerboot durchquert die Bahn der Abendsonne

Bis auf Angkor Wat am Schluss der Reise kennt man auf dem Mekong noch keinen Massentourismus. Nur eine Handvoll Schiffe für westliche Passagiere verkehrt auf dem Riesenstrom. Wobei auch der kambodschanische Bürgerkrieg von 1975 bis 1979 mit seinen Leiden nach wie vor präsent ist. Die Pol-Pot-Tyrannei und der Genozid der von China gesteuerten Roten-Khmer-Verbrecher an 2,2 Millionen Menschen haben das Land und seine sympathischen Menschen geprägt. Eine Reise wie durch Mittelalter und Neuzeit zugleich.

Die hat ihren Preis, aber so wollte es der schweizerische Schiffseigner Thomas Peter:

quantitativ weniger, aber qualitativ mehr. Eine nachhaltige Entwicklungsalternative für »sanften Tourismus«.

Zwei-Namen-Schiff

Wer das erste Fünf-Sterne-Schiff – Retro-Charme kombiniert mit modernstem Komfort – auf dem Mekong betritt, wundert sich: zwei Namen prangen an seinem gepflegten Rumpf: JAYAVARMAN und MEKONG EXPLORER. Ersterer gilt auf dem 222 Kilometer langen vietnamesischen Abschnitt, denn der Name des legendären Königs Jayavarman VII. ist in Kambodscha geschützt. Durch diesen kleinen Trick kann man solche bürokratischen Hindernisse umgehen.

Das operettenhafte Design des außergewöhnlichen Schiffes der »Heritage Line« erinnert an den französischen Kolonialstil Indochinas. Das gehört auch zur Zeitreise, auf die man sich hier begibt.

Schuss Abenteuer

Neben der Beschaulichkeit einer Flussreise stehen jeden Tag fachlich gut vorbereitete und von einheimischen Reiseleitern in bestem Deutsch versiert geführte Ausflüge auf dem Programm, die intensive Einblicke in das Alltagsleben von Vietnamesen und Kambodschanern gewähren. Zwar ist alles absolut sicher, aber dennoch mit einem Schuss Abenteuer gewürzt, denn häufig fehlt es noch an einer Infrastruktur wie in Europa. Da heißt es schon mal über einen wackligen Steg an Land

> Der Fluss *Mekong* (»Mutter aller Flüsse«) entspringt auf dem »Dach der Welt« in Tibet; rund 5.000 km Länge, drittlängster Strom Asiens; durchfließt China, Myanmar, Thailand, Laos, Vietnam, Kambodscha und mündet in neun Armen (daher »Neunköpfiger Drache«) ins Gelbe Meer; ab Kratie, nördlich der kambodschanischen Hauptstadt Pnom Penh, schiffbar (Flussfahrt-Kilometer: rund 800); Delta wächst täglich um 20 cm; Wasserstand steigt während der Regenzeit, aber der Mekong braucht keine Deiche (Höchststand zwischen September und Oktober), Katastrophen sind eher selten; 40.000 qkm Delta sind landwirtschaftlich genutzt, auf Bewässerungsland unterschiedliche Reissorten.

balancieren oder mühsam das lehmige Ufer erklimmen. Man fährt per Fahrrad-Rikscha, »Tuck-Tuck« und kleinen, lauten Booten oder geht zu Fuß. Auch Kajaks und Zodiak werden schon mal zur Erkundung ausgesetzt. Das Leben am und auf dem Fluss erschließt sich den Besuchern auf diese landestypische Weise optimal. Und ohne jegliches Risiko, denn die Menschen sind überaus freundlich und offen, ohne aufdringlich zu sein.

Lebenstraum-Erfüllung

Kein Verlust ist es, wenn infolge von Niedrigwasser (beste Reisezeit: Oktober bis Februar) die Fahrt über den großen Tonle-Sap-See nach Siem Reap abgesagt werden muss – nur zwei- bis dreimal pro Jahr ist dies am Ende der Regenzeit im Herbst möglich –, es werden genügend Alternativen geboten: Fahrten mit kleineren Booten zum See und ein Bustransfer mit Stopps an sehenswerten Punkten. An seinem Ende steht das UNESCO-Weltkulturerbe Angkor Wat, für viele die Erfüllung eines Lebenstraums. Wie auch das intensive Vorprogramm von Hanoi nach Saigon, offiziell: Ho-Chi-Minh-Stadt.

Fazit: Landschaft, Menschen und Kultur bilden die Haupterlebnisse dieser eindrucksvollen Reise mit der Lernidee-Bezeichnung »Lotosblüte«.

Apropos: Ein jüngerer Mitreisender nahm Franz Léhars Liebeserklärung »Dein ist mein ganzes Herz« an Südostasien allzu wörtlich – und verliebte sich in eine kambodschanische Service-Mitarbeiterin.

Lotosblüten in Pnom Penh

Mekong-Mosaik

Die enorme Vielfalt einer Mekong-Reise erschließt sich am besten mit den Tagesplänen, hier zum Beispiel vom Januar/Februar 2011. Sie sind ein Abbild dessen, welche umfassenden Eindrücke den Besucher an Bord und an Land erwarten:

Tagesplan für Samstag

von 8.15 bis 9.00	Einlesen der Pässe und Kreditkarten durch Crew-Mitglieder in der Hotel-Lobby
bis 9.15	Hotel-Check-out, Abfahrt der Busse zum Programm und weiter zum Kreuzfahrtschiff JAYAVARMAN/MEKONG EXPLORER; unterwegs; Stopp an einem Caodai-Tempel und Möglichkeit zum Mittagessen
ca. 15.00	Willkommen an Bord der JAYAVARMAN mit Welcome-Drink, Snacks und kurzer Begrüßung durch Vertreter der Crew
18.30	Treffpunkt Lounge, Bordinfo und Sicherheitshinweise zum Schiff, Briefing, Programminfo für Sonntag
19.30	Welcome-Dinner im Restaurant »Indochine«

Tagesplan für Sonntag

6.00	Kaffee/Tee für Frühaufsteher auf dem Terrassendeck
6.30	Tai Chi und Yoga zum Munterwerden auf dem Sonnendeck
7.00	Telefonischer Weckruf
7.00 bis 8.25	Frühstück
8.30 bis ca. 11.30	Beginn der Besichtigung von Cai Be, Übersetzen an Land mit kleinen Booten, vorbei an schwimmenden Märkten, Besuch einer Reispapierfabrik, Cocos-Candy-Herstellung, Besuch der gotischen Kathedrale
12.30	Mittagessen an Bord
ca. 17.00	Werkstätten der Handwerker
18.30	Programminformation für Montag in der Lounge mit Kurzvortrag über Vietnam
19.30	Abendessen im Bordrestaurant
21.00	Filmabend in der Lounge »Indochine«

Tagesplan für Montag

6.00	Kaffee/Tee für Frühaufsteher, Sonnendeck
6.30	Tai Chi und Yoga auf dem Sonnendeck
7.15	Telefonischer Weckruf
7.00 bis 8.30	Frühstück
8.45	Besichtigung von Chau Doc, der »Heimat« des Pangasius-Fisches, per Boot und Rikscha mit schwimmendem Dorf, Markt sowie Fischzuchtanlagen
Gruppe »rot«:	Beginn mit Rikschatour
Gruppe »grün«:	Beginn mit Bootsfahrt
ca. 11.30	Rückkehr zum Schiff, Verabschiedung der vietnamesischen Reiseleiter, Herren Dr. Tho und Hoa
12.30	Mittagessen an Bord
Für Interessenten:	Schiffsführung – mit Maschinenraum, Brücke und Küche
16.00	Kleiner Kochkurs, asiatisch, im Bordrestaurant
17.00	»Teatime« im Barbereich
18.30	Programminformation für Dienstag und Vortrag über den Mekong
19.30	Abendessen im Restaurant
21.00	Filmabend in der Lounge, »Der Liebhaber«

Tagesplan für Dienstag

6.00	Kaffee/Tee für Frühaufsteher, Sonnendeck
6.30	Tai Chi/Yoga auf dem Sonnendeck und Genießen des Panoramas von Phnom Penh vom Schiff aus
7.00	Telefonischer Weckruf
7.00 bis 8.25	Frühstück
8.30	Programmbeginn in Phnom Penh, per »Cyclo« geht es durch die Stadt zum Königspalast, zur »Silbernen Pagode« und zum Nationalmuseum, dazu bitte T-Shirt, Bluse, lange Hose für die Besichtigung anziehen (bedeckte Kleidung)
12.30	Mittagessen im »Malis or Jasmine«-Restaurant in der Stadt; anschl. Fortsetzung des Programms per Bus, »Killing

	Fields« und Gedenkstätte »S-21« oder Freizeit in der Stadt, Einkaufen, »Russian Market« usw.
ca. 16.30	Rückkehr zum Schiff, für Gäste mit Freizeitprogramm bitte Rückkehr individuell organisieren, z. B. per »Cyclo« oder »Tuck-Tuck«
18.30	Programminformation für Mittwoch, Lounge
19.00	Treffpunkt Sonnendeck, Beginn des Abends mit Apsara-Tanzgruppe; anschl. Abendessen als Barbecue auf dem Sonnendeck; danach Freizeit, Möglichkeit zum Landgang bis 24.00

6.00   Kaffee/Tee für Frühaufsteher an der Bar

6.30   Thai Chi/Yoga auf dem Sonnendeck

7.00   Telefonischer Weckruf

7.00 bis 8.30   Frühstück

8.30 bis 9.45   Aufstieg oder Auffahrt mit Rad zum Tempelberg von Wat Hanchey, mit tollem Panorama-Blick und Tempelbesichtigung

Tagesplan für Mittwoch

6.00   Kaffee/Tee für Frühaufsteher an der Bar

6.30   Tai Chi und Yoga auf dem Sonnendeck

7.30   Telefonischer Weckruf

7.00 bis 8.45   Frühstück

9.00 bis 10.00   Ausstieg auf der »Insel der Weber« Chang-Koh; Besuch einer Weberei, eines Tempels und einer Schule (kleine Geschenke können mitgenommen werden)

10.30   Treffpunkt Lounge, Präsentation einer Auswahl kambodschanischer traditioneller Gewürze und Gemüsearten

12.30   Mittagessen an Bord

15.30   Teatime in der Bar

16.00 bis 17.45   Landgang in Angkor Ban, Spaziergang durch das Dorf mit seinen Fischer- und Bauernhäusern

18.30   Programminformation für Donnerstag in der Lounge sowie Vortrag zur politischen Situation in Kambodscha mit den Herren Hak und Tumlus

19.30   Abendessen

21.00   Dokumentarfilm über den Schweizer Arzt Dr. Beat Richter und seine Tätigkeit in Kambodscha

10.00 bis 10.30   »Segnungszeremonie« für das Schiff, die Crew und die Gäste an Bord durch buddhistische Mönche im Barbereich

10.45 bis 11.45   Anlegen an einer Sandbank, »Landgang« zum Schwimmen und Kajak-Paddeln oder einfach nur entspannen am Strand

12.30   Mittagessen an Bord

14.30 bis 17.30   Landgang in Kampong Cham mit Besuch des Tempels Wat Nokor (12. Jh.), Besuch einer Kautschukplantage und Einblick in dessen Verarbeitung, Fotostopp an der Bambusbrücke von Kampong Cham

Tagesplan für Donnerstag
(Happy New Year!)

0.00   Happy New Year Asia: Wir laden herzlich ein, an der Bar mit der Crew auf das neue Jahr in Asien anzustoßen! Mit Feuerwerk an Land!

Tagesplan für Freitag

6.00	Kaffee/Tee für Frühaufsteher an der Bar
6.30	Tai Chi und Yoga auf dem Sonnendeck
7.30	Telefonischer Weckruf
7.00 bis 8.45	Frühstück
9.00 bis 11.30	Umstieg auf kleine Boote und Bootsausflug auf dem Tonle-Sap-Fluss zum See
11.30 bis ca. 14.00	Wir durchfahren einen besonders interessanten und malerischen Abschnitt des Tonle-Sap-Flusses
12.30	Mittagessen an Bord
14.30 bis 17.00	Ankunft in Kampong Chhnang, Besuch eines Töpferdorfes, Bootsfahrtvorbei an den schwimmenden Dörfern zurück zum Schiff
18.30	Programminformation für den letzten Tag auf dem Sonnendeck sowie Abschiedscocktail und Verabschiedung der Crew

Infos

MS Jayavarman/Mekong Explorer; gebaut 2009 in Saigon; Länge: 58 m; Breite: 11 m; Tiefgang: 1,80 m; Tonnage: 700 Tonnen; Hauptmaschinen: 2 Mitsubishi à 650 PS; Geschwindigkeit (max.): 10 kn; fluss- und seetauglich (bis 20 Seemeilen vor der Küste); Passagierdecks: 5 (1 großes Sonnendeck mit Whirlpool, 1 Terrassendeck, 1 Salon, 1 Restaurant, 1 Wellness-Salon); 3 Kajaks, 1 Zodiak; Kabinen: 27; Crew: 38 (19 aus Vietnam, 19 aus Kambodscha); Brücke: für Passagiere jederzeit offen; Flagge: Vietnam; Heimathafen: Saigon

Reisezeit: Oktober bis März
Veranstalter: Lernidee Erlebnisreisen, www.lernidee.de
Literatur: »Kambodscha, Laos«; »Vietnam«, beides speziell auf Lernidee-Reisen zugeschnittene Sonderausgaben des Nelles-Verlags (werden nach Buchung gratis zugeschickt); Marguérite Duras: »Der Liebhaber«; Graham Greene: »Der stille Amerikaner«

19.30	Abschiedsabendessen im Bordrestaurant
21.00	Begleichung der Rechnungen, Rückgabe der Pässe, begleitet von einer Diashow über Ihre Reise auf der Jayavarman

Gefahrene Flusskilometer: rund 800 km

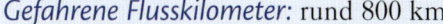

Zu guter Letzt: Übergänge zwischen Fluss und hoher See

Da capo mit der kleinen Schönen

Acht Adria-Highlights in spätsommerlichen sieben Tagen

Die »Blaue Lagune«? Liegt mitten im Berliner Vorort Alt-Tegel und ist – ein kroatisches Restaurant. Doch die Gedanken an diesem lauen Abend vor dem Abflug schweifen weiter: zur »Schönen der Adria«. Erinnerungen werden wach an eine eindrucksstarke Reise zu den kleineren der Kanarischen Inseln. Und das mit einem Fluss-See-Schiff

Dubrovnik – Blick von der Küstenstraße auf die Stadt

Nun liegt sie im kroatischen Hafen Dubrovnik und wartet auf ihre Gäste. Einen langen Tag haben sie Zeit, um in Gruppen oder individuell die »Perle der Adria« zu erkunden, die im Schutze des von Nordwest nach Südost verlaufenden Dinarischen Gebirges, einem Ausläufer des Alpenhauptkamms, an der dalmatinischen Küste liegt. Die Inselflur vor der Küste ist ein Werk des nacheiszeitlichen Meeresspiegelanstiegs: Die Längstäler wurden geflutet und die Kämme samt

Gipfeln mutierten zu Eilanden. Ursprünglich bewaldet, aber später von Menschen abgeholzt. Regen ließ das weiche Kalkgestein verkarsten.

Ragusa und die Überraschung des Kapitäns

Geadelt wurde die 45.000-Einwohner-Stadt im Süden Kroatiens durch das Prädikat UNESCO-Weltkulturerbe. Dass der Tourismus wichtigste Einnahmequelle des kleinen EU-Landes ist, erkennt man spätestens bei der Busfahrt vom Flughafen zum Schiff. Durch die engen Gassen und über die breite Placa der von einem zwei Kilometer langen wehrhaften Mauerring umschlossenen Altstadt, Stari Grad, im 7. Jahrhundert als Ragusa gegründet, schieben sich Menschenströme rings um die Kathedrale. Vom Weg auf der Mauerkrone gewinnt man tiefe Einblicke in das pulsierende Leben und steht quasi über den Dingen. Das mögen auch die La-Belle-Fans, denn Massentourismus ist nicht ihr Ding.

Wenn dann noch ein riesiges Kreuzfahrtschiff mit mehreren Tausend Menschen anlegt – die Belle de l'adriatique nimmt sich davor wie ein Zwerg aus –, sollte man durch das

Kapitän Johann Magner im Gespräch

Seit fast 20 Jahren ist Johann Magner aus dem Elbe-Schifferstädtchen Bittkau schon als Binnenkreuzfahrt-Kapitän unterwegs. Jetzt plaudert er aus dem Schatzkästchen seiner reichen Erfahrungen.

Wie ist Ihre Karriere auf europäischen Kanälen und Flüssen verlaufen?

Der Zugang zur Seeschifffahrt wurde mir in der DDR aus politischen Gründen verwehrt. Deshalb gab es nur eine Alternative für mich: die Binnenschifffahrt. Ich durchlief eine dreijährige Lehre zum Matrosen und wurde gleichzeitig zum Motorenwart ausgebildet. Mit 21 Jahren hatte ich Elbe-, Oder- und Kanalpatente in der Tasche und bekam mein erstes Kommando auf einem Schubschiff. Mit Motorgüterschiffen befuhr ich sogar Küstengewässer. Auf Kreuzfahrtschiffen lernte ich schließlich die großen europäischen Fluss- und Kanalreviere kennen und bin mittlerweile auch Patentinhaber dieser Gewässer.

Was unterscheidet Ihre jetzige Tätigkeit von der früheren?

Dadurch, dass ich heute Passagiere fahre, habe ich eine wesentlich größere Verantwortung, auch natürlich für die internationale Crew, die mehr Köpfe zählt als auf Frachtschiffen. Darüber hinaus muss ich ständig präsent sein für die Passagiere und ihre unterschiedlichen Wünsche.

Welche Fähigkeiten sollte man in Ihrem Beruf über das Fachliche hinaus haben?

Ganz wichtig ist, ein offenes Ohr zu haben für die Sorgen und Wünsche von Gästen und Crew. Kleine Störungen sollte man nicht zum Problem werden lassen, jedes Crew-Mitglied in seiner Position wichtig nehmen und dem Gast das Gefühl geben, dass alle für seine Wünsche da sind. Schließlich ist die jeweilige Reise für viele die schönste Zeit des Jahres.

Welche Momente an Bord erleben Sie als schön, welche weniger?

Kapitän Johann Magner

Zufrieden bin ich, wenn zufriedene Gäste wiederkommen. Oder wenn Gäste zum Beispiel mit dem Satz *»So schön hab ich mir das nicht vorgestellt!«* das Essen stehen lassen, um den Sonnenuntergang oder einen Seeadler zu fotografieren. Was mir zum Beispiel gar nicht gefällt, wenn jemand die Kabine nachmisst und meint, reklamieren zu müssen, dass ein paar Quadratzentimeter gegenüber der Katalogangabe fehlen.

Was geben Sie Ihren Passagieren während der Reise mit?

Das Gefühl, beim Fahren die Freuden der Langsamkeit zu genießen, sich Zeit zu lassen für Naturbetrachtungen. Nur so kann man Alltagsstress und Hektik vergessen. Mir macht es außerdem viel Spaß, den Gästen Hinweise zu geben auf die Ökologie und Ökonomie sowie die jeweiligen Besonderheiten der zu durchfahrenden Wasserstraßen.

Gibt es unausgesprochene Regeln oder Empfehlungen für Passagiere, mit anderen Worten: Was ist erwünscht, was nicht?

Erwünscht sind Kritik und Empfehlungen, die gleich ausgesprochen und nicht erst am Ende der Reise vorgetragen werden, wenn Abhilfe nicht mehr möglich ist.

Unerwünscht sind rüde Umgangsformen. Freundlichkeit und Höflichkeit kosten nichts. Auch mal ein Dankeschön kann nicht schaden, womit auch die Arbeit der Besatzung gewürdigt wird. Das wiederum erhöht die Motivation.

Welches sind für Sie die reizvollsten Fahrtgebiete und warum?

Für mich persönlich alle Seegewässer, die mit unseren Schiffen befahren werden können. Aber auch wenig befahrene und intakte Flüsse wie zum Beispiel die Peene, der längste Fluss Mecklenburg-Vorpommerns mit seiner unzerstörten Natur. Das kommt bei den Gästen immer gut an.

Haben Sie darüber hinaus Wunschreviere?

Einmal um die Welt zu segeln, das wäre schon was!

Ansonsten würde ich mal gern quer durch Westpreußen Kurs auf Danzig nehmen. Weichsel, Frisches Haff, Nogat und Narew mit Ziel Ostpreußen befahren. Wenig im Angebot sind im Übrigen auch die Nebenflüsse der Donau. Wie man sieht, gibt es auf meiner persönlichen Wunschkarte für Binnenkreuzfahrten noch reichlich weiße Flecken.

Vielen Dank für das Gespräch!

(Der Autor sprach mit Kapitän Magner an Bord von MS SAXONIA)

Blick von den Weinbergen auf Rüdesheim

Muster-Reise-Abc

Anlegestellen

Die Anschriften der Anlegestellen für Ein- und Ausschiffung finden Sie in der Reiseinformation. Außerdem stehen Ihnen Mitarbeiter oder die lokalen Vertretungen bei eventuellen Rückfragen zur Verfügung.

Apotheke

Aus rechtlichen Gründen ist es nicht erlaubt, eine Apotheke an Bord zu führen. Bitte nehmen Sie Ihre persönliche Reiseapotheke mit. Das gilt vor allem für spezielle Medikamente, da das Angebot an verschreibungspflichtigen Arzneimitteln in bestimmten Ländern begrenzt ist.

Falls Sie auf die Einnahme von Medikamenten angewiesen sind führen Sie diese bitte im Handgepäck mit. Medikamente sollten immer in der Originalverpackung mitgebracht werden.

Ärztliche Betreuung/Notarzt/ Krankenversicherung

Sollten während Ihrer Reise gesundheitliche Beschwerden auftauchen, wenden Sie sich bitte an die Reisebegleitung. In ernsthaften Fällen ist ein Arzt an Land kurzfristig erreichbar. Eventuelle Konsultationen werden nach GOÄ (Gebührenordnung für Ärzte) belastet. Ein für die Länder West- und Osteuropas gültiger Auslandskrankenversicherungsschutz und eine zuverlässige Reiserückholversicherung in Ihr Heimatland für den Notfall sind dringend empfohlen.

Aufenthalt in den Anlegeorten

Nach dem Anlegen in den einzelnen Häfen dürfen Sie selbstverständlich das Schiff verlassen. Sie werden jedoch gebeten, die Abfahrtszeiten und die Hinweise für die Wiedereinschiffung genau zu beachten (siehe Tagesprogramm). Die Aufenthaltszeiten in den verschiedenen Häfen werden meist zusätzlich an Informationstafeln angeschlagen. Seien Sie bitte spätestens eine halbe Stunde vor Abfahrt wieder zurück an Bord. Die Abgabe Ihrer Kabinenschlüssel bzw. Ihrer Schlüsselkarten bei Landgängen ist je nach Reise üblich.

Aufzüge/Treppenlifte

Beachten Sie bitte, dass nicht alle Schiffe mit Aufzügen und/oder Treppenliften ausgestattet sind. Fragen Sie also vorher nach.

Ausflüge

Sie haben während der Reise Gelegenheit, an zahlreichen Stadtrundfahrten und Landausflügen teilzunehmen. Ferner können Sie – zusätzlich zum bereits gebuchten Ausflugspaket – weitere fakultative Ausflüge an Bord beim Reiseleiter/Programmdirektor buchen. Bei einer Nichtteilnahme ist die Erstattung eines bereits gebuchten Ausfluges leider nicht möglich. Bitte beachten Sie, dass auf kurzen Reisen die Buchung für die fakultativen Ausflüge bereits am ersten Abend erfolgen muss.

Die im Katalog und in den Reiseinformationen angebotenen Alternativ-Ausflüge finden statt, sobald die Mindestteilnehmerzahl (je nach Ausflug unterschiedlich) erreicht ist.

Buchungen einzelner Ausflüge an Bord können auf Basis noch zur Verfügung stehender freier Plätze meist noch vorgenommen werden; das gilt für Standard- und Alternativ-Ausflüge.

Die Landausflüge/Besichtigungen finden normalerweise mit dem Bus und/oder zu Fuß statt, wobei im Rahmen der Bustouren auch recht viel Fußweg zurückgelegt wird.

Es ist daher erforderlich, dass Sie sich in guter körperlicher Verfassung befinden. Damit Sie selber und Ihre Mitreisenden die Reise genießen können, sollten Sie problemlos ein bis drei Kilometer zu Fuß auch auf unebenen Wegen, hügeligem Gelände, Kopfsteinpflaster und Treppen zurücklegen können.

Findet in einer der besuchten Städte während Ihrer Kreuzfahrt eine herausragende Sonderausstellung in einem Museum statt, organisiert der Programmdirektor im Rahmen des Ausflugspakets – und als Alternative zum eigentlichen Ausflug in dieser Stadt – gerne einen geführten Besuch dieser Ausstellung. Genaue Informationen erhalten Sie vom Programmdirektor.

Für einige Reisen wird ein Audio-System eingesetzt. Dieses besteht aus einem Kopfhörer und einem tragbaren Empfänger, mit dem Sie individuell die Lautstärke regeln können. Ganz gleich, ob Sie sich in unmittelbarer Nähe Ihres Reiseleiters befinden oder sich frei bewegen: Sie werden nichts verpassen. Bitte nehmen Sie an den Informationsveranstaltungen an Bord für den jeweils nächsten Tag teil. Diese werden im Tagesprogramm angekündigt.

Hier erfahren Sie viel Wissenswertes über den Ablauf und die Durchführung der Ausflüge.

Auskünfte

Meist befinden sich Informationstafeln im Eingangsbereich des Schiffes. Ihr Tagesprogramm enthält ausführliche Informationen über die täglichen Aktivitäten an Bord, die Landausflüge und die entsprechenden Abfahrtzeiten. Und natürlich stehen Ihnen die Mitarbeiter an Bord für Auskünfte gerne zur Verfügung.

Ausschiffung

Um Ihnen die Ausschiffung zu erleichtern, folgen Sie bitte den Hinweisen der Bordmitarbeiter.

Stellen Sie sicher, dass Sie Ihren Reisepass oder Personalausweis bei sich tragen und Ihren Kabinenschlüssel bzw. Ihre Schlüsselkarte abgegeben haben. Falls Sie Wertsachen im Safe aufbewahrt haben, denken Sie bitte daran, diese rechtzeitig vor Ihrer Rückreise wieder zu entnehmen. Generell gilt, dass Transfers zu bestimmten, festgelegten Zeiten stattfinden müssen.

Den genauen Zeitplan der Ausschiffung finden Sie auch auf den Informationstafeln an Bord sowie im Tagesprogramm. An einer Informationsveranstaltung zum Thema Ausschiffung sollte mindestens ein Gast pro Kabine teilnehmen.

Autovermietung

Für Auskunft und Buchung sprechen Sie gerne die Mitarbeiter an Bord an. Bitte beachten Sie, dass die meisten Autovermietungsfirmen eine gültige Kreditkarte zur Buchung verlangen.

Bademäntel und Badeschuhe

Auf größeren Schiffen finden Sie Bademäntel und Badeschuhe in der Kabine zu Ihrem Komfort. Diese liegen am Einschiffungstag in Ihrer Kabine.

Besondere Anlässe

Wenn Sie an Bord einen besonderen Anlass (Geburtstag, Jubiläum usw.) feiern möchten, informieren Sie bitte den Ansprechpartner an Bord. Möchten Sie Blumen oder Geschenke im Voraus arrangiert haben, wenden Sie sich bitte bis spätestens 4 Wochen vor Abreise an den Veranstalter.

Bordshop

Auf größeren Schiffen finden Sie im Bordshop (bzw. Bordverkauf über die Rezeption) neben beliebten regionalen Souvenirs auch Toilettenartikel, Postkarten sowie eine Reihe nützlicher Dinge des täglichen Bedarfs. Alle Einkäufe dort werden Ihrem Bordkonto belastet. Außer zu den Ein- und Ausschiffungszeiten und Nachtstunden haben Sie jederzeit die Möglichkeit, diese zum Teil exklusiven Artikel käuflich zu erwerben.

Bordsprache

Das Management an Bord spricht mehrere Sprachen. Durchsagen, Vorträge, Menüs und Tagesprogramme werden in deutscher Sprache bei vielen Veranstaltern garantiert.

Briefpapier/Schreibpapier

finden Sie meist in der Kabine. Briefkuverts erhalten Sie an Bord.

Wertsachen/Sicherheit

Bitte schließen Sie Ihre Wertsachen und Ihren Schmuck unbedingt im Safe in Ihrer Kabine ein. Falls Ihre Kabine nicht mit einem Safe ausgestattet ist, können Sie Ihre Wertsachen gegen Quittung im Safe an Bord aufbewahren lassen. Beachten Sie, dass in keinem Fall für den Verlust von Wertgegenständen gehaftet wird. Empfohlen wird, so wenig Schmuck wie möglich mitzunehmen. Außerdem ist es ratsam, auf Landausflügen nur wenig Bargeld bei sich zu tragen. Insbesondere in Großstädten ist Vorsicht vor Taschendieben geboten.

Bitte beachten Sie, dass Bargeld im Wert von mehr als 2.000 Euro pro Person bei der Einreise nach Serbien deklarationspflichtig ist!

Zahlungsmittel/Geldwechsel

Auf größeren Schiffen ist, um die Abwicklung zu erleichtern, der bargeldlosen Zahlungsverkehr eingeführt. Ihre persönlichen Ausgaben an Bord (Getränke, Landausflüge, Bordshop-Artikel) werden kreditiert und erst am Ende der Reise abgerechnet. Die Rechnung kann dann per Kreditkarte (Eurocard/MasterCard, Visa und American Express) oder mit Bargeld beglichen werden.

Eine Bezahlung mit einer deutschen EC-Karte/Eurocheque-Karte ist auf vielen Schiffen mit PIN ebenfalls möglich. Bitte beachten Sie, dass die Kreditkartenbeträge in Euro ausgestellt werden.

Zahlungsmittel an Bord ist meist der Euro. Auslandswährungen wie Schweizer Franken oder Britisches Pfund können von Fall zu Fall an Bord in Euro umgetauscht werden. Jedoch liegt der Umrechnungskurs durch die entstehenden Verwaltungskosten über dem amtlichen Wechselkurs.

Aus rechtlichen Gründen können an Bord keine Währungen aus den folgenden Ländern umgetauscht werden: Slowakei, Ungarn, Bulgarien, Rumänien, Serbien und Kroatien.

Anmerkungen zum Schluss

Der bei der Buchung angegebenen Reiseverlauf wird weitgehend eingehalten, allerdings ist es möglich, dass der Veranstalter sich Änderungen vorbehält, die eventuell aufgrund von örtlichen Gegebenheiten vorgenommen werden müssen (wie z.B. Hoch- oder Niedrigwasser und andere Behinderungen auf den Flüssen, bewegliche Feiertage, Schließungen von Museen oder Sehenswürdigkeiten, Streiks usw.).

Die Reihenfolge der Orte, die besucht, und die Tage, an denen besondere Veranstaltungen vorgesehen sind, können geändert werden.

Unvorhergesehene Ereignisse, die z.B. die Schifffahrt betreffen, oder auch andere Unwägbarkeiten könnten den Aufenthalt in einem Hafen verlängern oder verkürzen.

Wenn möglich, erhalten Sie alle Änderungen bezüglich des Reiseverlaufs vor Ihrer Abreise. Wenn dies nicht möglich ist, informiert Sie der Ansprechpartner vor Ort.

Sie haben auch die Möglichkeit, eigene Freizeit einzuplanen, können sich mit Freunden treffen oder das Programm eine gewisse Zeit lang unterbrechen. Empfohlen wird jedoch nur dann eigene Pläne zu machen, wenn Sie bereit sind, auf Programmpunkte und Leistungen der Kreuzfahrt zu verzichten – die Kosten können nicht erstattet werden. Wenn Sie die Reiseroute verlassen, um private Ausflüge zu machen, tragen Sie die Kosten für die Rückkehr zum Schiff. Bitte informieren Sie in jedem Fall Ihren Ansprechpartner an Bord, falls Sie das Schiff über Nacht verlassen.

Die Reiseroute ist körperlich nicht anstrengend. Spaziergänge an Land und Stadtrundgänge können jedoch über unebene Straßen oder Kopfsteinpflaster führen, man geht Treppen oder auch einmal eine größere Steigung hinauf oder hinunter. Bei Museumsbesuchen oder der Besichtigung anderer Sehenswürdigkeiten sind Sie längere Zeit auf den Beinen.

Der Autor:
Dr. Peer Schmidt-Walther

Geboren wurde er 1944 im Wartheland und wuchs nach der Flucht in Eckernförde und Neumünster auf. Seit seinem 16. Lebensjahr fuhr er in den Sommerferien zur See, ging nach dem Abitur erst zur Handelsschifffahrt (mit Abschluss Matrosenbrief) und anschließend zur Marine, weil er unbedingt auf dem Segelschulschiff GORCH FOCK (II) der Deutschen Marine fahren wollte. Viele Wehrübungen leistete der spätere Kapitänleutnant der Reserve in höheren Kommandostäben als Presseoffizier ab.

Sein Geografie-, Germanistik- und Pädagogikstudium in Berlin verdiente er sich als Fernfahrer auf europäischen und australischen Pisten sowie Bootsmann und Schiffsführer bei der Stern und Kreisschifffahrt. Es blieb auch

noch Zeit für ein schwieriges Ehrenamt. Zehn Jahre arbeitete er als Vollzugs- und Bewährungshelfer in Europas größter Strafanstalt Berlin-Tegel.

Nach einem Zwischenspiel als Gymnasiallehrer und Internatserzieher volontierte er bei einem großen Verlag und leitete anschließend als verantwortlicher Redakteur eine geografische Fachzeitschrift.

1991 promovierte er nach zahlreichen Reisen auf Forschungsschiffen (u. a. FS POLARSTERN, FS METEOR) und Eisbrechern (mit Nordpol-Expedition) zum Dr. rer. nat. an der Universität Greifswald bei Prof. Dr. Hans-Dietrich Birr über die Küsten der russischen Arktis.

Schließlich entdeckte der passionierte Kajakfahrer seine primäre journalistische Neigung: die Schifffahrt, der er bis heute treu geblieben ist. Über seine zahlreichen weltweiten See- und Flussreisen berichtet er (davon eine Reihe von Jahren als Chefredakteur, Chefreporter, Ressortleiter) für Reise- und Special-Interest-Magazine sowie Tages- und Wochenzeitungen, schreibt Bücher und dreht mit einem Kameramann Filme über maritime Themen.

Im Verband Europäischer Schifffahrtsjournalisten (VEUS), dessen zweiter Vorsitzender er ist, stärkt er die Belange der Schifffahrt gegenüber der Öffentlichkeit.

Zukünftige Touristik-Manager führt er an der FH Stralsund in den Seetourismus ein.

Mit seiner Frau Rosemarie lebt er seit 1994 in einem alten Klostergebäude am Stralsunder Hafen.

DVD-Empfehlungen zum Buch

Mit MS SWISS TIARA auf der Donau

2007 ist das luxuriöse Flusskreuzfahrtschiff MS SWISS TIARA in Dienst gestellt worden. Es befährt die Flüsse Donau, Rhein, Main und Mosel ganzjährig. Sehen Sie hier eine Reise von Passau über Wien, Bratislava, Budapest, Dürnstein, Melk und zurück nach Passau – in rund 25 eindrucksvollen Minuten vom Autor und Kameramann Christoph Mann dokumentiert. Diese Route zählt zu den Klassikern unter den Binnenkreuzfahrten.

Mit MS LIBERTÉ zwischen Mecklenburg-Vorpommern und Brandenburg

Bis zur Wende noch eine verschlafene Region kann man hier heute vor allem eins: die Natur vom Wasser aus genießen.

Wir sind unterwegs gewesen mit der kleinen, aber feinen LIBERTÉ zwischen Müritz und Havelland, aber auch per Hausboot, alles in allem rund 35 Minuten.

Je DVD werden (inkl. Porto) 15 Euro berechnet. Bestellungen bitte an den Autor per E-Mail: peermaritim@googlemail.com

Ust Port
Dudinka

Jenissei

25

Worogowo

Jenisseisk

Krasnojarsk

Nil

Luxor
19
Assuan

ÄGYPTEN

Kampo
Chhna

Phnom Pe

Chau